本专著受国家社科基金资助
国家社会科学基金项目最终成果（项目批准号：10BFX093）

尹　生

缔约国报告制度发展趋势研究

Research on the Development Trend of State Parties' Reporting Procedures

中国政法大学出版社
2017 · 北京

图书在版编目（CIP）数据

缔约国报告制度发展趋势研究/尹生著. —北京：中国政法大学出版社，2017.12
ISBN 978-7-5620-7909-5

Ⅰ.①缔… Ⅱ.①尹… Ⅲ.①人权－国际公约－研究 Ⅳ.①D998.2

中国版本图书馆CIP数据核字(2017)第285152号

出 版 者　中国政法大学出版社
地　　址　北京市海淀区西土城路25号
邮寄地址　北京100088信箱8034分箱　邮编100088
网　　址　http://www.cuplpress.com (网络实名：中国政法大学出版社)
电　　话　010-58908524(编辑部) 58908334(邮购部)
承　　印　北京九州迅驰传媒文化有限公司
开　　本　650mm×960mm　1/16
印　　张　16.75
字　　数　248千字
版　　次　2017年12月第1版
印　　次　2017年12月第1次印刷
定　　价　49.00元

序　言

光阴荏苒，不经意间，已匆匆数年，人生亦从夏步入秋。

2010年8月29日，我正在汉口家中喂孩子吃饭，突然接到系办徐老师的电话，说我们系的彭锡华老师去世了。我以为她爱打牌晚上没睡好说错了名字，于是郑重其事地询问："你说谁去世了?"她说是彭锡华，我使劲摇摇头，以为是自己的耳朵有毛病了。待第三次确认是彭锡华去世时，我感觉是晴天霹雳，没有任何预兆的。彭教授没挥一挥手，作别南湖边的云彩，他生命的乐章在最美妙的一刻戛然休止，人生的画面永远定格在那最辉煌的一刻。彭教授因糖尿病45岁壮年早逝，如日中之光，转瞬坠入无垠之黑洞，令人扼腕！

彭教授去世前一年，成功申请了总共一百多万人民币经费的课题，这在文科是非常惊人的！其中包括国家社科基金项目——"国际人权监督：缔约国报告制度发展趋势研究"（项目批准号：10BFX093），该著作便是这一项目的最终成果。作为该社科基金项目课题组的唯一本校成员，而且也是长期从事人权法教学和科研的教师，法学院和学校层面都觉得我是接手该项目研究工作的最佳人选，但教授才能单独申请国家社科基金的一般项目，而我只是副教授，后经法学院和学校领导与国家社科办交涉，对方说若有博士学位，副教授可以作为项目负责人。于是，我全面承担起该课题的研究工作。尽管属于人权范畴，但缔约国报告制度当时我的确没有什么研究，基本上是平地起高楼，从头开始。加上我休完产假不久，年幼的孩子牵扯了过多的时间和精力，同时我又承担了教育部等其他几个项目的研究工作，所以直至2016年9月，整整历经了漫长的六年，该项目才得以完成。庆幸的是，一次过关，顺利结项。尽管项目一再延期，水平也有限，但我对该项目的心是很虔诚的，做研究的态度是很认真的。因为，这是彭锡华教授——我们的好同事生命中最后的学术蓝图，我一定要遵循其智慧构建和逻辑框架，圆满完成其夙愿，并将其学术思想和学术研究领域继续传承下去，不断发扬光大。本著作第三章“核心国际人权条约缔约国报告制度的发展趋势”是该课题的核心内容，为保证其质量，我前前后后邀请了多位校内专家——张继承教授、邓烈教授、徐伟功教授、何艳编辑斧正拙文，感谢各位专家的金玉良言！武汉大学的石磊教授也提出了许多宝贵的修改意见，还有许多老师和同事也给了我不少指点，在此一并致谢！没有各位专家的智慧指引，我的学术论文《核心国际人权条约缔约国报告制度：困境与出路》不可能发表于《中国法学》2015 年第 3 期。感恩！感谢！论文发表后，我特地给彭锡华的夫人黎红梅老师打了电话，向她汇报了课题进展，告诉她我之所以要把该课题的核心内容发表在权威期刊上，其实是为了告慰亡灵，将来课题结项，我还要出专著纪念我们的好同事彭老师，尽管课题经费中没有这项开支。黎老师告诉我，她把儿子送出国留学，并把他送到中国的最高学府攻读硕士学位，也算是对丈夫的一个交待。

专著付梓在即，多年心愿，今日终如愿以偿。特以此专著纪念、怀念我们的好同事——彭锡华教授！感谢彭教授当年启发我进入人权研究领域，感谢彭教授经常邀我一起从事课题研究，感谢彭教授庇佑该课题顺利结项！2016 年和 2017 年暑假，我的博士导师曾令良教授和王献枢教授又相继离世，武汉火热的夏天一下子变成了冰窟窿！“故人已乘黄鹤去……白云千载空悠悠。”慨岁月之无情，如白驹过隙，日月如梭。吾辈唯“焚膏以继晷，恒兀兀以穷年”，方不负前辈之期冀、父辈之重托。路漫漫其修远兮，吾将上下而求索。

尹 生

2017 年 9 月 18 日于常青花园

目　录

第一章 国际人权监督的基本理论

第二次世界大战后，人权在国际社会中的重要性日益提升。“增进并激励对于全体人类之人权及基本自由之尊重”被写入《联合国宪章》，成为联合国的宗旨之一。2005 年，在联合国秘书长的改革报告《大自由：实现人人共享的发展、安全和人权》[1]中，人权和发展、安全一起被列为联合国的三大使命。特别是 2006 年，联合国人权理事会 (Human Rights Council)[2] 取代了运作 60 年之久的联合国人权委员会 (Commission on Human Rights)，后者因工作方法高度政治化和标准双重化最终被历史淘汰。人权理事会设立于联合国大会之下，比作为经社理事会职司机构的人权委员会在机构等级上有所提升，标志着人权事务在联合国系统取得优先事务地位。而且，人权理事会也被命名为理事会，与联合国安全理事会、经社理事会和托管理事会这样的一级机关等同，寓意深刻，人权事务在联合国系统的地位将有望进一步上升。在国际人权监督方面，人权理事会完成了重大的制度创新。除此之外，其 2008 年开始运作的普遍定期审议（Universal Periodic Review）已成功运作两轮，对联合国 193 个会员国承担的所有人权义务和人权承诺进行了逐一审查。普遍定期审议从其性质上看是政治性的，但其整合了其他国际人权监督制度，特别是联合国条约机构和特别程序人权监督的法理成果，政治审议中融入了法律监督的元素。此外，普遍定期审议的对象和范围空前广泛，标志着国际人权监督进入更高层次，其典型特征是审议对象和范围的普遍性以及各种国际人权监督方式相互融合。本章将对国际人

[1] See Larger Freedom: Towards Development, Security and Human Rights for All, Report of the Secretary - General. 参见联合国文件：A/59/2005 (2005)。

[2] 参见联合国文件：A/RES/60/251 (2006)。

权监督的源起、功能、现状、存在的问题及对策一一进行阐述、分析和论证。

第一节　国际人权监督的源起和功能

一、国际人权监督的源起

（一）国际人权监督的内涵和分类

人权是人作为人所享有和应该享有的基本权利和自由。尽管我们根据人权保护的主体和法律依据的不同可以将人权保护区分为国际人权保护、区域人权保护和国内人权保护（或称人权的国际保护、人权的区域保护和人权的国内保护），但我们不可据此将人权分为国内人权或国际人权，荒谬地认为一个人到国际层面活动就享受国际人权，在国内层面生活就享受国内人权，或者认为一个人的人权包括国际人权和国内人权两部分。因为，人权本身是固有的、普遍的、不可分割的，国际人权和国内人权的划分不仅在理论上说不通，在实践上也无法操作。

人权的国际保护尽管渊源很早，但其大规模发展却是第二次世界大战之后，一般包括两大板块：一是国际人权标准/规范的制定，即国际社会主要通过缔结人权方面的条约、形成国际习惯来进行；二是监督国际人权标准/规范的实施（简称国际人权监督），即由国家组成的国际社会或国际机构对国际人权标准/规范的履行予以监督，主要要求承担人权保护义务的国家采取一系列立法、行政和司法措施履行国际义务，预防和惩治人权侵犯行为。

国际人权监督是国际层面的人权监督，主要包括政治监督和法律监督，法律监督主要包括条约机构监督（准司法监督）和司法监督，司法监督又主要包括国际人权法院/法庭监督和国际刑事法院/法庭监督（如下图所示）。国际人权的政治监督指，国家组成的国际社会（整体或局部）或国际司法、准司法机构之外的国际组织通过政治方法或手段监督国际人权标准/规范的实施，典型如过去联合国人权委员会和现在人权理事会所进行的监督。国际人权的法律监督指，国际司法机构或国际准司法机构通过诉讼、提供法律咨询、审议缔约国报告、处理个人来文等各种方法和手段监督国际人权标准/规范的实施，典型如联合国条约机构对九大核心国际人权条约及其任择议定书实施的监督（详见第三章），监督方式有审议缔约国报告和个人来文、处理国家间指控、调查和访问等，这种条约机构因其具备部分的司法功能被称为准司法监督。又如国际人权法院和国际刑事法院/法庭等通过审理人权案件或提供咨询意见等活动进行的司法监督。不过，全球层面迄今未能建立专门的人权法院，尽管区域性的人权法院在欧洲和美洲已成功运作了许多年。国际特设刑事法庭肇始于第二次世界大战后，典型如远东国际军事法庭、纽伦堡国际军事法庭、前南斯拉夫国际刑事法庭、卢旺达国际刑事法庭等，专门用于审理最严重的国际犯罪。2002 年 7 月 1 日，国际社会在前述特设法庭的审理经验基础上建立了常设国际刑事法院，意欲在全球范围内建立审理最严重国际犯罪的司法惩治机制。最严重国际犯罪往往构成对最基本的人权和自由严重的、大规模的侵犯，所以对最严重国际犯罪的审理和惩治往往构成国际人权司法监督不可或缺的组成部分。常设国际法院或国际法院也审理过涉及人权的案件，因而也具备些微的人权监督司法功能。此外，随着国际社会和国际法民主化程度的加深，无论政治监督还是法律监督都鼓励更多的民众参与，由此具有越来越多的民意因素。也就是说，现当代国际社会越来越难有纯粹的政治监督或法律监督了。不过，享有和追求人权是人的本性使然，即使国际、国内领导者不鼓励、不允许，这种纯粹的民众监督始终是存在的，只分其程度和表现形式为何。

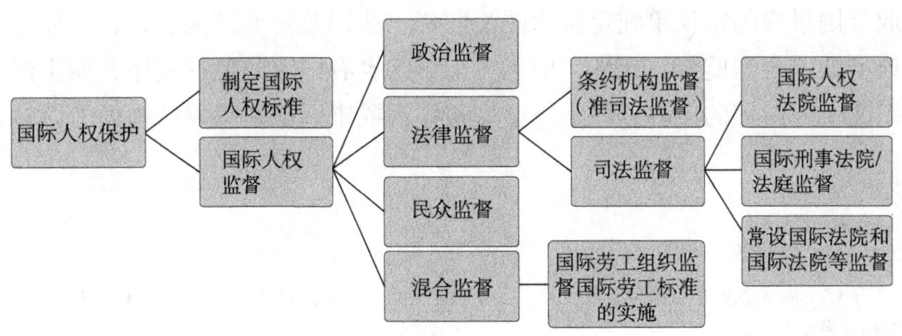

图 1－1　国际人权保护结构图

国际劳工组织拥有独特的混合监督机制。国际劳工组织是一个专门保护劳工权利的政府间国际组织，主要活动是制定国际劳工标准、监督实施国际劳工标准等。鉴于劳工权利是人权不可或缺的组成部分，以及国际劳工组织在此领域举世瞩目的成就，其对国际劳工标准实施的监督构成了国际人权监督的重要组成部分。国际劳工组织对国际劳工标准的监督也可分为政治和法律两个板块，不过监督方式独具特色。就政治监督而言，1978 年国际劳工组织《三方协商促进实施国际劳工标准公约》（第 144 号公约）生效，规定由三方协商机制通过协商、磋商等方式全面监督劳工标准的实施。由于国际劳工组织独特的三方结构——国际劳工大会（最高权力机构）和理事会（执行机构）均由政府代表、雇主组织代表和工人组织代表组成，[1] 三方代表在各种会议和活动中具有平等、独立的发言权和表决权。国际劳工组织监督国际劳工标准的主体除了政府代表，还有雇主组织代表和工人组织代表，其非政府和非政治因素非常浓，确切地说应该是半政府、半民间的准政治监督。就法律监督而言，国际劳工组织的成员国也需定期提交缔约国报告供审议，审议机构有二：一是实施公约和建议书的专家委员会（The Committee of Experts on the Application of Conventions and Recommendations），二是实施公约和建议书的国际劳工大会的三方委员会（The International Labour Conference's Tripartite Committee on the Application of Conventions and Recommendations）。[2] 也就是说，报告审议主体由独立专家、政府代表和民间代表组成，这里的监督主体将政治监督主体、法律监督主体和民间监督主体组合在一起，审议内容又是法律标准的实施，我们很难将这种成员国报告的审议单纯定位为政治监督、法律监督或其他监督，它属于典型的混合型监督。此外，国际劳工组织也有国家间控诉程序、雇主组织或工人组织的申诉程序，由于这些控诉或申诉都在三方结构内予以解

---

〔1〕 各成员国代表团由政府 2 人、工人和雇主代表各 1 人组成，三方都参加各类会议和机构，独立表决。

〔2〕 参见国际劳工组织官网 http: //www. ilo. org/global/standards/applying - and - promoting - international - labour - standards/lang - - en/index. htm，访问时间：2014 年 5 月 4 日。

决，法律依据都是国际劳工组织公约，此类监督同样属于混合型监督。[1]

当然，国际人权监督还可以根据不同的标准分类。从监督主体角度来看，国际人权监督可以分为国家（国家集团）监督、国际组织监督、非政府组织监督等；从客体角度来看，可以分为对各国人权法律规范的监督、对法律机制的监督和对具体人权事件/情势的监督；从地域角度来看，可分为全球性国际人权监督、区域性国际人权监督和次区域国际人权监督；从性质角度来看，有强制型的司法监督、敦促建议型的准司法监督和温和建议型的软性监督等。强制型的司法监督典型如欧洲人权法院、美洲人权法院、各特设国际刑事法庭和国际刑事法院的判决是有法律拘束力的；敦促建议型的准司法监督典型如监督九大核心国际人权条约实施的条约机构的监督（详见第三章），其提出的建议或意见尽管没有法律拘束力，但其产生的道义和舆论方面的压力呈逐渐上升之势，其实施效果在进一步提升中。此外，还有大量既非司法机构也非准司法机构的产出属于温和建议型的软性监督，典型如联合国大会通过的有关人权方面的文件，既没有法律约束力，也没有强制执行力，只是人权方面国际共识的一种集体宣示，或倡导国际社会保护人权采取某种行动或措施，是否遵从全凭主权国家自主决定。

（二）全球性国际人权监督的萌芽和发展

第二次世界大战前，人权一直被认为是主权国家独占管辖的事项，国际社会和国际法一般不予干预。第二次世界大战使人类遭受了史无前例的浩劫，国际社会深刻认识到人权国际保护的重要性和必要性，国际人权保护由此走上了快车道。当然，对主权国家而言，这意味着它们需要将人权领域的国家主权或多或少地让渡给国际社会和国际法，国际人

---

〔1〕国际劳工组织有国家间控诉程序，参见《国际劳工组织章程》第26条：任何成员国有权对其他任何成员国在遵守双方都已经批准的公约中的不满向国际劳工局提出控告；国际劳工组织也有雇主组织或工人组织的申诉程序，参见《国际劳工组织章程》第24条：如果雇主组织或者工人组织认为任何成员国（包括本国政府和外国政府）对其所批准公约的任何方面没有有效地予以遵守，该雇主组织或工人组织可以向国际劳工局就该国的行为提出抗议，理事会要把这项抗议通知有关政府，并要求该政府做出适当的说明；此外，国际劳工组织还有保证遵循结社自由原则的特别监督，限于篇幅，在此不赘述。

权监督的发展史实际上是一种一直持续的、针对国家主权的斗争，[1] 主权国家从抗拒人权的国际监督逐步走向接纳国际人权监督，直至积极主动融入国际人权监督。

1. 第一次世界大战前国际人权监督的萌芽

人类历史上，最早出现人权保护条款的国际条约可以追溯到几个世纪以前，1555 年《奥格斯堡宗教和约》和 1648 年《威斯特伐利亚条约》中就已经包含了有关保护宗教自由的条款。不过，上述人权条款的实施全靠国家自觉及相互监督；也就是说，最初条约中人权保护条款的实施监督是政治性的，如果民众有幸知晓上述条约人权条款的内容，也可以说有些微的民众监督存在，尽管在当时的时代背景下，在条约的实施中，民意往往无足轻重。

一国对外国人的待遇领域较早出现国际人权监督。传统国际法只调整国家之间的关系，除非牵涉到不止一个国家的利益，传统国际法一般不保护个人的权利。历史上，“一个国家感到被冒犯是源于其国民的‘人权’受到了侵犯”，[2] 所以，当一国国民在外国遭受酷刑或其他不公正待遇时，其国籍国可能会向该外国行使其对国民的保护权。也就是说，每一个国家对其在外国的国民的人权状况具有一种基于国家主权或国家属人管辖权的自主监督权和保护权。随着实践的发展，国际社会对一国如何对待合法进入其领土的外国人设定了最低限度的国际标准，即所在国必须以文明的方式对待外国人，禁止奴役、免受酷刑等，使其得到最低限度的公正待遇。上述保护权如果涉及的是具有特殊身份的外交、领事人员或其他国家机关工作人员，则后来逐渐形成了国际法上的外交、领事特权与豁免制度和主权豁免制度；上述保护权如果发生在战争和武装冲突（最初是国际武装冲突，至现当代才拓展到国内武装冲突）过程中，就逐步形成了国际法中独特的领域——国际人道法，专事设立最低限度标准，用于保护战争和武装冲突期间的战俘、伤病员、平民等受难者的最低限度的人权，典型如 1863 年美国内战期间出现的

---

〔1〕［奥］曼弗雷德·诺瓦克：《国际人权制度导论》，柳华文译，北京大学出版社 2010 年版，第 17 页。

〔2〕 Louis Henkin, *The Age of Rights*, New York: Columbia University Press, 1990, pp. 13 - 20.

《利伯守则》（the Lieber Code）、1864 年通过的《日内瓦公约》和 1890 年《布鲁塞尔总议定书和宣言》。

国际人道标准仅适用于战争和武装冲突期间，而且往往以国家之间对等适用为原则。也就是说，国际人道标准从内容上看属于广义的人权范畴，但其性质却不具备人权的固有性、普遍性和不可分割性，因其适用往往建立在政治上的对等原则基础上。19 世纪 60 年代出现在欧洲、由亨利·杜南（Henri Dunant）所倡导的红十字运动，后来直接发展为全球性的、具有持久影响力的国际人道运动。1875 年，伤兵救护国际委员会更名为红十字国际委员会，因十字是基督教的宗教符号，伊斯兰世界采用了红新月标志，故红十字国际委员会又称红新月国际委员会。自建立以来，其在监督国际人道法的实施方面和提供人道援助方面发挥着举世瞩目的杰出作用。红十字/红新月国际委员会可以说是人权国际监督中最早的国际组织监督，也是最早的民间组织监督。除政治监督以外，国际人道法领域最早出现了民间国际组织监督。

禁止奴隶制和奴隶贸易也是国际人权监督较早出现的领域。随着资本主义经济的发展，国际贸易对公平竞争环境的需求越来越迫切，加上奴隶制和奴隶贸易的惨无人道，在英国的大力推动下，国际社会掀起了声势浩大的禁奴运动。1815 年，维也纳大会通过了《关于奴隶贸易的宣言》。1841 至 1842 年，有 26 个缔约国的《关于取缔非洲奴隶贸易的条约》得以生效。1885 年，《关于中部非洲的柏林会议总议定书》和 1890 年《布鲁塞尔总议定书和宣言》的相继制定，在 19 世纪逐渐减少和最终消除奴隶制和奴隶贸易的过程中发挥了关键作用。特别是 1890 年《布鲁塞尔总议定书和宣言》不仅谴责了奴隶制和奴隶贸易，而且还规定了互相授予搜查、逮捕和审判贩奴船只的权力。国际性法律文件的实施增加了强有力的国际司法协助手段，缔约国对禁奴义务的履行既有政治层面的监督，也有法律层面的监督。

2. 两次世界大战期间国际人权监督的初步发展

第一次世界大战后，少数者的保护问题引起了国际社会的高度重视。在例行的战后割地风潮中，有不少在民族、语言和宗教方面与一个国家（原所属国或出生地国）有更密切联系的居民被划归其他国家，例如 1919 至 1920 年签订的系列条约——《凡尔赛和约》《圣日耳曼和约》《特里亚农和约》《纳伊和约》《色佛尔条约》，导致在意大利南蒂罗尔出现了说德语的少数者，在斯洛伐克和罗马尼亚出现了匈牙利少数者，在奥地利卡林西亚等地出现了斯洛文尼亚少数者，在希腊出现了阿尔巴尼亚少数者，在阿尔巴尼亚出现了希腊少数者等。少数者的原所属国或出生地国认为自己有责任保护这些少数者免受歧视，并得以维持其独特的语言、文化和民族、宗教身份。由此，少数者的原所属国和战后所属国之间签订了一系列保护少数者的双边条约，典型如奥地利和意大利之间签订的“南蒂罗尔一揽子协议”等，与上述各项和约一起，共同确保上述少数者享有最低限度的权利。为监督相关条约的实施，国际联盟任命了一个少数者委员会（Minority Committee），当少数者及其成员根据条约应该享受的权利受到侵害时可以向该委员会提起申诉。截至1938年，少数者委员会大约处理了650件申诉。此外，常设国际法院于1935年也发表了关于阿尔巴尼亚少数者学校的咨询意见。少数者委员会处理个人申诉是国际人权监督史上最早的法律监督之一（另一个是国际联盟委任统治委员会处理个人申诉和审查国家报告），常设国际法院1935年发表咨询意见是最早的司法监督。

国际联盟的委任统治制度对国际人权监督作出了突出的制度贡献。为确保生活在委任统治领土上人们最低限度的权利，[1] 国际联盟创立了有关人权的国家报告程序和个人申诉程序，专门任命一个委任统治委员会（Mandate Committee）来审议由受委任国提交的定期报告并处理生活在委任统治领土上个人的申诉。尽管人权保护不是国际联盟的主要任务，但它对少数者和委任统治地人们最低限度权利的保护以及国际监督制度的建立为此后全球和区域层面人权保护奠定了制度和实践基础。

国际劳工组织对国际劳工标准实施的监督，也为国际人权监督作出了独特的制度贡献。除作为联合国前身的国际联盟外，1919年《凡尔赛和约》还缔造了在保护经济、社会和文化权利方面卓有成效的国际劳工组织。该组织设立了独具特色的成员国报告制度，还有国家间控诉程序、雇主组织或工人组织的申诉程序等劳工权利的国际监督制度。鉴于该组织采用独特的三方结构，其权力机构和执行机构均由政府代表、雇

〔1〕 如《国际联盟盟约》第22条规定，委任统治国应当禁止诸如奴隶贸易等各种弊端。

主组织代表和工人组织代表组成，三方代表在各种会议和活动中有平等、独立的发言权和表决权。尽管国际劳工组织也像国际联盟一样采用报告制度和申诉制度，但由于审议报告和个人申诉的机构不同，导致同类制度的运作程序、制度性质和产出有很大不同。国际劳工组织的同类程序由于雇主组织代表、工人组织代表以及专家的参与，具有更大程度的民意性质和专业水准。

第一次、第二次世界大战期间，国际人道法和禁止奴隶制方面的国际人权保护有进一步的发展。突出表现为：1929 年《日内瓦公约》的通过，国际人道标准进一步增多，红十字/红新月国际委员会对国际人道标准的监督进一步完善；1926 年，在国际联盟的推动下，普遍性的《禁奴公约》得以制定和生效，[1] 该公约严格禁止奴隶制和奴隶贸易，国际社会对奴隶制和奴隶贸易的政治与法律监督更加严格。

总体而言，第二次世界大战以前的国际人权保护多是零星的、局部的，往往只保护特定地域或部分人的特定权利，与现当代人人生而有之的普世人权大相径庭。尽管从法律依据和保护效果来看，有对人权进行国际保护的因素，但其初衷往往不是为了保护人权，而是为了政治、经济或其他利益，少量人权得以保护纯属“搭便车”之结果。例如 19 世纪末 20 世纪初为保护中欧和东欧小国少数者的条约一般都是大国强加给小国的，小国不接受就有可能引发战争。这种对少数者的人权保护往往基于大国与小国境内少数者的特殊历史和文化渊源，带有浓厚的大国情怀和强权性质，并不符合现当代意义上普世人权、固有人权的内涵。国际人权监督方面，第二次世界大战前多停留于政治监督，法律监督只初见其形，主要包括国家报告制度、个人申诉制度、国家间控诉制度等。在国际人权监督的制度创设方面，国际联盟、国际劳工组织和红十字/红新月国际委员会作出了最初的独特贡献。

3. 第二次世界大战后国际人权监督的大发展

第二次世界大战前，出于对国家主权原则和不干涉内政原则的教条式遵守，除上述少数领域外，国际社会和国际法一般不涉足国内人权保护问题，即一个国家基本上不受任何外来干涉地自由对待其国民，即便

〔1〕《禁奴公约》于 1927 年生效。

肆意屠杀、种族灭绝都不会引起国际反应。但对外国人的待遇，如虐待战俘、对外国人施以酷刑等则容易引起国际社会的谴责和干预。在如何对待自然人，如何保护人权方面，二战前通行荒谬的双重标准，这是主权国家在骨子里极度轻视人权并将人权保护置于国家主权原则和不干涉内政原则之下的自然结果，导致后来国际社会一方面谴责德意日法西斯的战争罪行，另一方面却对600万犹太人被屠杀轻描淡写。为免后世再遭惨不堪言的战祸，二战后人权保护问题引起了国际社会的广泛关注，人权保护大规模进入了国际法领域，完善的人权保护机制逐渐建立起来。个人人权的充分实现依赖公平合理的国际秩序，这种国际秩序的构建直接滋生了民族自决权、和平权、发展权、环境权等集体人权，而集体人权的实现更需要国际人权保护机制的保驾护航，单个国家的努力根本不可能完成集体人权保护的使命。

在人权保护大规模进入国际社会和国际法领域的大背景下，国际人权监督也进入了大发展阶段。突出表现为：其一，国际人权监督法律化、机制化；其二，国际人权监督从促进走向保护和预防。

（1）国际人权标准和国际人权监督机制的设定。1941 年《大西洋宪章》中，罗斯福和丘吉尔主张“建立和平”，并“保障所有地方的所有人”“免于恐惧和不虞匮乏的自由”。罗斯福总统在其著名的“四项自由”演讲中，主张人权是世界上每一个角落所有人的权利，尊重人权是盟军击败希特勒的首要战争目标。上述观点充分表明，二战期间以英美为代表的国际社会对人权主体的理解与战前有天壤之别，此时他们强调的是世界上所有人的人权，不再局限于特定地域或特定种类的人们，人权主体已经具有了普遍性。1945 年《联合国宪章》序言“重申基本人权，人格尊严与价值，以及男女与大小各国平等权利之信念”，1948 年《世界人权宣言》强烈谴责二战中德意日法西斯“对人权的无视和污蔑已发展为野蛮暴行，这些暴行玷污了人类的良心”，它以联大决议的方式第一次全面、系统地规定了人所享有的基本权利和自由。上述四项文件虽然都具有开创意义，但其中有关人权的规定都只具有政治宣示和政治引导、督促功能，即便是《联合国宪章》这一有法律约束力的国际条约，因其有关人权的规定太过原则和抽象也很难形成具体的法律义务。为弥补此缺陷，在《联合国宪章》和《世界人权宣言》的基础上，1966 年《公民权利和政治权利国际公约》和《经济、社会和文化权利国际公约》联袂出台，历史上第一次为缔约国确立了具体的人权保护义务，还设立了一系列国际人权监督机制，主要包括监督公约实施的条约机构的设立，以及缔约国报告程序和国家间指控程序的运作，后来出台的议定书中又规定了个人申诉程序和调查访问程序。在人权的内涵和外延上，1966 年两项公约更进一步，它们都将集体人权——民族自决权规定在公约第 1 条，标志着集体人权被国际社会广泛、正式接纳和法律化。鉴于 1948 年《世界人权宣言》和 1966 年两项公约在国际人权保护史上的开创意义，它们被合称为“世界人权宪章”（International Bill of Human Rights）。在联合国和欧美等国的大力推动下，核心国际人权条约（the Core International Human Rights Instruments）陆续出台，监督人权条约实施的条约机构逐渐增多，[1] 其中规定的国际监督机制种类也日渐丰富，早期预警与紧急程序、预防性监所访问制度、委员会工作评估机制、合法利益人紧急请求查找失踪者机制、就系统性强迫失踪行为向联大紧急报告机制等均囊括其中，各种人权监督机制在各自实践中不断完善，并逐步走向互相交流与合作的道路（详见第三章）。在核心国际人权条约体系逐步成型和实施的过程中，国际社会对人权的界定从第一代拓展至第二代、第三代，人权的三种维度互相平等、不可分割并相互依存，三种维度从意识形态的怪圈中跳出并取代了三代人权的争执，人权的概念日趋成熟，真正达到了人人享有所有人权的境界（all human rights for all），无论人权的主体还是内容和标准，均具有了普遍性。除上述国际人权宪章和核心国际人权条约外，二战后还出台了许多

[1] 核心国际人权条约和监督条约实施的条约机构如下：1965 年《消除一切形式种族歧视国际公约》，消除种族歧视委员会；1966 年《公民权利和政治权利国际公约》，人权事务委员会；1966 年《经济、社会和文化权利国际公约》，经济、社会和文化权利委员会；1979 年《消除对妇女一切形式歧视国际公约》，消除对妇女歧视委员会；1984 年《禁止酷刑和其他残忍、不人道或有辱人格的待遇或处罚公约》，禁止酷刑委员会；1989 年《儿童权利公约》，儿童权利委员会；1990 年《保护所有移徙工人及其家庭成员权利国际公约》，移徙工人权利委员会；2006 年《残疾人权利公约》，残疾人权利委员会；2006 年《保护所有人免受强迫失踪国际公约》，强迫失踪问题委员会。截至 2015 年 5 月 1 日，上述公约的缔约国数目分别为：177、168、164、188、157、194、47、153、46，其中七项公约的缔约国数目都在 150 以上，距普遍批准已经不远了。

与人权有关的国际条约，有全球性的，也有区域性的，有综合性的，也有专门性的。比如1948年《预防及惩治灭绝种族罪公约》、1949年四个《日内瓦公约》和1977年两个《日内瓦公约附加议定书》、1951年《关于难民地位的公约》、1967年《关于难民地位的议定书》、1952年《妇女政治权利公约》、1954年《关于无国籍人地位的公约》、1956年《关于废除奴隶制、奴隶贸易、类似于奴隶制的制度和做法的补充公约》、[1] 1973年《关于打击和惩罚种族隔离罪的国际公约》等。上述条约也各有其实施监督机制，如1973年《关于打击和惩罚种族隔离罪的国际公约》就设立了一个由三名国家代表组成的国家报告审议委员会。迄今，国际社会已形成了一个庞大的国际人权法律体系，国际人权标准业已建立，国际人权监督机制日益完善。

（2）国际人权监督从单纯促进逐步走向保护和预防。二战结束后，《联合国宪章》仅原则性规定要“促进”（promotion）人权，既没规定人到底有哪些基本权利和自由，也没规定采取哪些措施怎样保护人权，其空洞规定源于其对无奈现实的妥协，本欲在《联合国宪章》中加入人权法案却遭到激烈反对无果而终，当时的国际社会刚刚就保护人权的必要性达成广泛的政治共识，主权国家一时间无法接受国际人权保护的具体措施对其主权的冒犯。唯有设定人权清单、提供人权咨询和人权教育这种促进人权的措施，才能为主权国家所接受。随着人权意识的逐步提高和国际社会在此领域政治共识的深入发展，国际社会才从促进人权逐步走向“保护”（protection）和“预防”（prevention）人权阶段，核心国际人权条约中相继出现了缔约国报告程序、国家间指控程序、个人申诉程序、调查访问程序等法律监督程序，用以监督国际人权条约的实施，促进缔约国人权之保护。此外，早期预警和行动、冲突解决、预防性监所访问等预防人权侵犯的程序也相继出炉，它们和传统的政治保护方式——实地监督和调查、谴责、制裁、人道主义干涉等，以及新型的政治保护方式——普遍定期审议制度共同推动人权的国际保护。整体来看，二战后的国际人权监督机制中法律执行板块迅猛发展，强制因素日

---

〔1〕 如今，“禁止奴隶制已经成为习惯国际法并视为构成了强行法”。参见［奥］曼弗雷德·诺瓦克：《国际人权制度导论》，柳华文译，北京大学出版社2010年版，第20页。

益增多，特别是国际刑事法庭/法院的审判、从国际组织中开除、经济制裁、减少或中止发展合作和财政援助、人道主义干预等。国际人权监督的法律监督板块越来越注意借用政治监督的力量，政治监督也越来越倚重法律监督的力量和成果，两方面互为借助、互相合作、互为补充的程度越来越深，范围也越来越广。

二、国际人权监督的功能

（一）国际人权监督是国内人权监督的辅助

若要准确定位国际人权监督的功能，首先得明确国际人权监督和国内人权监督的关系，也就是明确国际人权保护和国内人权保护的关系，因为，国际人权监督是国际人权保护的一部分，国内人权监督是国内人权保护的一部分。在人权保护的大格局中，国际人权监督到底处于什么位置？它与国内人权监督的关系是补充？是优先？是并列？还是其他？这是我们探讨国际人权监督功能的理论前提。

二战后，人权保护是国际法和国内法共同致力的领域。人权的国际保护主要依据以条约或国际习惯为载体的国际人权标准，国家组成的国际社会或国际组织通过一系列政治或法律机制对国际人权标准的实施予以评估、督促和完善；人权的国内保护主要依据的是一国宪法和其他与人权有关的法律、法规，由立法、行政和司法等机关具体实施国内人权法，不断提高该国人权保护水平。也就是说，国内人权保护和国际人权保护都包括设定标准（通过立法或制定政策）和监督标准实施两大板块，人权监督水平的高低直接决定特定社会人权状况的好坏。

国内人权保护是人权保护的主战场。首先，回溯历史，国际法中的人权概念源于西方国家国内法，但又在国际实践中经历了三代人权的蜕变和丰富。国内人权保护也远早于国际人权保护出现，二战后，国际人权保护的兴盛源于国内人权保护对防止和惩治造成人类史无前例浩劫的世界大战的无能为力，但是它并非以国内人权保护替代物的身份出现，而是为主权国家设定人权标准和保护程序，督促缔约国在国内保护人权和改善人权状况而存在。美国著名学者路易斯·亨金指出："当一个国家尊重和保障人权方面有欠缺时，国际人权法不是去取代国内法和国家机制，而是努力促使该国改进其国家的法律和机制，使它们更为有效。"

其次，主权国家负有保护个人人权的直接责任和充分权能，个人也能更便利与经济地在国内寻求人权侵犯方面的救济。再次，国际人权条约中的大多数条款都规定缔约国应该采取哪些立法、行政和司法措施保护人权，以及预防和惩治人权之侵犯。国际人权条约一般不能直接适用于国内，无论是坚守二元论的转化实施，还是坚持一元论的纳入实施，都离不开主权国家职权机构运作。就国际人权监督的产出而言，无论是人权理事会针对某一国家的审议报告，还是条约机构做出的国别结论性意见，无一不是要求缔约国采取特定的改进措施，落脚点仍然是缔约国。最后，国际监督机构在国内一般无法直接采取措施或行动（缔约国同意者例外，如调查访问等），个人也很少有机会借助国际人权保护机制行动，即便是主权国家认可后所作的个人申诉，也是以用尽当地救济为前提。经济、社会和文化权利委员会第 9 号一般性意见指出："要求用尽国内补救措施的规则强调国内补救措施在这方面的首要地位。存在和进一步发展处理个人申诉的国际程序是重要的，但这些程序只能是有效的国家程序的补充。"[1] 实践表明，人权国际保护的目的不在于由国际社会或国际组织替代国家保护人权或履行人权义务，而在于通过设立人权标准、进行评估和监督、提供技术咨询和援助等推动各国国内人权保障制度的建立和完善，改善国内人权状况，提高国内人权保护水平。

国际人权保护是国内人权保护不可或缺的辅助。国际人权保护的产生是为了弥补国内人权保护之不足，在特定情形下，国内人权保护会显得无能为力或陷入瘫痪，这时的国际保护便成了很好的补充和后备。情形一：涉及国家行为的国际犯罪严重侵犯人权，但主权国家却不会惩罚自己，因为它们的行为依据国内法往往是合法的，特别是侵略罪、战争罪、反人道罪、种族灭绝罪这种导致大规模严重人权侵犯的国际犯罪。历史表明，除了借助国际社会的政治经济和军事手段予以惩治，就只能借助特设国际刑事法庭或常设国际刑事法院进行惩治。情形二：集体人权的保护没有国际协调与合作是不可能成功的，因为它既涉及国际标准之设定，又涉及权利、义务和利益之分摊，还涉及国际监督机制之运

---

〔1〕 经济、社会和文化权利委员会第 9 号一般性意见：《〈公约〉在国内的适用》，第 4 段。参见联合国文件：E/1999/22。

作。无论是和平权、发展权、环境权还是最早出现的民族自决权，无一不需要国际人权保护的辅助。情形三：因为战争或武装冲突等原因，当一个主权国家的政府和司法系统完全陷入瘫痪时，只能借助人权的国际保护来保持最底线的人权，卢旺达国际刑事法庭的设立便是典型的例子。上述三种特定情形下，如果没有国际人权保护，相关人权是不可能实现的。事实上，作为新自由主义和世界主义思潮的结果，迄今为止包括上述情形在内的所有人权保护都被置于国际人权保护的大框架和大背景下，国际人权保护在所有人权保护中都起到了评估、监督、引领、规范、统一和帮助国内人权保护的作用，虽然不一定都是必不可少的。不过，正如奥地利著名人权法学家曼弗雷德·诺瓦克所说："国际人权法院和监督机构只是最后诉诸的手段，即在国内法律程序被证明为失败或者相关条约遭到相冲突的解释时。"[1]国际人权保护只是，也只能是国内人权保护的辅助和补充，绝不可能完全替代国内人权保护，也应少喧宾夺主。

（二）国际人权监督具有深层次的建构功能

1. 国际人权监督可以破解人权法中权利义务的非对称性

对等原则下的传统国际法容易自助实施。就传统国际法而言，无论是国际条约还是国际习惯，一方面其内容很少涉及个人权利义务，另一方面其实施主要靠国家自觉及相互监督。传统国际法往往遵循严格的对等原则（the principle of reciprocity），其中的权利义务一般是互相对应的，即甲的权利与乙的义务对应，乙的权利又与甲的义务对应，这种交叉对应关系内在蕴含着互利互惠，所以实施起来容易通过自觉自愿和互相监督来实现，自我救济也方便容易。例如，一项削减关税条约得以通过和实施，该条约缔约国之间相互承诺降低汽车20%关税以增进汽车贸易自由化，甲国降低从乙国进口汽车的20%关税，使乙国的汽车在甲国市场上处于公平竞争地位，乙国也降低从甲国进口汽车的20%关税，使甲国的汽车在乙国市场上处于公平竞争地位，甲乙之间的权利义

---

〔1〕 请注意，在全球层面迄今尚无国际人权法院，只有国际刑事法院或法庭，他这里指的是区域层面的"国际人权法院"。[奥] 曼弗雷德·诺瓦克：《国际人权制度导论》，柳华文译，北京大学出版社2010年版，第37页。

务是对等的，甲国的权利即乙国的义务，乙国的权利即甲国的义务，两者权利义务交织，互利互惠容易实施。倘若甲国对从乙国进口汽车的关税只降低10%，乙国也可对从甲国进口汽车的关税只降低10%予以反击来达到利益平衡。在上述传统国际法模式下，国际法规则因为权利义务对等得以良好实施，自我执行、自我修复，权利义务和利益损失通过自助一般都可实现平衡。

国际人权法中权利义务的非对称性，决定了国际人权监督必不可少。二战后大量出现的国际人权条约和人权领域的国际习惯规则都有一个共同的特点，即履行人权义务的往往是国家或政府，而享受权利的是个人，国家或政府对个人负有义务，但个人对国家或政府无对等的义务，国家或政府也从个人身上得不到立竿见影的权利、利益。国际人权法中权利义务的非对等性和非对称性决定了其自主实施会有难度。尽管人权保护无论从短期还是长期看，无论从国家治理还是百姓福祉看，都具有得天独厚的优势，这也是为什么人权成为国际社会不可逆转的大潮流、大趋势之一的原因。不过，保护人权于国于民有利，却不一定对国家统治者有利，特别是其短期利益还有可能因此受损。因为，采取一系列立法、行政和司法措施履行保护人权的国际义务需要大量人力、物力和财力，而且保护人权还意味着统治者权力行使受到限制和规范，而老百姓享受到人权却不可能一下子对统治者产生多大利益，所以，统治者履行人权义务的动机往往不充足。特别是那些为获取国际承认、国际援助或国际支持而违心地被动接受国际人权法的国家来说，更是如此。就接受人权的程度而言，国家可以分为不同类型：有的国家已内在接受人权理念，人权文化底蕴深厚，国际人权法实施起来相对容易；有的国家对人权保护很陌生，人权常识缺乏，人权意识淡薄，在这种文化背景下的国家实施国际人权保护，必定困难重重；当然，还有一些国家居于中间状态，其履行国际人权义务的难度也居中。即便在人权文化深厚的国家，由于缺乏权利义务的对称性和相互利益制衡机制，履行国际人权义务也没有完全保障，必须引入集体监督和实施机制。因为，没有监督的国家权力导致绝对的腐败，没有利益驱动的单纯义务不符合统治者利益最大化原则。国际人权监督通过国际社会或国际组织分析、评估每个国家的人权状况，协助、增强其履约技能，谴责、救济其人权侵犯，使每个国家的人权保护置于国际社会和广大公众的视野之下，国际人权监督发挥着越来越大的激励、督促、协助和补救功能。

2. 国际人权监督帮助构建民主、法治的国际社会

国际人权监督有利于民主社会之构建。民主是与专制和独裁对立的概念，一般指在国际和国内政治中，民众充分、自由地参与公共事务的讨论，并具有投票权和表决权。在民主政治体制下，民众的意愿得到最大限度的考虑，民众的政治、经济和文化等各方面的自决权得以完全实现，这是政治自由和政治平等思想的必然要求。著名人权法学家曼弗雷德·诺瓦克将《公民权利和政治权利国际公约》等国际人权条约中规定的参与公共事务权、选举权和被选举权、投票权、平等获得公共职位权、申诉权、表达自由、媒体自由、信息自由、结社自由、集会自由、工会权利、宗教信仰自由、科学艺术自由、禁止歧视和人民自决权的权利集合体，归结为“一种一般性的作为人权的民主权（human right to democracy）”。[1] 国际人权监督通过保障此种民主权利的实现，对国际和国内民主社会的建设作出切实的贡献。这种实现民主权的过程，既培养了民众的民主意识和民主思维，又增强了民众行使民主权利的能力，广大民众的思维模式和行为模式都被民主化了，由民众组成之国际社会又何能不被民主化?! 此外，如今的国际人权监督，无论政治监督还是法律监督，都越来越多地鼓励民众参与，其民主化程度越来越高，国际人权监督的过程本身就是一个民主过程，也是国际和国内社会民主化不可或缺的组成部分。通过民主监督国际人权义务的实施，民意更大限度和更大范围地融入世界各国的立法、行政和司法等环节，不断发现其问题和不足，不断促进其改进和优化，不断救济人权之侵犯和惩治肇事者，相关领域的民主化程度都在不断提高。

国际人权监督有利于法治社会之构建。法治思想的核心是控制权力，确保权力的合法行使，[2] 这与人权作为对抗国家权力的权利这一特性相吻合，也与国际人权监督的主旨之一——规范和限制国家权力的

---

〔1〕［奥］曼弗雷德·诺瓦克：《国际人权制度导论》，柳华文译，北京大学出版社 2010 年版，第 44 页。

〔2〕郝丽洁：《法治国家中法律监督的地位及其实现途径》，载《前沿》2004 年第 1 期。

行使是一致的。随着历史的发展，人类追求法治和人权的斗争天然地融为一体，两者都反对少数人的暴政，也反对多数人的暴政，强调公平、正义的价值观。二战以来，人权的国际保护逐步被法治化，无论是国际人权标准，还是国际人权保护程序、监督程序和救济措施，统统被纳入国际法的范畴。从法治的制度层面来看，法的制定、法律实施和法律实施的监督构成一个完整统一的法治体系。国际人权保护（含国际人权监督）成为国际社会法治进程的一部分，为国际社会法治化作出了重要的理论贡献和实践支持。国际人权监督推动国内人权保护的法治化，进而推进国际社会的法治化进程。国内人权保护中，个人权利的设定、权利的限制和侵权救济等都被纳入法律框架，人权法的制定、实施和实施监督也都要受到法律的规范。随着民众人权意识的提高和维权能力的增强，国内和国际社会的法治建设过程也更加顺畅。

民主、法治和人权是互为条件的。1993 年，在维也纳召开的第二次联合国世界人权大会通过了《维也纳宣言》。该宣言明确确认民主、法治和人权是相互依存、相辅相成的三个概念。民主、法治和人权这三种价值相互交织，共同构成国际新秩序的基础。尽管国际人权监督于不民主、不法治的社会也可以在一定程度上运行，但实践经验表明，“受到法治支配的良好运作的民主制通常能够比政策立法的专制国家更好地保护人权”。[1] 而人权文化底蕴深厚、人权保护水平高的国家更容易接受和实现民主与法治。

此外，国际人权监督在一定程度上瓦解了人权法碎片化带来的弊端（详见第三章第三节和第四章），它逐渐帮助构建出统一的人权法理学，使人权法在全球、区域、次区域和国家层面达到更大程度的协调和统一。

---

〔1〕［奥］曼弗雷德·诺瓦克：《国际人权制度导论》，柳华文译，北京大学出版社 2010 年版，第 49 页。

第二节　国际人权监督的现状、问题和对策

一、全球层面国际人权监督的现状

（一）政治监督

全球层面，对人权实施政治监督的集大成者是联合国系统。具体包括联合国宪章机制、联合国专门机构机制以及世界会议等。联合国宪章机制又包括人权委员会机制、人权理事会机制、联合国五大机关（国际法院除外）、妇女地位委员会、犯罪预防和刑事司法委员会等。上述各种机制，都对世界各国的人权保护予以或多或少的政治监督，限于篇幅，本书只介绍其中最重要的监督机制。

从人权委员会到人权理事会。联合国在人权领域的主要政治机构，自1946年起一直是人权委员会，直至2006年被人权理事会取代为止。人权委员会成立后的二十余年，由于组成委员会的国家代表坚持传统的国家主权观念，人权委员会不得不一直恪守无权采取行动原则，其工作只限于召开研讨会、提供专家咨询服务和起草国际人权标准。这一局面直至20世纪60年代后期对南非、以色列和智利这样的国家采取行动才逐步得以改变。人权委员会陆续出台决议，并发展出国别机制和专题机制，专门用于应对和处理特别突出的人权问题。在破解无权采取行动原则的过程中，经济和社会理事会第1235号决议发挥了关键作用，该决议于1967年6月6日通过，其产生根植于国际社会对南非种族隔离制度的同仇敌忾和人权委员会突破无权采取行动原则的大胆尝试。尽管遭到许多反对和抵制，第1235号决议仍然启动了第一个审查人权申诉的程序（下文简称“1235程序”）。[1] 以此为基础，在公开会议上对世界所有国家中存在的严重的和系统性的人权侵犯进行讨论和审议成为可能，对揭示人权侵犯的持续模式进行彻底研究以及向经社理事会提交相

〔1〕1966年《公民权利和政治权利国际公约》第一任择议定书中规定了个人申诉程序，由条约机构处理个人来文，但该议定书1976年才生效，所以此议定书中规定的个人申诉程序1976年才真正启动。

关报告也逐渐变为现实。“1235 程序”也为后续联合国任命国别和专题工作组以及特别报告员奠定了法律和实践基础。不过，“1235 程序”下对严重和系统性侵犯人权情势的审议只限于其整体，而不具体深入到个案，所以它与条约机构的个人申诉程序还是有区别的。“1235 程序”最大的特点：一是其政治性强；二是它只会审议一般性形势而不涉及具体个案。1970 年 5 月 27 日，经济和社会理事会通过第 1503 号决议，建立了秘密审议具体人权侵犯问题的“1503 程序”，该程序开创了通过正式程序审议个人来文（含非政府组织来文）的方式，因而受到许多赞誉和欢迎。不过，随着条约机构个人申诉制度的相继建立，这一严格保密、复杂又费时的程序逐渐丧失了重要性，虽经过经济和社会理事会 2000 年改革，该程序仍难逃过时的性质。[1] 为进一步加强联合国人权机制，克服人权委员会选择性审议、双重标准、高度政治化和效率低下等弊端，2006 年 3 月 15 日，联合国大会通过决议建立了人权理事会，负责在全球范围内加强促进和保护人权的工作，运作 60 年之久的人权委员会被淘汰。对粗暴和系统侵犯人权的国家，联大可以出席并投票的成员的三分之二多数，终止其人权理事会的成员资格，这一惩罚措施颇有威慑力。特别是人权理事会创建的普遍定期审议制度，由主权国家代表组成的工作组每 4 年对所有联合国会员国履行人权义务和承诺的情况逐一进行审议，这种审议以审议标准的客观性、审议对象的普遍性、审议程序的公正性著称，基本上克服了人权委员会审议的双重标准性、选择性和不公正性，是一种伟大的制度创新。当时的联合国人权高专阿尔布尔（Louise Arbour）指出，普遍定期审议具有影响和改善各国人权状况的巨大潜力，联合国人权系统的威信有赖于这一机制的满意实施。[2] 人权理事会还继承了人权委员会原先运作良好的国别程序和专题程序等人权监督程序，其工作更加公正、客观和高效，人权事务在联合国系统内的地位进一步提升，联合国“人权主流化”趋势在机制上得到进一步强化。[3]

---

〔1〕 参见经济和社会理事会 2000 年 7 月 16 日第 2000/3 号决议修订的 1503 号程序。

〔2〕 参见［加］路易斯·阿尔布尔：《在人权理事会第六次会议上的讲话》，载 http://www.xinhuanet.com，访问时间：2012 年 5 月 3 日。

〔3〕 张爱宁：《国际人权法的晚近发展及未来趋势》，载《当代法学》2008 年第 6 期。

联合国专门机构也发挥着人权监督功能。联合国专门机构是具有独立法律地位的国际组织，也有自己的基础法律文件、宗旨和目标、组织机构、议事规则和成员国，并在经济、社会、文化、教育、卫生等领域具有重要的国际影响，负有重大国际责任。根据《联合国宪章》第63条，它们与联合国经济和社会理事会通过签订专门的协议建立了固定联系，成为联合国的专门机构。经济和社会理事会负责协调专门机构的活动，并努力将其纳入联合国的活动。有些联合国专门机构，特别是国际劳工组织、联合国教科文组织和世界卫生组织等与人权的国际保护关系密切，它们在保护劳工权、教育权和生命健康权等方面贡献很大。特别是国际劳工组织，在设定国际劳工标准和监督标准实施方面成绩斐然、独具特色。国际劳工组织根据一战后签订的《凡尔赛和约》于1919年成立，是联合国历史最久的专门机构。它长期致力于创设劳工标准，保护劳动权利和改善工作条件，被誉为“迄今在经济权利领域最重要的人权组织”。[1] 在其近一百年的历程中，国际劳工组织通过了二百多个国际公约和数量不相上下的宣言和建议等，同时还陆续创设了若干人权监督程序，成为联合国和其他国际组织制度设计效仿的榜样。国际劳工组织最为独特的地方是其三方机制，即其权力机构和执行机构都由政府代表、雇主组织代表和工人组织代表按照2:1:1的比例组成，各种代表地位平等，独立发表意见、建议和投票，不受任何外在支配。三方机制本身就将政治监督和民间监督紧密地结合在一起，符合国际社会增加国际组织和国际法合法性运动的大潮流，为出台被国际社会广泛接受的劳工标准和标准的贯彻实施奠定了组织和制度基础，一直被视为组织机制设计之楷模。1978年，三方机制被《三方协商促进实施国际劳工标准公约》（第144号公约）进一步法律化和制度化。就国际劳工标准的监督而言，主要包括一般监督和特别监督两类。一般监督分为国家报告制度、国家间指控程序和个人申诉程序。国际劳工组织的国家报告制度具有独特特征：一是报告主体既包括国际劳工公约缔约国，也包括非缔约国；二是报告审议主体四合一，包括政府代表、雇主代表、工人代表还

---

〔1〕 Manfred Norwark, *Introduction to the International Human Rights Regime*, Leiden: Martinus Nijhoff Publishers, 2003, p. 141.

有专家，审议主体的多元化决定了该制度性质上的复杂性，它将政治监督、准司法监督和民间监督巧妙地糅合在一起；三是报告内容既包括公约缔约国履约情况，也包括非缔约国解释未批准某公约的原因及其所采取的措施和行动。国家间指控程序指：国际劳工组织成员国有权对其他成员国在遵守双方都已批准的国际劳工公约中的不满向国际劳工局提出控告。个人申诉程序则是雇主组织或工人组织向国际劳工局提出申诉使用的程序，如果它们认为某个国际劳工组织成员国没有诚实履行其所批准或加入的国际劳工公约。特别监督专门用于保证遵循结社自由原则，其特别之处在于，任何国际劳工组织成员国无论是否批准 1948 年《结社自由和保护组织权利公约》（第 87 号公约），都有可能成为被指控的对象。上述国家报告制度和特别监督程序都在一定程度上破解了条约的相对效力原则，值得借鉴。

世界会议后续行动也是政治监督的主要载体。为应对人权领域的关键挑战和普遍性问题，联合国倡导或主持了与人权相关的系列世界会议，典型如 1990 年儿童问题世界峰会、1992 年联合国环境与发展会议、1993 年世界人权大会、1995 年世界妇女大会、2001 年反对种族主义世界大会、2002 年粮食问题世界峰会等。这些世界会议多在特定人权保护领域设定了行动纲领和具体目标，其内容往往具有革命性。然而世界各国领导人在会上庄重承诺，会后实施效果却并不乐观。但可喜的是，人权理事会的普遍定期审议将重要世界会议的后续行动纳入了审查范围，以监督其贯彻落实。

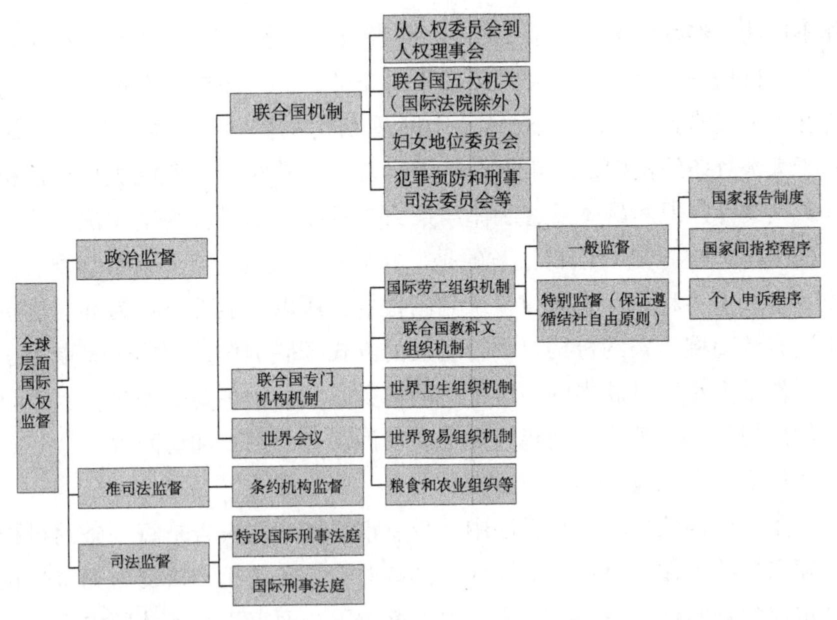

图 1－2　全球层面国际人权监督简图

（二）条约机构监督（准司法监督）

联合国九大核心国际人权条约都建立了专门的条约机构，负责监督条约的实施：消除种族歧视委员会监督《消除一切形式种族歧视国际公约》；人权事务委员会监督《公民权利与政治权利国际公约》；经济、社会和文化权利委员会监督《经济、社会和文化权利国际公约》；消除对妇女歧视委员会监督《消除对妇女一切形式歧视国际公约》；禁止酷刑委员会监督《禁止酷刑和其他残忍、不人道或有辱人格的待遇或处罚公约》；儿童权利委员会监督《儿童权利公约》；移徙工人权利委员会监督《保护所有移徙工人及其家庭成员权利国际公约》；残疾人权利委员会监督《残疾人权利公约》；强迫失踪问题委员会监督《保护所有人免受强迫失踪国际公约》。每一个条约机构都由独立专家（又称委员会委员）组成，条约机构专家由各条约缔约国选举产生，任期 4 年，可以连选连任。不过有一个例外，只有经济、社会和文化权利委员会的专家是由联合国经社理事会选举产生的，这一特殊机制源于《经济、社会和文化权利国际公约》最初的监督机构是联合国经社理事会，由于其高度政治性和事务繁多运作不成功，经社理事会才于1985年通过决议建立了与其他条约机构类似的监督机构——经济、社会和文化权利委员会。条约机构专家以个人身份在条约机构独立任职，不受任何国家和势力的控制与干涉，没有薪酬。鉴于大部分条约机构都对申诉案件进行裁决，其权限和职能类似司法机构裁判案件，但其裁决没有法律约束力，所以被学界视为准司法机构进行的准司法监督。[1] 值得注意的是，九大条约机构只有儿童权利委员会没有个人申诉程序，它只审议缔约国报告，所以它能否被视为准司法机构还有待商榷。条约机构以举行会议的方式开展工作，会期长短取决于其工作量大小和可获得的财政支持的多少。它们的主要工作包括：审议缔约国报告、处理国家间指控和个人申诉、开展调查和访问等。

1. 缔约国报告制度

条约机构的各项监督程序中，只有审议缔约国报告是每一条约机构必须承担的工作，每一公约缔约国都有向特定条约机构提交履约报告供其审议的强制性义务，报告义务要求缔约国全面审视和评估国内人权状况，汇报其为履行条约义务在立法、行政和司法等领域采取的措施和开展的活动，以及取得的成就、面临的困难或障碍等。报告中要尽可能多地包括具体的法律、统计数据和事实方面的信息，以利于条约机构专家全面真实地了解缔约国的履约情况。每一缔约国一般都需在特定条约对其生效后1－2年向特定条约机构提交初次报告，其后每隔2－5年提交一次定期报告供审议。随着核心国际人权条约、条约机构和缔约国逐步增加，条约机构收到的缔约国报告和个人来文、委员会审议报告后作出的建议和意见的数量随之急剧增加，条约机构不堪重负。尽管大量报告迟延未交，但基于现有的资源和能力，一份报告提交后要等上一两年才轮上被审议是司空见惯的事。对此，委员会不得不采取延长会期、几期报告合并审议、实行国别报告员程序等措施予以缓解，但报告的积压现象仍很普遍和严重，极大影响了委员会的权威。此外，联合国人权机构、相关政府间国际组织和非政府组织等有关方面逐步介入报告制度的各个环节，以上情况导致人权条约缔约国政府承担起越来越繁重的报告

---

〔1〕［奥］曼弗雷德·诺瓦克：《国际人权制度导论》，柳华文译，北京大学出版社2010年版，第93页。

义务。特别是随着缔约国报告制度的逐步发展，其过程和要求越来越复杂，需要具有丰富的专业知识和经验、了解条约内容和报告制度的政府官员负责，并且需要组织和协调诸多相关政府部门参与和配合，进行大量的调研，搜集和分析统计数据，了解和掌握相关政策与法律。因此，每一次报告过程需要缔约国政府投入大量的人力和资源才能比较好地完成报告义务。另外，翻译各类文件和等待审议的时间有时会很长，以至于需要更新统计数据和修改报告内容。所有这些工作叠加在一起，使得许多缔约国政府不堪重负、疲于应付。即便是财力雄厚、人权专家众多的澳大利亚、加拿大、日本和芬兰等国都抱怨报告义务过于繁重，更何况众多发展中国家呢？缔约国报告义务繁重是报告质量不高和延迟现象普遍的主要原因之一。实践中，有的报告内容空泛、笼统抽象，有的报告自我褒奖、言过其实，这些质量都不符合要求。对此，奥地利著名人权专家曼弗雷德·诺瓦克有精辟的概括："在实践中，很少有政府不辞麻烦对其国内的人权形势进行认真而全面的评估。通常，起草报告被视为一种冗余的义务，以一种最为简单并且尽可能一般化的方式来对待，并常常产生很长时间的延迟。这个过程中积极吸收市民社会的参与则属于例外情况。"缔约国报告质量不高且大量迟延，导致条约机构审议工作效率低下，报告制度长期因低效饱受诟病。

2. 申诉程序

主权国家对申诉程序的接受要比接受报告程序困难得多，因为申诉程序往往意味着对国家主权行为的评估、谴责和修正，固守传统主权观念的国家难以接受这一点。无论是国家间指控程序还是个人申诉程序，都建立在缔约国通过声明或批准任择议定书予以明确接受的基础上。就国家间指控程序而言，除《消除对妇女一切形式歧视国际公约》《儿童权利公约》《残疾人权利公约》和它们的任择议定书中没有规定此程序外，九大核心国际人权条约及其任择议定书中都有，《消除一切形式种族歧视国际公约》中的国家间指控程序还是强制性的。遗憾的是，国家间指控程序利用率极低，主权国家之间的人权纷争和论战更多情形下出现在政治外交领域，迄今的主权国家意识还难以接受由几个具有独立地位的专家对它们的国家级人权争端进行裁判。就个人申诉程序而言，只有《儿童权利国际公约》及其任择议定书中没有规定，新近出现个人申诉程序的《经济、社会和文化权利国际公约》和《残疾人权利公约》中规定的个人申诉程序还是任择强制性的，比此前其他核心国际人权条约或其任择议定书中规定的任择性个人申诉向前迈进了一步。从具体收到和作出裁决的个人申诉案件的数量来看，人权事务委员会和禁止酷刑委员会的案件最多，消除种族歧视委员会也处理了些许案件，而其他条约机构个人申诉程序的利用率却不高。不过，个人申诉数量一方面取决于接受该程序的缔约国多少，另一方面也取决于有多少侵权案件用尽当地救济还未能让被侵权一方满意。所以，条约机构收到和处理的个人申诉案件不一定越多越好，国际人权监督更大程度上是为了督促缔约国更好地履行国际义务，国际救济只是最后的手段。

3. 调查访问程序

《经济、社会和文化权利国际公约》《消除对妇女一切形式歧视国际公约》《禁止酷刑和其他残忍、不人道或有辱人格的待遇或处罚公约》《保护所有人免受强迫失踪国际公约》《残疾人权利公约》和它们的任择议定书中都规定了调查程序，消除对妇女歧视委员会和禁止酷刑委员会的调查程序还是强制性的，不过缔约国可以选择不接受。《禁止酷刑和其他残忍、不人道或有辱人格的待遇或处罚公约》第 20 条做了一项制度创新，它规定在禁止酷刑委员会得到可靠信息，其中有证据表明某一缔约国境内出现系统的酷刑时，委员会可以根据职权自行启动这一强制性的调查程序。不过，该公约第 28 条又规定国家在签署或批准该公约时可以通过保留排除这一强制程序。《消除对妇女一切形式歧视国际公约》任择议定书中的调查程序以前者为范本。为预防酷刑，而不仅仅在酷刑发生后再采取行动，2002 年通过的《禁止酷刑公约任择议定书》规定建立一个由若干专家组成的禁止酷刑委员会的预防分委员会，该委员会专事组织和执行普遍性的预防性监所访问计划。作为对国家主权的一种妥协，也为了访问计划的顺利实施，实践中大多数访问是由独立的国内预防机制进行的。条约机构的监督机制，从事后惩治和救济型发展出事前预防型访问制度，无疑是国际人权监督机制的又一次转型和进步。

（三）司法监督

就国际人权监督中的司法监督而言，迄今，全球层面尚无国际人权法院（或称世界人权法院），仅有的实践限于特设国际刑事法庭和国际刑事法院的建立和运作。

1. 二战后国际军事法庭审判的开创意义

二战以前，世界各国国内一般对蓄意杀人施以严惩，中国古代就有“杀人者死”的戒律。也就是说，根据各国国内法，杀一个人都将受到死刑或其他刑罚措施的严惩。与此形成鲜明对比的是，传统国际法中的国家主权实际上包含了发动战争的权力和对自己的国民实施屠杀的权力。各国统治者发动侵略战争或大规模屠杀，杀千千万万的人不仅不会受到惩罚，胜者反而会开疆拓土，被历史所褒奖，这是极不公平的。战争结束后，战争失败者往往会被迫给战胜者割地、赔款，如果战胜者恰好是被侵略的一方，这种政治和军事上的救济可以在一定程度上伸张正义，人权惨遭蓄意、严重和系统践踏的被侵略方可以得到一定补偿。但若被侵略方在战争中失利，割地赔款只会让被侵略方的人权一而再、再而三地遭到严重践踏，毫无人权侵犯救济之功效。上述侵略和屠杀等暴行不受惩罚的状况直至二战后才真正开始改变，尽管这种努力肇始于一战后，当时国际社会拟建立国际刑事法庭，让德国皇帝威廉二世承担战争罪责，结果因引渡失败无果而终。二战后，人类历史上第一次建立了追究个人国际刑事责任的国际刑事法庭，德意日法西斯的许多高官都因触犯战争罪行等国际犯罪受到严惩。1945 年和 1946 年，纽伦堡国际军事法庭和远东国际军事法庭依据条约相继设立，目的是审判和惩罚二战期间触犯破坏和平罪、战争罪和违反人道罪，为轴心国利益服务的个人或组织中的个人。尽管这两个法庭的审判都是战胜国对战败国的审判，但因战胜国恰是被侵略的一方因而具有正义性，也具有惩罚人权侵害方、救济人权被侵害方的意味。战后审判在人类历史上，特别是人权保护史上具有重要的开创意义。二战前的侵略者和大规模屠杀者基本上没有受到法律的制裁：一是因为他们在国内法上往往是合法的或取得授权的，加上此种罪行的组织者和领导者往往身份特殊更难受到国内法律制裁；二是国际社会还没有将侵略和屠杀等行为罪行化，也没有相应的国际司法机制供使用。这种有罪不罚的局面直至二战后的国际审判才得以扭转，德国和日本包括戈林和东条英机在内的许多高官都受到了法庭的公正审判和严厉制裁，传统国际法中的主权豁免原则和集体责任原则得以突破，这是人权保护史上的里程碑。纽伦堡审判中确立的一些基本原则（简称纽伦堡原则）后来被联合国大会决议所确认，成为举世遵从的国际法原则，国际刑法作为国际法的一个独立分支由此蓬勃发展起来。纽伦堡原则主要包括：个人刑事责任原则；国内法不免责原则；个人地位不免责原则；上级命令不免责原则；公平审判原则；反和平罪、战争犯罪、反人道罪是违反国际法应受处罚的罪行等。当然，二战后审判也有明显的缺陷，比如其高度政治性——法庭的设立和运作都由战胜国掌控，战胜国审判战败国的特点非常明显。又如其审判对象的选择性——盟军方面的战争罪行完全不在审理范围之内，美国用原子弹轰炸日本广岛和长崎是明显的战争犯罪等。不过，瑕不掩瑜，二战后审判，特别是纽伦堡审判的开创性历史意义毋庸置疑，它们是人权领域国际司法监督的开端，为后续特设国际刑事法庭和常设国际刑事法院的设立奠定了坚实的基础。

2. 特设国际刑事法庭逐一建立的量的积累

在纽伦堡和东京审判之后，为应对世界各地不时出现的最严重的系统性人权侵犯，在联合国特别是安理会的努力下，有时也是在相关主权国家的要求下，一系列特设国际刑事法庭依次建立，专事审判和惩治特定地域、特定时期的特定国际罪行。这种特设法庭具有明显的事后应急特征，完成特定历史使命便予以解散。因此，这种特设法庭所进行的国际人权监督是点状监督，具有极强的选择性，与普遍正义之实现差距很大。不过，我们也不能否认其滴水穿石的作用，它加速了建立国际刑事法院的谈判进程，为常设国际刑事法院的建立提供了立法、组织、理论和实践方面的经验。

3. 国际刑事法院的最终建立及其质的飞跃

经过三四百年的努力，人类期盼已久的、全球性的、常设性的国际刑事法院终于呱呱坠地。1998 年 7 月 17 日，《国际刑事法院罗马规约》（下文简称“罗马规约”）得以通过，2002 年 7 月 1 日规约生效，国际刑事法院也依此设立。截至 2016 年 4 月 25 日，规约已有 124 个缔约国，包括了几乎所有欧洲和南美洲国家，还有半数非洲国家，遗憾的是美国和中国不在缔约国之列。国际刑事法院的主要目的是在全球范围内结束有罪不罚，并威慑未来的严重国际犯罪。它仅管辖 2002 年 7 月 1 日之后发生在缔约国境内或由缔约国国民实施的种族灭绝罪、危害人类罪、战争犯罪和侵略罪（侵略罪暂无统一定义因而无法审理），在安理会提交案件的情况下，其管辖权不受缔约国因素影响，无论犯罪嫌疑人国籍如何，也无论其犯罪地国为何，法院均可行使管辖权。不过，特别值得注意的是，在国际刑事法院和国内司法系统的关系方面，国际刑事法院管辖范围内的罪行如果已经或正在缔约国国内调查或起诉，国际刑事法院将不得行使管辖权，除非国内调查或起诉只是为了包庇犯罪嫌疑人。也就是说，对同一犯罪行为，只有拥有管辖权的国内司法系统不愿意或不能够对其进行调查、起诉和审判时，国际刑事法院才能取而代之。在国际刑事法院和国内刑事司法系统的关系上，罗马规约规定了补充性原则，即国际刑事法院的管辖权只是国内司法管辖权的补充。国际刑事法院的检察官 Ocampo 指出，国际刑事法院的成功不在于对多少起诉到本院的案件进行审理，而在于有多少案件因国内法院法律体系的有效和正常运行得以避免在本院审理。国际刑事法院的主要作用在于，督促国内法院积极行使管辖权。在与最严重国际犯罪作斗争的领域，国际刑事法院的建立的确向普遍正义迈出了十分关键的一步，相比过去特设国际刑事法庭的功能，它发生了质的飞跃。尽管国际刑事法院对普遍正义的追求刚刚起步，既受到条约相对效力原则的桎梏，[1] 又受到美国强权政治的干扰，[2] 但从其现在拥有 123 个缔约国的情形来看，世界上一大半的国家已被覆盖，这不能不说是巨大的进步和飞跃！这么多国家最严重的国际犯罪都被长期纳入国际刑事法院的司法监督之下，这不仅对国家公务员有威慑效果，而且对国际组织、跨国公司、恐怖组织、民兵和叛乱组织等非国家行为体也有威慑作用，国际刑事法院的建立表明人类社会离普遍正义已经越来越近了。

---

〔1〕 指在非安理会提交案件的一般情形下，只有《国际刑事法院罗马规约》缔约国的案件，国际刑事法院才可以管。案件本身要么有属人国籍要素相连，即犯罪嫌疑人国籍国是规约缔约国；要么有属地犯罪行为发生地国要素相连，即犯罪行为发生地国为规约缔约国。

〔2〕 美国为一己私利做了如下损害国际刑事法院发展的事：①2002 年 4 月，布什政府宣布撤销其对《国际刑事法院罗马规约》的签署；②2002 年美国国内通过了《美国公务人员保护法》（又称《海牙入侵法》），在国际上，美国通过政治施压等各种手段，与不少国家签署了旨在排除将美国公民引渡到国际刑事法院进行审判的双边条约；③2002 年，美国强力推动安理会通过了 1422 号决议，其中规定国际刑事法院在 12 个月内，不得开始针对任何美国和其他非缔约国官员的、有关任何“在联合国决定或者授权的行动”中犯有国际罪行的调查或起诉。其后，2003 年 6 月 12 日安理会第 1487 号决议又将此期限延长了 12 个月。

表 1－1　国际刑事法庭/法院对比一览表

名称	成立依据	成立时间	管辖权	评价
纽伦堡国际军事法庭(IMTN)	《伦敦协定》和《欧洲国际军事法庭宪章》	1945 年 8 月 8 日	审判及惩罚为轴心国利益犯有破坏和平罪、战争罪和违反人道罪的战犯(特别是德国战犯)	战胜国对战败国的审判，但具有里程碑意义。1946 年 12 月 11 日，联大通过第 95 (1) 号决议，确认了纽伦堡法庭宪章及法庭审判确立的国际法原则
远东国际军事法庭(IMTFE)	《远东国际军事法庭宪章》等	1946 年 1 月 19 日	审判及惩罚犯有破坏和平罪、战争罪和违反人道罪的日本主要战犯	战胜国对战败国的审判，对天皇、对慰安妇的犯罪、生化武器和人体实验等方面的犯罪惩治均被政治交易取代
前南斯拉夫国际刑事法庭（ICTY）	安理会第 827 号决议	1993 年 5 月 25 日	处理自 1991 年 1 月 1 日起发生在克罗地亚、波斯尼亚和黑塞哥维那的严重违反 1949 年《日内瓦公约》、战争法或战争习惯、种族灭绝、反人类罪的行为	特设法庭的管辖权均局限于特定地域、特定时期的特定罪行，其临时性、地域局限性和事后惩治性非常明显，但其有效应对了国际上严重、系统的人权和人道侵犯，加速了建立国际刑事法院的谈判进程，为常设国际刑事法院的建立提供了立法、组织、理论和实践方面的经验
卢旺达国际刑事法庭（ICTR）	安理会第 955 号决议	1994 年 11 月 8 日	起诉 1994 年 1 月 1 日至 1994 年 12 月 31 日期间卢旺达及邻国境内发生的种族灭绝和其他严重违反国际人道法的行为	

续表

名称	成立依据	成立时间	管辖权	评价
塞拉利昂特别法庭	联合国与塞拉利昂政府的协议等	2002 年 1 月	起诉自 1996 年 11 月 30 日以来在塞拉利昂发生的严重违反国际人道法的行为	
柬埔寨法院特别分庭	联合国和柬埔寨王国政府签订的协议等	2003 年 6 月	处理 1975 - 1979 年红色高棉执政期间发生的酷刑、奴役等严重违反国际人权和人道法的罪行	
黎巴嫩特别法庭	联合国和黎巴嫩政府签订的协定等	2009 年 3 月 1 日	审理 2004 年 10 月以来的袭击事件，特别是 2005 年 2 月 14 日发生的恐怖爆炸罪行	
国际刑事法院（ICC）	《建立国际刑事法院的罗马规约》	2002 年 7 月 1 日	调查、起诉和审判犯有灭绝种族罪、反人类罪、战争罪和侵略罪的人	人类历史上第一个常设的、全球性国际刑事法院，管辖权限于规约缔约国，但在安理会提交时可辐射到所有非缔约国

二、现行国际人权监督机制存在的问题和对策

纵观迄今为止全球层面的国际人权监督，其最大结构性问题是碎片化，以及由碎片化导致的各种不平衡和矛盾冲突。其实质是有选择的正义，并非所有国家发生的任何人权侵犯都能得到惩治和救济。即便是最

严重、系统的人权侵犯，也难逃选择性正义之弊病，其中只有部分人权侵犯能得以惩治和救济。

（一）国际人权监督碎片化之对策

国际和区域人权监督机制多是为了应对具体灾难或威胁，在主权国家间或政府间组织的框架内产生和逐渐发展起来的，如纳粹大屠杀后世界上第一个配备了有效监督制度的人权条约《欧洲人权公约》在欧洲出现，以及战后特设国际刑事法庭审判、联合国宪章机制和九大核心国际人权条约监督机制的陆续产生，对智利和其他拉丁美洲独裁政权“国家安全”原则的大规模国际批判导致美洲人权制度的加强，伊迪·阿明统治下乌干达发生的严重和系统性的人权侵犯带来了《非洲人权和民族权宪章》的起草……这种事后应急反应的特点（reactive and event - driven human rights regimes）直接导致了现行全球和区域层面人权监督机制的碎片化，即各种人权监督机制“头痛医头，脚痛医脚”。由于没有事先统一规划，导致其整体结构上具有碎片化特征。典型如全球性国际人权监督机制和区域人权监督机制大多类型重叠（都有报告制度、申诉制度、调查制度等）、职能重叠，其致力于实施的人权标准也大同小异；联合国体系的人权政治监督机制则非常复杂，除人权理事会这种专事人权监督的机构外，联合国的五大机关——大会、安理会、经社理事会、托管理事会和以秘书长为首的秘书处都有一定程度的人权监督职能，联合国的专门机构也在特定领域发挥独特的人权监督职能，它们的职能互相交叉重叠，复杂互动；而因为普遍定期审议监督的是联合国所有会员国履行国际人权义务和承诺的情况，所以该审议实际上涵盖了联合国条约机构和国际劳工组织实施监督机制的范围。而且，联合国条约机构和国际劳工组织监督机制之间也有许多制度重叠和标准重叠，特别是联合国条约机构相互之间的制度、职能和标准交叉重叠更为严重。国际人权监督碎片化是国际法碎片化[1]的重要组成部分，国际法委员会认为国

〔1〕 国际法的碎片化是指：“与近代国际法相比，现代国际法体系充满了具有不同程度的法律一体化的普遍性的、区域性的或甚至是双边性的体系、小体系和小小体系。存在于这个体系内部的各种规范和制度之间并没有形成一种结构上的有机联系，它们相互冲突、彼此矛盾，就像堆积在一起的‘玻璃碎片’。联合国国际法委员会将这种现象称为‘国际法的碎片化’。”古祖雪：《现代国际法的多样化、碎片化与有序化》，载《法学研究》2007 年第 1 期。

际法的碎片化将因国际法主体和国际事务的多元化而继续存在，主要以国际法为依据的国际人权监督的碎片化当然也不可能在一朝一夕间消失。国际人权监督机制严重碎片化，不仅导致人力、物力和财力的浪费，也会产生许多矛盾、冲突和不一致，比如人权概念的冲突和法条解释的分歧、各种监督机制交叉重叠职能冲突等。当然，更深层次上，人权保护的事后应急性也实属无奈，因为国际社会是一个平权社会，在其之上没有一个统一的更高权威，国家间国际社会关系的处理全凭国家自治，这种自治模式决定了治理结构的整体无序和事后应急性。无论国际人权监督的政治监督机制还是法律监督机制，其设立和运作无不依赖主权国家的协调意志，而各主权国家的意志随时势不断变化，相关国际监督机制也不断增生和碎片化。

统一人权法理学是破解人权监督碎片化的利器。从近些年国际人权保护的实践来看，各种国际人权监督机制有互相整合与合作的大趋势。比如，人权理事会的普遍定期审议就整合了联合国条约机构和特别程序的工作成果，条约机构对缔约国的结论性意见又借助了普遍定期审议的成果，致力于人权保护的世界会议的后续行动程序也被整合到普遍定期审议和条约机构缔约国报告程序之中……各种监督机制的互相借助和合作，无疑会为国际人权标准解释和适用的一致性提供机制上的便利。特别是联合国各条约机构经过多年改革，加上联合国的大力推动，现已逐渐走上了一条实质性融合和统一的道路，条约机构的实效也逐渐得到加强（详见本书第三章和第四章）。在此统一和加强的进程中，条约机构在统一国际人权法理学方面发挥着独特的中流砥柱作用。迄今，条约机构已经发表了数以百计的一般性意见/建议、数以千计的结论性意见/建议，这些意见和建议对澄清核心国际人权条约中的关键术语和重要条款，特别是各人权条约规定比较原则、模糊的地方，或互相矛盾、有争议的地方，发挥了无可替代的作用。条约机构的上述功能在一定程度上克服了国际人权监督的碎片化弊端，推动条约机构等国际人权监督机构在国际人权监督中统一理解和适用国际人权标准。事实表明，监督《公民权利和政治权利》国际公约实施的人权事务委员会作出的一般性意见在国际上广为流传，很多内容都被奉为经典，受到很多国际人权监督机构的认可和引用。此外，国际劳工组织的人权监督机制也在一定程度上削减了国际人权保护碎片化的负面效果，因为国际劳工组织的报告制度基于所有国际劳工公约，由统一的机构审议报告并发表意见，而不像联合国核心国际人权条约的实施，一项条约设立一个条约监督机构，还设置了大同小异的监督制度。国际劳工组织对劳工公约的统一监督确保了国际劳工标准的统一解释和适用，至少保证了在劳工保护领域人权法和人权法理学的统一。人权是相互依赖、不可分割的，统一人权法和人权法理学是全球化背景下实现普遍人权的内在要求，也是国际人权监督顺利运作的必然要求。相信，随着人权事务在联合国系统地位的进一步上升，各种国际人权监督机制相互协作和合力推进趋势的进一步加强，全球、区域和国家层面的人权法和人权法理学必将进一步趋同化，国际人权监督固有的碎片化弊端将在更大程度上得以克服。

（二）国际人权监督有选择正义之对策

普世人权的实现是国际人权监督的终极目标。为达此目标，不仅区域层面和次区域层面有人权监督机制，全球层面也有。对于欧洲和美洲，或许未来还有非洲这种区域人权保护机制较为健全、保护水平超前的地方来说，全球层面人权监督似乎可有可无；对于美国这种自诩人权卫士，自认为国内人权保护水平高（事实上并非如此）的超级大国，自然支持国际人权监督的手电筒只照别国不照自己；但对国内、次区域和区域层面人权保护机制缺失或低下的国家来说，全球性人权监督机制至少短期内不可或缺、无可替代。突显在我们面前的问题是：一是霸权主义和强权政治成为普世人权保护的大敌，国际政治亟待进一步法治化和人本化；二是世界各区域和各国人权保护必须有全球机制协调，否则各个地方闭门造车，无法达成普世人权之实现。在全球人权监督层面，制度设计正在逐步向普世人权目标迈进，典型如人权理事会对所有联合国会员国遵守人权义务和承诺的情况进行普遍定期审议，至少在程序上已接近普遍公平和正义，其目的也很明确——让人权在全世界范围内得以普遍实现。人权理事会的普遍定期审议相比之前人权委员会有选择的国别人权审议，明显公平正义许多，离普世人权之实现的终极目标更近。尽管普遍定期审议还不能涵盖在数量上仅占极少数的非联合国会员国，其实效还有待进一步考察和优化。另一个彪炳千秋的制度设计当然非国际刑事法院莫属，这是一柄插入霸权主义、强权政治和最严重国际犯罪心脏的利器，尽管美国暂时性地借用国际社会的平权结构弊端和条约的相对效力原则逃避了它的管辖，但国际刑事法院的管辖权目前已覆盖了世界上大多数国家，四类最严重的国际犯罪——种族灭绝罪、危害人类罪、战争犯罪和侵略罪被永久性纳入常设国际刑事法院的管辖范围，任何《建立国际刑事法院罗马规约》缔约国的国民触犯上述罪行或任何人在规约缔约国境内触犯上述罪行都会被相关国内司法机制或国际刑事法院绳之以法。特别是在安理会提交情势的情形下，世界上任何地方、任何人触犯上述四类罪行，国际刑事法院都有管辖权。这一制度直接将国际刑事法院的管辖权和世界和平与安全的维护联系起来，将国际人权监督的司法监督机制和政治监督机制并轨，既反映出世界和平和安全与普世人权之实现的紧密关系，又体现了国际人权保护政治监督和司法监督的密切联系。特别引人注目的是，安理会向国际刑事法院提交案件突破了国际法中的条约相对效力原则，世界上任何地方、任何人触犯最严重国际罪行都可被纳入国际刑事法院的管辖范围。从这一点看，国际刑事法院具有超越罗马规约缔约国主权的普遍管辖权，此举让国际社会更进一步看到了全世界普世人权实现之曙光。联合国前秘书长安南指出，国际刑事法院的成立，让我们看到了普遍正义的希望，我们将始终不懈地朝这个目标竭尽全力，以确保没有一个统治者、国家、军人集团或者军队能够在任何地方侵犯人权并逍遥法外。总之，人权理事会的普遍定期审议也好，国际刑事法院对普遍正义的追求也罢，还有核心国际人权条约和国际劳工标准等的监督机制，尽管它们致力的领域有所区别，比如人权理事会监督联合国会员国所有人权义务和承诺的落实情况、国际刑事法院专门打击对人权构成最严重和系统侵犯的四类犯罪、人权事务委员会专事保护公民权利和政治权利、国际劳工组织致力于劳工权利的保护，但它们追求的目标都是相同的，即普世人权在全球范围内的实现。欧洲、美洲等区域人权监督机制，还有世界各国的人权保护机制，尽管其人权保护目标局限于特定地域范围，但其努力都为普世人权的全面实现作出了杰出贡献。

现行国际人权监督仍停留在有选择的正义。迄今，全球和区域人权监督机制已经形成了非常复杂的系统，但从实质来看，它们仍然是有选择的正义，每一种机制都不可能全面保护世界上所有人的人权。全球层面政治能量最大的普遍定期审议无法监督非联合国会员国的人权条约义务和人权承诺的履行情况，在打击国际犯罪领域最铁腕儿的国际刑事法院一般也无法管辖非缔约国国民或在非缔约国境内触犯的最严重犯罪，更不用说国际人权条约监督机制只能覆盖条约的缔约国，申诉程序和调查程序等都是基于主权国家的同意。国际人权监督对普遍正义和普世人权的追求常常遭遇国家主权利益“绊脚石”，正义和人权有选择地实现基于无奈而艰辛的国际政治、经济和文化现实。1979 年《消除对妇女一切形式歧视国际公约》中规定的妇女人权在伊斯兰教盛行的国家惨遭当头痛击，这些国家对公约提出的保留实际上是把宗教教义和《古兰经》置于国际公约的效力之上，宗教文化在这里起到了关键的选择机制作用，它对妇女人权做了分类和筛选，符合其教义的予以接受和保护，不符合的则弃之不顾。

有选择的正义是实现普遍正义的必由之路。事物运动、变化和发展往往遵循循序渐进、由量变到质变的规律，人权保护和普世人权之实现亦然。以打击最严重的国际犯罪为例，二战前，尽管侵略罪、战争罪、种族灭绝罪和反人道罪带给人权毁灭性的破坏，但几乎都没有受到应有的法律制裁。历史事实表明，战败国往往要割地赔款给战胜国，但战胜国不一定是正义的一方，更何况割地赔款本身并不是为了保护人权，而是为了报复和国家利益。为改变这种有罪不罚的零正义状况，二战后纽伦堡和远东国际军事法庭的审判堪称史无前例的创举，许多国家公务员，包括国家和政府高官因其职务行为在历史上第一次被追究了国际刑事责任，有的还被处以极刑。这种针对最严重国际罪行的点状正义在特设军事法庭的实现相比二战前的零正义，明显发生了质的飞跃，这一实践确立的新的法律原则和由此带来的人类观念的变化具有里程碑意义。不过，二战后审判的选择正义特征相当明显：战胜国的同类罪行完全未予以考虑；犯罪嫌疑人只选取了典型的或重罪个体；日本天皇未予起诉；与慰安妇相关的犯罪未予起诉；与细菌战、毒气战和人体实验有关的犯罪未予起诉等。历史事实告诉我们，在现实的政治、经济和军事利益面前，人权的保护和公平正义的实现显得多么不堪一击，这是国际和国内法治不健全的必然结果。纽伦堡和东京审判后，又陆续出现了几个特设国际刑事法庭，仍然是点状监督和重点正义的实现，正义局限于事后补救，而且局限于特定时间、地域和特定犯罪。终于，在一系列骇人听闻的大规模人权侵犯事件特别是 1994 年卢旺达大屠杀的刺激和推动下，人类期盼已久的常设国际刑事法院于 2002 年 7 月 1 日呱呱坠地，国际人权监督又向前迈出了实质性的一步。截至 2016 年 4 月 25 日，《罗马规约》已有 124 个缔约国，包括了几乎所有欧洲和南美洲国家，还有半数非洲国家。尽管国际刑事法院的目标是普遍人权和普遍正义的实现，但其选择性仍然非常明显，其管辖权一般局限于特定罪行和缔约国，其所能实现的正义范围也局限于此。不过，此处的正义不再是点状的、临时的，而是面状的、长期的，而且其面状监督覆盖了大半个世界，与此前特设法庭的点状、临时监督相比堪称飞跃之举。纵观人类社会打击最严重国际犯罪的斗争史，从零正义到点状正义，从点状正义到面状正义的实现，人类在此领域离普遍正义和普遍人权的实现已愈来愈近。随着国际人权监督制度的日益完善与合力运作，我们相信：尽管任重道远，普遍人权的实现绝对不是梦。人类正迈着坚实的步伐一步一步向它靠近。

第二章　全球人权监督与区域人权监督的比较研究

第一节　区域人权监督机制概况

纵观全球区域性人权监督机制，数欧洲人权监督机制最完善、最有成效并稳居先锋地位，美洲人权监督机制紧随其后，也比较成功，欧美两洲的人权监督机制成为非洲和其他地区人权监督机制效仿和难以超越的样板。鉴于非洲的人权监督机制纯属全球性人权监督机制和欧美人权监督机制的部分翻版，而且被高度政治化，成效不佳；亚太地区由于其巨大的差异性至今还没有建立区域性人权监督机制。本节只介绍欧洲和美洲的人权监督机制。

一、欧洲人权监督机制

在欧洲人权保护领域，有三个政府间组织做出了突出贡献，它们是：欧洲联盟、欧洲理事会和欧洲安全与合作组织。欧洲人权保护呈现三驾马车并驾齐驱的情景，三个组织在人权保护方面互为补充、并行不悖，特别是三者地域范围不同[1]直接决定了其人权保护主旨、方式和手段的不同。当然，三驾马车模式的保护也不免出现交叉和重叠，还有标准冲突和方法、手段等方面的冲突。

（一）欧洲联盟

欧盟前身最初并无明确的人权监督职能，随着国际局势和实践的发

〔1〕 截至2009年8月31日，欧盟共有27个成员国（2013年克罗地亚加入时已有28个成员国），欧洲理事会有47个成员国，欧洲安全与合作组织有56个成员国。除欧洲国家外，欧洲安全与合作组织还包括北美的美国、加拿大，以及中亚国家等非欧洲国家。

展，欧盟逐渐发展出一套独特的人权监督机制。总体而言，1993 年以前，欧盟主要依赖欧洲理事会作为人权的审查机制，1993 年后才发展出自己更为严格的人权标准。以下介绍欧盟人权监督机制最主要的方面：

1. 欧盟逐渐发展出对自身及其成员国的人权监督功能

（1）欧盟对其成员国和申请加盟者的人权监督。欧盟是欧洲一体化的高级形式，在一体化之初，1951 年《巴黎条约》和 1957 年《罗马条约》并没有明确规定保护人权，不过《欧共体条约》中有关于男女同工同酬、禁止国籍歧视和工人的自由迁徙权等规定。1992 年《欧洲联盟马斯特里赫特条约》（简称《欧盟条约》）第 6 条第 2 款明确规定了人权，"联盟应该尊重《欧洲保护人权和基本自由公约》所保障的以及来自各成员国共同的宪法传统的基本权利，并视之为共同体法的一般原则"。1997 年《阿姆斯特丹条约》也视尊重人权和基本自由原则为欧盟的基础，也是各成员国的共同原则，其《欧盟条约》第 49 条规定，只有尊重第 6 条第 1 款确立的各项原则的欧洲国家才可以申请成为欧盟成员国，这一门槛对希望加入欧盟的欧洲国家来说发挥着很好的人权监督功能。其《欧盟条约》第 7 条规定："如果发生对第 6 条第 1 款规定的原则（含尊重人权和基本自由原则）严重和持续的违反，可以中止成员国的某些权利。"也就是说，即便一个国家已被欧盟接纳为成员国，其对人权的任何严重和持续违反都可能导致中止投票权等措施的制裁。2000 年《尼斯条约》修订《欧盟条约》第 7 条规定，由 4/5 多数成员国支持，欧盟理事会可以决定某个成员国存在严重违反基本人权的风险并向该成员国提出适当的建议。为防止可能出现的严重人权侵犯，成员国的某些权利可以被中止。这一规定对预防严重侵犯人权事件的发生和督促欧盟成员国保护人权起到良好的作用。

（2）欧盟各机构的措施和活动是否符合人权原则的监督。尽管尊重人权和基本自由原则不属于欧洲法院的职权范围，但它可以根据《欧盟条约》第 49 条审议在一些决定中候选国是否遵守了人权原则，欧盟也指示欧洲法院监督其对《欧洲人权公约》中规定的人权的遵守情况。实践中，通过 Stauder、Internationale Handelsgesellschaft、Nold、Solange Ⅱ等案例，欧洲法院已经适用了《欧洲人权公约》，并在其判决中逐步考虑人权问题，审查欧盟各机构——理事会、委员会、议会等采取的措施是否符合人权原则（尽管只是个案局部审查），人权原则在欧洲法院的司法实践中得以确立。此外，欧盟理事会通过发表《欧盟年度人权报告》对欧盟采取的政策、措施和行动进行广泛、全面的人权考察。这一实践始于 1999 年，主要任务是对欧盟内部活动及其国际事务进行年度评估和考量，审查其是否遵守了人权原则。这是一种典型的自我审查和纠错机制，对促进欧盟政策、措施和活动的透明度及人本化发挥着重要的作用。与美国国务院发表的《人权白皮书》和大赦国际年度人权报告的内容截然不同，后两者是对世界各国人权状况的全球性评估。

（3）欧洲种族主义和排外主义监督中心处理欧洲最严重的人权问题。为处理欧洲最严重、最广泛的人权问题，1997 年欧盟理事会第 1035/97 号条例创立了一个独立的机构——欧洲种族主义和排外主义监督中心，总部设在维也纳。其主要任务包括：评估欧盟境内种族主义和排外主义的程度和发展情况；收集客观、可靠和对比性信息加以分析，研究种族主义和排外主义存在的原因并确立最好的对策和做法；对相关各方提出建议措施；起草年度报告并与欧洲理事会、联合国以及其他国际组织合作；建立欧洲种族主义和排外主义信息网络；组织圆桌讨论会；等等。该中心在应对欧洲最严重、最广泛和最棘手的人权问题上，发挥了独特作用。

（4）欧盟人权标准的出台。长期以来，由于没有一部共同的欧洲权利法案，也没有对各成员国同等严厉的人权政策，欧盟常被批评在人权事务领域适用双重标准，由此催生了《欧洲基本权利宪章》（下文简称“宪章”）。2000 年 12 月 7 日，宪章得以通过，这是欧盟第一个全面、系统的人权清单，既包括《欧洲人权公约》中规定的公民权利和政治权利，也包括经济、社会和文化权利，但不再有代际划分而是合二为一，此外还包括环境保护权和良治权等新内容，但宪章只是一个没有法律约束力的宣言。2007 年 12 月 13 日，欧盟 27 个国家领导人签署《里斯本条约》，宪章构成该条约的一部分，从而使宪章具有了法律拘束力。宪章是迄今国际上有关人权保障最完整的法律文件之一，适用于欧盟所有机构和相关设施，也适用于各成员国对欧盟法律的执行。不过，为避免宪章和国内法律的抵触，英国和波兰获得了部分宪章义务的豁免。宪章为欧盟监督自身和成员国人权状况设定了统一的法律标准，欧盟的人权监督走上了标准化、规范化和统一化的道路。当然，欧盟的《欧洲基本权利宪章》与欧洲理事会的《欧洲人权公约》《欧洲社会宪章》等标准大同小异，不同的欧洲人权标准自然也会带来复杂的解释和适用问题。

2. 欧盟在其外部关系中发挥着重要的国际人权监督功能

多年以来，欧盟一直在其对外关系中以尊重和保护人权为条件，批评那些违反最低国际人权标准的合作伙伴，并对严重或系统侵犯人权的合作伙伴采取果断措施，上述情形特别表现在发展合作与欧盟的共同外交和安全政策中。例如20世纪80年代欧盟和非洲、加勒比海及太平洋地区各国签订了《洛美协定》，其发展合作关系便以非加太各国尊重和保护人权为条件；1995年后，欧盟和其他国家签订的双边贸易协定等条约都包括了一个单独的人权条款，明确规定一旦该国发生系统的人权侵犯，欧盟就会单方面解除或中止条约；2000年，欧盟及其15个成员国与非洲、加勒比海和太平洋地区77国签订了《科托努协定》，明确规定“各缔约方承诺促进和保护所有基本自由和人权，不论是公民和政治权利，还是经济、社会和文化权利”。其第9条还规定严重人权侵犯发生时，若协商谈判失败，欧盟可以单方面中止发展合作。有目共睹的趋势是，欧盟在其所有对外贸易和合作关系中都包含了人权条款，尊重和保护人权成为其对外条约的“实质性”因素。1995年5月，欧盟理事会甚至决议规定了其与他国签订条约中的人权条款的基本模式，从而将这一实践做法制度化、规范化和长期化。欧盟长期将尊重和保护人权作为发展其对外关系的条件，极大促进了其他国家和地区的人权保护状况，特别是非洲、加勒比海和太平洋地区各国。同时，通过解除或中止合作关系这一惩罚性措施在很大程度上遏制了合作伙伴境内系统性人权侵犯的发生。截至2003年，欧盟及其成员国承担了世界一半以上的官方发展援助，美国承担了20%，日本承担了18%，欧盟发展援助之多、之广决定了其在欧盟外其他区域人权监督功能发挥之多、之广，“欧盟现在已经完全成为人权方面的一个‘全球付款人’”，其在人权促进领域发挥的实实在在的作用和瞩目贡献远胜美国。

总之，欧盟的人权监督机制并未局限于其自身及其成员国，而且还借入盟人权标准扩展到拟加入欧盟的欧洲国家，借对外关系扩展至其他国家和地区，这一特点非常独特，也对推动全球人权监督和提升全球人权保护水平起了重要作用。欧盟不仅在保护自己境内国民的人权方面处于先锋地位，在推动全球人权保护方面也可圈可点，是当之无愧的榜样。

（二）欧洲理事会

为促进人权、法治和多元民主，欧洲理事会于1949年成立，它一直并继续将人权作为主要的优先事项。《欧洲理事会宪章》第3条规定："欧洲理事会任何成员国必须承认法治原则和在它管辖下的任何人应享受人权和基本自由的原则。"其第8条规定，任何严重违反第3条规定的成员国的代表权可被中止，部长委员会可要求该国退出理事会。若该国不按要求退出，委员会可以决定该国从特定时间起不再是理事会的成员国。如希腊军政府被认定极为严重地系统侵犯人权后，希腊从1970－1974年被逐出了理事会。因最早开始致力于欧洲人权保护，欧洲理事会建立的人权监督机制举世瞩目、成效斐然。冷战后，随着欧洲理事会政策的调整，转型中的中东欧国家被鼓励快速加入欧洲理事会，而且也勉为其难地批准了《欧洲人权公约》，导致欧洲人权法院不得不对新老成员国采取不同的人权标准，由此也招致不少批评。整体而言，欧洲理事会的人权监督机制主要规定在《欧洲人权公约》和《欧洲社会宪章》及其附加议定书中。

依据《欧洲人权公约》及其附加议定书，欧洲理事会在公民权利和政治权利的保护和监督方面发挥着先锋作用。1950年11月4日，《欧洲保护人权和基本自由公约》（简称《欧洲人权公约》）在罗马开放签署，1953年9月3日生效。[1] 1954年欧洲人权委员会依此建立，1959年世界上第一个区域性的人权法院——欧洲人权法院依此建立，该法院引入了与国内法院类似的司法性质的个人申诉程序。由此，《欧洲人权公约》中规定的人权作为法律权利可以籍由法律程序予以实施和保护。不过，公约中规定的基本上都是公民权利和政治权利，虽经若干附加议

〔1〕 截至2016年8月底，该公约共有47个缔约国，囊括了所有欧盟成员国。

定书修订，其权利类属仍未得到根本改变。[1] 1998 年 11 月 1 日，《欧洲人权公约第十一附加议定书》[2] 生效，一个新的单一、常设的欧洲人权法院建立，欧洲人权委员会被取消，部长委员会从强制决议和监督地位降低为监督国内层面对法院判决的执行，自愿兼职的欧洲人权法院成员被全职法官取代，个人申诉和欧洲人权法院管辖权的任择性被剔除，这意味着欧洲人权法院处理个人申诉和国家间指控程序对所有缔约国来说都是强制性的。这是具有深远历史意义的司法制度改革，经过对个人申诉和国家间指控程序进行高度整合，欧洲人权法院成为对个人申诉和国家间指控的可受理性和实体问题进行裁决的唯一机构，程序的政治性被最大限度地消除，司法性得以大大加强。就国家间指控程序而言，虽然《欧洲人权公约》自生效以来该程序一直就是强制性的，不过 1998 年改革前主要由欧洲人权委员会和欧洲理事会内的最高政治机构——部长委员会处理，改革后则由欧洲人权法院受理，部长委员会仅负责监督法院判决的执行。总体来看，国家间指控程序的利用率和实效不高，主要原因是国家间指控程序的政治对抗性太强，往往会让被指控方认为指控方对其实施了不友好行为，由此直接影响两国的双边外交关系和利益，所以主权国家仅仅因对方国家国民的人权问题一般不会动用此程序，改而选用一些不那么正式、对抗性弱的方式，如通过联合国人权委员会或人权理事会、欧洲安全与合作组织、欧盟对外关系框架或通

---

〔1〕 1950 年《欧洲人权公约》中规定了生命权（第 2 条）、禁止酷刑和不人道或者有辱人格的待遇（第 3 条）、禁止奴役和强制或者强迫劳动（第 4 条）、人身自由和安全权（第 5 条）、公正和公开审判权（第 6 条）、禁止刑法溯及既往（第 7 条）、私生活和家庭生活等得到尊重的权利（第 8 条）、思想良心和宗教自由（第 9 条）、表达自由（第 10 条）、集会和结社自由（第 11 条）、结婚和建立家庭的权利（第 12 条）、获得有效救济的权利（第 13 条）、辅助性的对歧视的禁止（第 14 条）；1952 年公约《第一附加议定书》增加了和平地拥有财产的权利（第 1 条）、教育权和自由选择教育的权利（第 2 条）、通过秘密投票自由选举的权利（第 3 条）；1963 年《第四附加议定书》规定了禁止债务拘禁（第 1 条）、迁徙自由（第 2 条）、禁止驱逐本国人（第 3 条）、禁止集体驱逐外国人（第 4 条）；1983 年《第六附加议定书》规定了废除和平时期的死刑（第 1 条）；1984 年《第七附加议定书》规定了驱逐外国人的程序性保障（第 1 条）、刑事案件中的上诉权利（第 2 条）、对误审的赔偿（第 3 条）、不被审判或处罚两次的权利（第 4 条）、配偶之间的平等（第 5 条）；2000 年《第十二附加议定书》规定了禁止歧视；2002 年《第十三附加议定书》规定了在所有情况下全面废除死刑。

〔2〕 截至 2016 年 9 月 7 日，该议定书共有 47 个缔约国。

过双边外交途径解决。此外，鉴于欧洲理事会的国家间指控程序繁琐而冗长，其判决的执行最后还得依赖政治机构，主权国家往往更倾向于选择迅速、有效的直接干预手段或诉诸国际政治机构经由政治程序解决。与此形成鲜明对比的是，个人申诉程序是欧洲理事会在人权保护方面的“真正力量和无可争议的成功”，其利用率和实效都相当高。[1] 当然，个人申诉程序也有一个逐渐完善的过程，该程序自20世纪80年代真正开始发挥作用，1998年改革后更是发生了质的飞跃，其司法性、专业性和效率得到长足提高，人权法院收到的申诉案件迅速上升，这些案件涉及欧洲理事会的所有成员国和受《欧洲人权公约》保护的所有权利，尽管更多的申诉是有关公约第6条规定的公正审判权。《欧洲人权公约》第35条规定了个人申诉程序的受理条件，即用尽国内救济、在国内最终判决后6个月内提起申诉、不属于匿名申诉、一事不再审、申诉未与公约规定不符显然难以成立或滥用申诉权、提起申诉的侵犯必须给申诉者造成个人损害、被申诉的侵犯发生在公约对相关国家生效以后。1998年《欧洲人权公约第十一附加议定书》第27条规定，法院主要由3名法官组成的委员会、7名法官组成的法庭和17名法官组成的大法庭组成。委员会可基于程序理由宣布申诉不可受理或者从其案件列表中删除，7名法官组成的法庭对未被委员会驳回的国家间指控和个人申诉的可否受理问题和实体问题加以裁决，其裁决是一审终审的。在极其例外的情形下，如属于具有普遍重要性的法律问题或先例之改变，败诉的一方可以向大法庭上诉，由大法庭决定是否受理。通常情况下，大法庭只审理由法庭提交给它的案子。值得一提的是，法庭只裁决被申诉成员国是否违反了《欧洲人权公约》的规定，对被侵害申诉者的救济（包括损害赔偿和程序性花费赔偿等）则由被申诉国自主实施，这是欧洲理事会个人申诉程序的一大弱点，不过欧洲理事会的最高政治机构——部长委员会有权监督法院判决在国内层面的实施。经由个人申诉程序和国家间指控程序，欧洲人权法院对《欧洲人权公约》中规定的权利做出有法律约束力的管辖和解释，在大多数情形下都成为成员国尊奉和追随的

〔1〕［奥］曼弗雷德·诺瓦克：《国际人权制度导论》，柳华文译，北京大学出版社2010年版，第170页。

先例，由此为成员国创建了一套统一的、最低限度的关于公民权利和政治权利方面的区域标准。

依据《欧洲社会宪章》及其议定书，部分欧洲国家对经济、社会和文化权利施以法律监督。鉴于《欧洲人权公约》限于保护公民权利和政治权利，1961 年专事保护经济、社会和文化权利的《欧洲社会宪章》[1]（下文简称“宪章”）在都灵通过并开放签署，1965 年 2 月 26 日生效。1996 年，宪章得以修订，修订版于 1999 年 7 月 1 日生效。以宪章为基础，欧洲理事会还出台了若干宪章议定书，包括：1988 年附加议定书；1991 年修订议定书和 1995 年任择议定书。[2] 上述文件以宪章为核心和基础构成了一个有机但碎片化的体系，因为各文件的缔约国数目和名单各异。整体而言，欧洲理事会对经济、社会和文化权利的保护远逊于其对公民权利和政治权利的保护，具体表现为：首先，条约对公民权利和政治权利保护义务的规定更具体且更具可操作性，而对经济、社会和文化权利保护义务的规定则相对宽松，且抽象得多，可操作性也不强。特别是，对于《欧洲社会宪章》（含修订版），缔约国可以自主选择接受哪些权利和义务。[3] 但对《欧洲人权公约》，缔约国必须作为整体接受，但可通过具体保留来缩小自己承担的义务范围。其次，由于批准《欧洲人权条约》是加入欧洲理事会的前提条件之一，而《欧洲社会宪章》却未享受如此待遇，所以在缔约国数目方面，后者远逊于前者，欧洲理事会对不同人权条约的重视程度和鼓励措施不同直接导致两者效力范围和影响力存在很大差别。最后，从人权监督角度看，

---

〔1〕《欧洲社会宪章》包括如下主要权利：工作权；组织权；集体谈判权；儿童和青年人保护权；社会保障权；社会和医疗帮助权；家庭获得社会、法律和经济保护的权利；迁徙工人及其家庭获得保护和帮助的权利。1988 年通过、1992 年生效的宪章《附加议定书》规定了如下权利：雇佣中的男女平等机会和待遇权；工人的信息和参与权；老年人获得社会保护的权利。1996 年通过、1999 年生效的《欧洲社会宪章》修订版增加了如下权利：工作中的尊严权；发生解雇、破产、集体裁员等情况时，工人获得保护的权利；承担家庭责任的工人获得平等机会的权利；获得保护以免遭贫穷和社会排斥的权利；住房权。

〔2〕截至 2016 年 3 月 21 日，有 9 个国家批准 1961 年《欧洲社会宪章》，有 34 个国家批准宪章 1996 年修订版，有 13 个国家批准了 1988 年附加议定书，有 23 个国家批准了 1991 年修订议定书，有 15 个国家批准了规定集体申诉制度的 1995 年任择议定书。

〔3〕根据《欧洲社会宪章》第 20 条，缔约国除在 7 项核心条款中选择 5 项外，可以自主选择批准哪些权利承担相应的、有法律拘束力的保护义务。

《欧洲人权公约》设计了向独立的专职法院提出个人申诉或国家间指控的程序，法院裁决具有法律拘束力。《欧洲社会宪章》则规定了不太有效的国家报告程序和集体申诉制度，对宪章的国际监督权被交由最高政治机构——部长委员会。鉴于最初的国家报告程序实际上没什么效果，20 世纪 80 年代后该制度得以变革，1996 年《欧洲社会宪章》修订版完善了国家报告制度：在原来独立的专家委员会的基础上，建立一个独立的欧洲社会权利委员会，该委员会由 12 名选举产生、任期 6 年的成员组成，负责审议缔约国每两年提交一次的报告，从法律角度全面评估缔约国国内法律和实践遵守《欧洲社会宪章》的具体情况。欧洲社会权利委员会的专家意见提交给欧洲理事会的一个政府间委员会，该政府间委员会负责为部长委员会准备决议，而部长委员会的决议必须获得部长理事会 2/3 多数票的支持，才能成功地向成员国提出具体的矫正措施和完善建议。改革后的国家报告制度运作较好，部长委员会做出了数十个建议，帮助和督促《欧洲社会宪章》缔约国更好地履行宪章义务。1995 年宪章的任择议定书首次规定了集体申诉制度，申诉的主体限于被接受的非政府组织、雇主组织和劳工组织。集体申诉首先由欧洲社会权利委员会审议，再由政府间委员会为部长委员会准备决议，最后由部长委员会以 2/3 多数通过决议，并向被申诉的、没有遵守宪章义务的国家提出建议。该程序自建立以来已成功处理了数十件案例，但由于接受该程序的国家不多，该制度的监督和引导功能发挥的地理空间并不大。无论是国家报告程序，还是集体申诉程序，《欧洲社会宪章》的人权监督机制都明显逊色于《欧洲人权公约》的监督机制，这种人权监督机制的差别根植于欧洲各国的历史和文化现实。就法律文化和国内法律框架而言，大多数欧洲国家都重视公民权利和政治权利，轻视经济、社会和文化权利。尽管 20 世纪 90 年代以后所有人权的相互依赖性和不可分割性为世界各国所认同，但与传统的公民权利和政治权利相比较，欧洲国家对经济、社会和文化权利的保护更多停留在口头上，即使有所作为也成效不大。

依据《欧洲防止酷刑公约》，欧洲防止酷刑委员会的预防性访问制度卓有成效。鉴于防范甚于惩治，欧洲理事会采纳了瑞士慈善家和银行家让·雅克·高蒂尔的建议，借鉴红十字国际委员会对拘禁场所进行访问的预防性制度，于1987年通过了《欧洲防止酷刑和不人道或有辱人格的待遇或惩罚公约》，[1] 专事保护被剥夺自由的人不受酷刑和不人道或有辱人格的待遇或惩罚，该公约于1989年生效后，欧洲防止酷刑委员会（下文简称“委员会”）依此设立，预防性访问制度得以建立。欧洲防止酷刑委员会由法律、医疗、精神病学、监狱管理等相关领域专家组成，每个公约缔约国1名，委员会的代表可以访问任何被公共当局剥夺人身自由的人所在的场所，包括监狱和由警察、军队、精神病机构等设立的拘禁场所。其间，委员会的代表可以查阅所有相关文件，进入每一个拘禁房间，与被拘禁者进行私密谈话。访问结束后，委员会通常会撰写访问报告，并向相关政府提出建议。原则上，访问报告是保密的，但经过相关政府同意通常会公之于众。只有在有关政府拒绝与委员会合作或拒绝根据委员会的建议改善其被拘禁者待遇时，委员会才可以不经该政府同意就公布其访问报告。迄今，委员会已成功访问了欧洲理事会所有成员国的全部拘禁场所，极大减少了公约缔约国拘禁场所中发生酷刑和其他虐待行为的可能性，并经其建议在欧洲等地建立了最低拘禁条件欧洲标准。在委员会不能访问的国家（特别是大国）或特定拘禁场所，委员会要求缔约国在国内建立类似的独立机构，对该国拘禁场所进行预防性访问，并提出建议和整改措施。这一变通做法较好地平衡了国家主权利益和禁止酷刑公约国际监督之需要，能在更大限度上绕开国家主权壁垒，最大限度推动公约的实施和禁酷义务的履行。

除上述人权监督机制外，欧洲理事会还出台了其他人权公约。诸如1995年《欧洲保护少数民族框架公约》、[2] 1992年《欧洲地区和少数民族语言宪章》、[3] 1997年《欧洲人权和生物医学公约》[4]及1998年《禁止人体克隆附加议定书》[5]和2002年《人体器官和组织移植附加

[1] 截至2009年8月底，该公约有47个缔约国。

[2] 该公约于1998年2月1日生效；截至2009年8月18日，该公约有39个缔约国。

[3] 该公约于1998年3月1日生效；截至2009年8月底，该公约有27个缔约国。

[4] 该公约于1999年12月1日生效；截至2009年9月1日，该公约有22个缔约国。

[5] 该议定书于2001年3月1日生效；截至2009年9月1日，该议定书有17个缔约国。

议定书》[1]等。上述公约的监督机制有一个共同点，即都建立了类似《欧洲社会宪章》的国家报告制度。《欧洲保护少数民族框架公约》和《欧洲地区和少数民族语言宪章》都规定了向部长理事会及其咨询委员会提交国家报告的程序，监督机制较弱。《欧洲人权和生物医学公约》没有规定具体的条约监督机构，也没有制度化的缔约国报告义务，但缔约国在欧洲理事会秘书长要求时有义务提交国家报告。相比而言，其监督机制更加薄弱。特别值得一提的是，欧洲理事会人权条约越来越具有地域开放趋势，即条约开放给非欧洲理事会成员国甚至非欧洲国家签署和批准。如《欧洲防止酷刑公约》1993 年和 2002 年两个议定书就开放给非成员国，《欧洲保护少数民族框架公约》开放给部长理事会邀请的任何其他国家，[2]《欧洲地区和少数民族语言宪章》开放给受邀请加入的非欧洲理事会成员国签署，[3]《欧洲人权和生物医学公约》开放给非欧洲理事会成员国签署等，这一趋势表明欧洲理事会对人权的保护和监督不再局限于其成员国或欧洲国家，而是在原有基础上，希望将其人权理念、标准和机制扩散到其他国家和地区，产生全球性辐射效应，这与欧盟对外关系中的人权监督和促进功能有相通之处。除人权条约中规定的人权监督机制外，欧洲理事会 1999 年也设立了独立的、非司法性的人权专员，负责促进人权教育和提高人权意识，找出欧洲理事会各成员国法律和实践中存在的问题，并向有关当局提出意见和建议供其改进。此外，欧洲理事会还建立了欧洲反对种族主义和不容忍委员会，由各国政府指派 45 名专家组成，该委员会负责逐个审查欧洲理事会每个成员国中的种族主义情况，组织接触性访问并起草包含建议的报告。类似的人权监督机制还有一些，限于篇幅，在此不赘述。

（三）欧洲安全与合作组织

1994 年布达佩斯峰会上，欧洲安全与合作会议转变为欧洲安全与合作组织，会议制度转变为具有常设架构的区域性国际组织。冷战期间，欧洲安全与合作会议大肆向中东欧推销人权，是一个典型的冷战机

---

〔1〕该议定书于 2006 年 5 月 1 日生效；截至 2009 年 9 月 1 日，该议定书有 8 个缔约国。
〔2〕参见《公约》第 27 条。
〔3〕参见《公约》第 20 条。

构，其有促进人权的实际行动和效果，但目的却是高度政治性的。冷战结束后，面对与日俱增的民族主义和不容忍、民族和宗教原因的少数民族冲突，欧洲安全与合作组织开始致力于应对新冲突下的人权问题。总体而言，欧洲安全与合作组织及其前身所从事的人权监督都是高度政治性的，法律因素极少。以下将对欧洲安全与合作会议和欧洲安全与合作组织从事人权监督的主要机制，加以介绍和评述。

第一，维也纳机制和莫斯科机制。1975 年 8 月，欧洲安全与合作会议出台了《赫尔辛基最后文件》，人权被列为欧洲安全与合作会议十项基本原则之一，并构成赫尔辛基进程“三个篮子”中第三个人道主义篮子的核心。[1] 它将遵守人权的要求合法化，并积极支持市民社会中与人权相关的组织，最终引爆了 1989 年的“天鹅绒革命”。1989 年 1 月 15 日，欧洲安全与合作会议出台了《维也纳结论性文件》，这是西方国家外交史上的里程碑。该文件建立了人的维度机制和会议，将人权事务机制化和主流化。人的维度是指，欧洲安全与合作组织内部所有国家都有保障人权和基本自由、法治和民主原则的政治义务，这些义务平等地适用于所有参与国。特别值得一提的是，《维也纳结论性文件》建立了正式处理具体人权侵犯事件的国家间指控程序，又称维也纳机制。该机制为查清事实规定了专家特使方式，经双方会议或在专家协助下仍未能解决的人权问题会被提交给报告员，即至少 6 个国家支持时（1 国发起 +5 国支持）可以发起指派最多 3 人的欧洲安全与合作会议报告员。报告员确认事实后，报告事实并提出解决建议，最后报告被转交给所有参加国，还可以被列入下一次高级理事会或常设理事会的首项议程，由它们决定应该采取何种后续行动。在 1991 年 9 月 10 日至 10 月 4 日莫斯科人的维度会议期间，莫斯科机制得以通过和建立，用以应对严重的人权侵犯，若至少有 10 个欧洲安全与合作会议的国家支持（1 国发起 +9 国支持），无需人权侵犯国同意，即可派遣至多 3 名报告员组成的紧急特使，报告员确认事实后，报告事实并提出解决建议，最后报告被转交给所有参加国，还可以被列入下一次高级理事会或常设理事会

[1] 第三个人道主义篮子包括：在人道和其他领域尤其是人权方面的合作，比如家庭团聚、婚姻、自由旅行、信息、文化和教育。

的首项议程，由它们决定应该采取何种后续行动。维也纳机制之后，莫斯科机制进一步丰富了人的维度的机制，完善了其对人权侵犯的及时应对。特别是，维也纳机制和莫斯科机制创设了一个政治上协商一致原则的例外，即规定特定数量的参加国（1 +5 国或 1 +9 国）支持时可以强制性地指派报告员作为特使去调查和解决人权侵犯纷争。不过，上述国家间指控程序是纯政治版本的。无论是其保障人权依据的文件，还是保障机构、保障方法和手段都是高度政治性的，它被理解为冷战期间对抗精神的产物。鉴于其高度政治性和有限的职权，维也纳机制和莫斯科机制的利用率和实效并不高。

第二，民主机构和人权办公室。该办公室是欧洲安全与合作组织以人为维度的主要机构。起源于 1990 年《新欧洲巴黎宪章》建立的“自由选举办公室”。1992 年布拉格部长理事会会议扩展了其职能，并更名为民主机构和人权办公室，办公地点设在华沙。其职能主要包括：通过观察和发展国内选举和人权机构促进民主选举；为国内法律机构提供技术支持；支持以人为维度的实地代表团的活动；促进非政府组织和市民社会的发展；监督参加国关于人的维度的承诺的履行；作为罗姆人和辛提人问题的联络点。该办公室在监督和促进欧洲安全与合作组织成员国的人权方面，发挥了积极作用。

第三，国内少数者高级专员。该专员于 1992 年根据《赫尔辛基文件》第二章创立，办公地点在海牙。设立该职位的直接目的是预防少数民族冲突的发生，保护少数者人权的全面实现。高级专员在少数民族冲突早期就发出警告并展开静悄悄的外交予以调解，其职能主要包括：对与少数民族有关的尚未恶化但有可能发展成欧洲安全与合作会议领域内的冲突，在尽可能早的阶段提供早期预警，并在尽可能早的阶段适时采取行动；实地开展预防性和静悄悄的外交；撰写报告和建议给相关政府等。值得注意的是，高级专员的干预并不需要欧洲安全与合作组织机构或参加国的同意或授权，他/她在职责范围内以保密的方式工作，且行动独立于与紧张局势直接相关的所有各方。高级专员调解了在阿尔巴尼亚、爱沙尼亚、哈萨克斯坦、立陶宛、罗马尼亚、乌克兰等许多国家和地区的少数民族问题，还对罗姆人和辛提人的人权状况进行了专门研究，高级专员的工作对欧洲安全与合作会议的全面安全概念给予了完美的阐释。

第四，欧洲安全与合作组织媒体自由代表。该职位于 1997 年由常设理事会第 193 号决议建立，它效仿了高级专员的模式，目的是监督和保护媒体自由。其职能主要包括：处理由阻挠媒体活动和不利于记者的工作条件等情况引起的严重问题；关注媒体发展并在表达自由和媒体自由方面提供早期预警；支持在所有参加国对有关表达自由和媒体自由的原则和承诺的完全遵守；在发生严重违反媒体自由情况时快速反应等。该自由代表与常设理事会、民主机构、人权办公室和国内少数者高级专员密切合作，在政府、议会、媒体和非政府组织等领域积极活动，特别是德国媒体专家弗雷穆德·杜费作为媒体自由代表时贡献卓著，使这一职位成为有效的机制。该自由代表干预了在阿塞拜疆、波黑、格鲁吉亚、马其顿、俄罗斯联邦、塔吉克斯坦等许多国家和地区有关表达自由的问题，特别关注结构性审查、对记者的迫害、关闭报纸编辑室和诽谤判决等问题。该自由代表的工作对预防、制止和救济媒体自由的侵害，推动欧洲安全与合作组织范围内表达自由和媒体自由的保护发挥了重要作用。

第五，欧洲安全与合作组织实地代表团。这种代表团通常由常设理事会在驻在国同意的情况下部署，少则 4 人，如中亚联络办公室，多则几百人，如派驻科索沃、克罗地亚和波黑的代表团，其主要目的和活动是推行人权、民主和法治。欧洲安全与合作组织曾向东南欧的波黑、科索沃、克罗地亚、黑山和塞尔维亚，向波罗的海和东欧的白俄罗斯、拉脱维亚、摩尔多瓦、乌克兰和爱沙尼亚，向中亚的哈萨克斯坦、土库曼斯坦、塔吉克斯坦、乌兹别克斯坦和吉尔吉斯斯坦等国家和地区派出实地代表团。以 1991 年依据常设理事会第 305 号部署的科索沃现行代表团为例，其职责是负责培训警察部队和法官、支持市民社会和独立媒体、组织和监督选举、监督和促进人权等。

经过上述各种机制的长期努力与合作推进，促进和保护人权已经成为欧洲安全与合作组织全面安全概念的有机组成部分，欧洲安全与合作组织的人权保护工作也日益机制化和规范化。

二、美洲人权监督机制

美洲的区域性人权保护主要由美洲国家组织承担和进行，美洲国家组织的人权保护制度特别类似于欧洲理事会的人权保护制度，主要表现为：美洲和欧洲具有政治和文化上一定程度的同质性；人权保护的基础都是区域性人权条约：欧洲理事会的是《欧洲人权公约》和《欧洲社会宪章》等，美洲国家的是《美洲人权公约》等，两者保护的重点都是传统的公民权利和政治权利；人权监督机构主要是区域性人权委员会或/和区域性人权法院，监督程序主要包括个人申诉程序和国家间指控程序等。

（一）美洲人权标准

自美洲国家组织建立以来，人权保护问题便是其关注的重点。1948年《美洲国家组织宪章》第5条规定："美洲国家宣布个人基本权利不因种族、国籍、信仰或性别而有差别。"不过，该宪章没有具体定义"个人基本权利"，更没有规定建立任何促进和保护人权的机制。宪章后来经过了四次修订，其中1967年通过的《布宜诺斯艾利斯议定书》将美洲人权委员会变为美洲国家组织的宪章机构。与《美洲国家组织宪章》一道，美洲国家组织国际大会并通过了《美洲人的权利和义务宣言》以及《美洲社会保障宪章》。[1]《美洲人的权利和义务宣言》于1948年5月2日通过，虽然没有法律拘束力，却是世界上第一个全面、系统规定人有哪些基本权利和自由的法律文件，早于1948年12月10日通过的《世界人权宣言》，尽管其只是区域性的法律文件。《美洲人的权利和义务宣言》列举了27项人权，既包括公民权利和政治权利，也包括经济、社会和文化权利，还有10项义务。随着美洲人权法理论和实践的发展，该宣言被视为对《美洲国家组织宪章》第3条中"个人基本权利"的权威解释文件之一，其法律地位发生了质的飞跃。1969年《美洲人权公约》得以通过，1978年生效。受《欧洲人权公约》影响，该公约主要规定了法律人格权、国籍权、平等保护权、政府参与权

---

〔1〕《美洲人的权利和义务宣言》由美洲国家组织第XXX号决议通过，《美洲社会保障宪章》由美洲国家组织第XXIX号决议通过。

等公民权利和政治权利，也规定了最低限度的经济、社会和文化权利。与《欧洲人权公约》至今局限于传统的公民权利和政治权利不同，《美洲人权公约》以制定一系列附加议定书的方式弥补了公约所保护权利的类型局限，特别是1988年通过、1999年生效的《圣萨尔瓦多议定书》又称《经济、社会和文化权利领域附加议定书》，专门用于弥补公约权利的结构性缺陷。该议定书规定了工作权利、工会权利、罢工权利、社会保障权利、健康权利、环境权、食物权、受教育权、教育自由权、文化利益权、组织和保护家庭的权利等。1948年《美洲人权利和义务宣言》规定的最重要的经济、社会和文化权利都被纳入有法律约束力的条约体系，而且还包括了属于第三代人权的环境权。不过，附加议定书的缔约国数目不如公约缔约国数目多，一定程度上妨碍了经济、社会和文化权利保护的地域覆盖度。

为应对拉美独裁政权带来的系统性人权侵犯，1985年美洲国家组织通过了区域性的《防止和惩罚酷刑公约》，1994年通过了《强迫失踪人员公约》，这是世界上针对强迫失踪问题最早的一个公约，比联合国2006年《保护所有人免受强迫失踪国际公约》早12年。[1] 无论禁止酷刑还是强迫失踪，其应对的基础都是重在预防和优先适用国内刑法，特别是普遍性管辖权的确立。此外，拉丁美洲国家和欧洲各国是普遍禁止死刑的主要支持者，1990年《旨在废除死刑的〈美洲人权公约〉议定书》得以通过，1991年8月28日生效，尽管缔约国局限于拉丁美洲国家。在反对对妇女的暴力方面，1994年美洲《预防、惩罚和根除对妇女的暴力公约》通过，该公约于1995年3月5日生效。上述各项法律文件构成了美洲人权标准的主要法律渊源，也是美洲人权监督机制的主要法律依据。尽管美洲人权法律文件碎片化严重，缔约国也参差不齐，但整体上呈现日渐完善之势。

（二）美洲主要人权监督机构

《美洲人权公约》第33条规定，美洲国家间人权委员会（下文简称“美洲人权委员会”或“委员会”）和美洲国家间人权法院（下文简

〔1〕 美洲《防止和惩罚酷刑公约》于1987年2月28日生效，美洲《强迫失踪人员公约》于1996年3月28日生效。

称“美洲人权法院”或“法院”）为本公约主管机构，对公约缔约国履行本公约义务有关的事项具有管理权。不过，美洲人权委员会同时也是《美洲国家组织宪章》规定的人权监督机制（又称“宪章机制”）的主管机构。

1. 美洲人权委员会

美洲人权委员会是美洲国家组织负责人权事务的主要机关。该委员会于1962年成立，其法律依据包括《美洲人的权利和义务宣言》和《美洲国家组织宪章》第106条。该委员会由美洲国家组织大会选出的7名独立成员组成，主要职能包括：提高人权意识；准备研究和报告并提供建议；要求提交报告；为成员国提供咨询服务；处理申诉案件；参加美洲人权法院案件的审理；经国家同意进行实地调查。委员会的职能、地位和程序在1969年《美洲人权公约》于1978年生效后发生了很大变化。成立之初，委员会是美洲国家组织负责促进对人权尊重的一个独立机构，此时的人权被理解为《美洲人的权利和义务宣言》中规定的权利。1965年，委员会被赋予更多职权，其中包括建立有限的个人申诉制度，1967年《美洲国家组织宪章布宜诺斯艾利斯议定书》赋予委员会作为美洲国家组织主要机关的新地位，不过该议定书于1970年才生效。1978年《美洲人权公约》生效后，美洲人权委员会具有了双重身份，除作为美洲国家组织处理人权事务的主要机关外，还是《美洲人权公约》第33条规定的监督实施该公约的主要机构，不过委员会成员仍由美洲国家组织大会选出的专家组成，其来源没有被局限于《美洲人权公约》缔约国，而是来自更为广泛的美洲国家组织成员国。1979年10月，《委员会重组章程》得以通过，规定委员会可以审议《美洲人的权利和义务宣言》中规定的任何权利受到侵犯的申诉。对人权的理解也被两分，《美洲人权公约》缔约国理解的人权是该公约规定的人权，而对其他非该公约缔约国的美洲国家组织成员国，他们理解的人权仍是《美洲人的权利和义务宣言》中规定的权利。所以，针对《美洲人权公约》缔约国的申诉，应依据《美洲人权公约》提起，针对非《美洲人权公约》缔约国但属于美洲国家组织成员国的申诉，则只能依据《美洲国家组织宪章》和《美洲人的权利和义务宣言》提起。

2. 美洲人权法院

美洲人权法院依据《美洲人权公约》第 33 条于 1979 年建立，其职能和管辖权等事宜规定在公约第八章，即第 52 – 73 条中。美洲人权法院由 7 名法官组成，法官由公约缔约国在大会选举美洲国家组织成员国的国民产生，法官来源不限于公约缔约国。法院主要具有两种管辖权：其一，强制性、开放式的区域咨询管辖权。就咨询请求的主体而言，能向法院提出咨询请求的限于美洲国家组织各成员国，还有经过《布宜诺斯艾利斯议定书》修订的《美洲国家组织宪章》第十章所列各机构。就咨询的内容而言，国家可以咨询有关美洲国家人权保护的所有条约的解释问题，特别是《美洲人权公约》的解释，还有该国国内法规定是否与上述国际文件一致这类问题。请注意，这里的解释不限于美洲人权条约，只要与美洲国家保护人权有关，其他人权条约甚至非人权条约都有可能涉及。在咨询国内法是否与相关国际条约规定一致的情形下，国内法也会被涉及。就咨询意见的法律约束力而言，尽管法院具有强制性的咨询管辖权，但其咨询意见却并不具备法律约束力，也可能正是因为这一点，法院的强制咨询管辖权才能得到美洲国家组织成员国的接受和配合。总体而言，尽管法院专为监督《美洲人权公约》的履行而建立，但向法院请求咨询的主体不限于公约缔约国，而是扩展至美洲国家组织成员国及其认定的机构，咨询主体具有一定的开放性。就咨询的内容而言，则更具有开放性，既突破了美洲地域，又突破了人权条约的界限，涵盖了美洲国家组织成员国国内法律是否符合国际人权条约的问题。迄今，美洲人权法院已根据《美洲人权公约》第 64 条通过并发表了若干具有创造性的咨询意见，典型如 1982 年著名的有关“其他条约”的咨询意见。应美洲人权委员会的要求，美洲人权法院一系列专家意见得到了编纂。可见，美洲人权法院可以为美洲国家组织成员国及其认可的机构提供与美洲人权保护有关的全球、区域和国家人权法全方位的专业解释，统一的美洲人权法理学之建立有了制度上的保障。其二，任择性的、范围狭窄的诉讼管辖权。《美洲人权公约》第 62 条第 1 款规定，缔约国在正式接受公约法律约束力或其后的任何时候，“都可以声明该国承认法院根据事实而不需要特别协议，对于有关本公约的解释或实施的一切问题的管辖权具有约束力”。法院的诉讼管辖权既适用于个人申诉，也适用于国家间指控，绝大部分公约缔约国都接受了法院的管辖权，但被提交的案件很少，迄今只有数十件个人申诉案件被提交，国家间指控案件更为罕见。与法院强制性咨询管辖权形成鲜明对比的是，法院的诉讼管辖权是任择性的，而且明显局限于《美洲人权公约》的范畴，诉讼主体限于公约缔约国和美洲人权委员会，个人申诉者不是合格的诉讼主体，但是自 2001 年 5 月 1 日起，个人可以通过人权委员会向法院提交案件。诉讼内容限于有关公约的解释或实施的一切问题。此外，根据公约第 67 条规定，法院的判决是终审的，而且不可以上诉。法院的判决没有专门的执行机构和制度，但根据公约第 65 条规定，法院有义务在其向美洲国家组织大会提交的年度工作报告中“详细说明有的国家未服从该法院判决的那些案件，并提出有关建议”。也就是说，美洲国家组织大会对法院判决的执行具有一定程度的政治监督职能。此外，根据《美洲人权公约》第 63 条，美洲人权法院应“保证受害一方享有其被侵犯的这种权利和自由”，适当时法院还应裁决此种权利或自由受到侵犯的后果“将得到补救，并应对受害一方给予公平的赔偿”。在紧急情况下，为避免对受害者造成不可补救的损害，法院应采取恰当的临时措施。美洲人权法院依此享有的救济权比欧洲人权法院要大得多，这是美洲人权保护机制中的亮点，在国际人权救济制度方面处于先锋地位。

（三）美洲主要人权监督机制

美洲人权监督机制中，美洲人权法院的咨询管辖（上文已述及）、个人申诉制度和国别报告制度相对有效，发挥的监督作用也更强。以下重点介绍和评析后两种制度，其他意义不大的制度也略作介绍。

1. 个人申诉制度

美洲国家组织的个人申诉制度实际上包括两大板块：基于宪章的个人申诉制度（下文简称“宪章机制”）和基于条约的个人申诉制度（下文简称“条约机制”）。宪章机制根据《美洲国家组织宪章》设立，条约机制根据《美洲人权公约》及其议定书设立。对于非《美洲人权公约》缔约国的美洲国家组织成员国的申诉，只能依据宪章机制而非条约机制对该国提起申诉。

（1）基于宪章的个人申诉。这是针对美洲组织成员国的个人申诉制度，1965 年该制度初建时，申诉的权利范围十分有限，只涉及《美洲人的权利和义务宣言》中规定的部分公民权利和政治权利——生命权、法律面前的平等、宗教自由、表达自由、不受任意逮捕的自由和正当程序，委员会只可以审议与侵犯上述人权有关的个人申诉并作出建议。1978 年《美洲人权公约》生效后，其申诉范围才逐渐得以拓展。1979 年 10 月，《委员会重组章程》生效后，美洲人权委员会可以审议《美洲人的权利和义务宣言》中规定的任何权利受到侵犯的申诉，其中既包括公民权利和政治权利，也包括经济、社会和文化权利。从性质上看，基于宪章的个人申诉制度属于典型的政治性监督机制，其法律依据主要包括《美洲国家组织宪章》和《美洲人的权利和义务宣言》，美洲人权法院对基于宪章的申诉没有管辖权因而不会涉足该类个人申诉，美洲人权委员会是处理基于宪章的个人申诉的唯一机构，委员会以没有法律拘束力的最终裁决结案，裁决中一般包括委员会发现的事实、委员会的结论和建议。被申诉侵犯人权的国家是否执行委员会的裁决，几乎全凭自觉，美洲国家组织没有为其设置专门的执行机制。不过，对拒绝执行委员会裁决的国家，委员会可以通过将裁决公之于众的方式对人权侵犯国施加政治和舆论压力，也可以通过将未执行的裁决载入其向美洲国家组织大会提交的年度报告中，引起更为广泛和更高级别的政治关注，督促该国执行委员会的裁决。不过，遗憾的是，事实表明美洲国家组织大会对个人申诉兴趣不大，美洲各国不遵守委员会的裁决也几乎没有什么不利后果。

（2）基于《美洲人权公约》的个人申诉。这是针对《美洲人权公约》缔约国的个人申诉制度，该《公约》第 44 条规定，任何个人或个人团体，或者经美洲国家组织成员国承认的非政府实体，都可以成为向美洲人权委员会提起申诉的主体，如果该申诉主体认为某一公约缔约国违反了本公约的规定，意欲对其进行谴责或者指控的话。可见，这种基于《美洲人权公约》的个人申诉只能针对缔约国提起，非公约缔约国不能依据《美洲人权公约》被申诉，因为《美洲人权公约》作为条约只能约束缔约国，其非缔约国没有义务接受它的约束。而且，这种个人申诉的主要处理者不仅包括宪章程序的美洲人权委员会，还包括依据《美洲人权公约》设立的美洲人权法院，其程序大致如下：一项个人申诉提交后，首先由美洲人权委员会决定是否受理，它可能作出不可受理的最终决定，也可能决定予以受理。申诉被受理后，申诉方和被申诉缔约国可能达成和解，对此委员会起草关于事实和解决办法的报告即可。若未能和解，委员会则作出关于事实、实体问题的结论、委员会的意见和建议的报告，该报告会转交给被申诉缔约国而且经常被发表。转交后三个月内，如果被申诉政府已经接受了美洲人权法院的诉讼管辖权，美洲人权委员会或被申诉国可以将案件提交给美洲人权法院；也就是说，作为申诉者的个人、个人团体或者经美洲国家组织成员国承认的非政府实体在美洲人权法院没有诉讼资格，只有美洲人权委员会或受到个人申诉影响的国家才能启动美洲人权法院的诉讼程序。不过，美洲人权委员会 2001 年 5 月 1 日通过了新的《议事规则》，一定程度上增加了申诉者对美洲人权法院诉讼管辖的参与度，即只要委员会认定存在对《美洲人权公约》所规定的人权的侵犯，相关国家又没有遵从委员会的建议，如果个人申诉者要求委员会代表他们向美洲人权法院提交该案件，委员会一般不得拒绝，除非委员会成员中的多数人有充分理由认为不应提交。案件提交到法院后，法院会作出终局的、有法律拘束力的判决，不过，法院的判决也没有专门的执行机制，同样依赖大会决定等政治措施和舆情压力。

可以看出，美洲国家组织人权监督机制中的个人申诉制度的建立和发展一直远远落后于其人权标准之建立。1948 年《美洲人的权利和义务宣言》早已包括了经济、社会和文化方面的人权，可这方面的申诉直至 1979 年后才借助美洲人权委员会重组得以成行。1978 年生效的《美洲人权公约》和 1999 年生效的《圣萨尔瓦多议定书》的实施也逐步将条约机制的个人申诉制度延伸至经济、社会和文化权利领域，但议定书规定美洲人权委员会和美洲人权法院处理经济、社会和文化权利方面的个人申诉仅限于工会权利和教育权，相比美洲个人申诉的宪章机制，条约机制的申诉范围十分狭窄。总体而言，美洲个人申诉制度基本停留在欧洲个人申诉制度 1998 年之前的水平，个人无权直接提起和参与人权法院的诉讼程序。从人权法院处理个人申诉的数量也可以看出欧美之间的巨大差距，欧洲人权法院每年处理大约一万件个人申诉，美洲人权法院迄今处理的个人申诉总共也不过百十来件。

2. 国别报告制度

国别报告制度是美洲人权委员会一种重要的监督手段，专事监督美洲国家组织成员国的人权状况。这方面的常规实践自 20 世纪 60 年代开始，委员会依据职权对古巴、海地和多米尼加共和国等国开展国别研究并发表国别报告，其中包括委员会对这些成员国国内人权状况的全面评估和尖锐分析。国别报告草案会被转交给被评估国政府，其后委员会将对该政府的反馈或答复进行分析，决定是否发表报告。如果被评估国很不配合，委员会还可以将其国别报告提交给美洲国家组织大会，大会通过对该国别报告的讨论可以出台一项没有法律约束力的决议，这种公开的、大范围的讨论和决议本身就会对被报告国产生极大的政治和舆情压力，尽管大会决议没有法律拘束力，也能在相当程度上激发相关国家的主权自尊并采取相应的举措，否则其国际形象和外交关系会大受影响。此外，在得到拟调查国家政府同意的前提下，委员会也开展对该同意国的实地调查，委员会进行的第一次实地调查是对多米尼加共和国的调查。美洲人权委员会对国别人权的实地调查活动在各种政府间国际组织的类似调查活动中处于先锋地位。不过，调查结果并不要求被撰写为国别报告。

3. 其他制度

（1）国家报告程序。为监督缔约国对其国际人权义务的履行，借鉴联合国九大核心国际人权条约和《欧洲社会宪章》缔约国报告程序的经验，1988 年《美洲人权公约》的《圣萨尔瓦多议定书》也规定了国家报告程序，该议定书第 21 条第 3 款规定，各缔约国承诺在美洲人权委员会要求时，向其提供它们主动或被委员会要求采取的人权保护措施的情况，以及其在保护本议定书规定的权利方面所取得的进展。此种报告并非常规性的定期报告，而是特别的、委员会要求的报告，委员会对这种报告的审议同样依赖专家的建议。相比联合国条约机构主导的大部分定期缔约国报告程序，这一程序要弱得多，但如果操作得当则重点更易突出。遗憾的是，《圣萨尔瓦多议定书》缔约国寥寥，其所规定的国家报告程序对议定书所规定的经济、社会和文化权利保护的监督作用也大打折扣。

（2）国家间指控程序。这是《美洲人权公约》第 45 条为美洲人权委员会设计的一种任择性的指控程序，目的是在公约缔约国之间建立一种相互监督机制，公约任一缔约国可以向委员会提出关于另一缔约国侵犯了该公约所规定的人权的来文，是否受理的条件和程序与个人申诉相同。缔约国在正式接受公约法律约束力或其后的任何时候，可以声明它承认委员会接受和审查国家间指控的权利，这种承认声明还可以附期限——无限期、有限期或只对特定案件有效。不过，做出上述声明的国家不多，启用这种程序者更属寥寥。无论全球层面，还是区域层面，国家间指控程序的利用率都很低，属于可有可无的摆设，其原因在上文已有探讨。

从政治、经济和文化结构来看，美洲国家组织较欧洲理事会复杂。欧洲理事会主要包括文化同质性和一体化程度很高的西欧以及快速加入的参差不齐的中东欧两大板块，慢慢地该组织建立了区域人权、法治和民主的最低标准。而美洲国家组织内各个国家的贫富分化程度和民主法治程度差异更大，有最富裕发达的工业化国家美国和加拿大，也有最贫穷的国家海地。20 世纪 70 年代，军人独裁政权国家占了很大一部分，与民主政权国家分庭抗礼。自 1948 年美洲国家组织建立以来，美国一直从政治、经济和军事各方面控制着该组织，希望通过该组织推行自己的对外政策和实现自己的国家利益。至于人权保护，美国一直对国际和区域层面的保护机制持怀疑态度，始终不是《美洲人权公约》的缔约国，经常两面三刀，以自身利益决定支持还是反对某一人权事务，这与欧洲理事会和欧盟推行人权保护的诚恳和稳定特征有很大差异。欧洲的两分格局和美洲的多样化格局，直接决定了其各自面临的人权问题不同。欧洲的种族主义、排外主义和移民问题首当其冲，而美洲人权保护最大的挑战是系统化的贫穷、酷刑和政治上的强迫失踪。总体而言，美洲人权监督机制还有待完善，特别是美国、加拿大两个大国游离于《美洲人权公约》的人权监督制度之外，极大削减了美洲人权监督机制效力的地理范围。此外，与《欧洲人权公约》规定由欧洲理事会的部长委员会监督欧洲人权法院判决的国内实施不同，美洲人权保护没有规定专门的实施机制，美洲国家组织大会在各种人权监督机制中基本上充当了兼职的最后执行机关的角色，这很不利于美洲人权委员会和美洲人权法院所做建议、意见、报告、裁决和判决的执行。

第二节　全球和区域人权监督机制对比分析

无论理论界如何评说全球和区域人权保护之间的关系，是矛盾冲突、你死我亡的对抗关系也好，还是互相促进、互相借鉴的良性互动关系也好，半个多世纪以来，世人有目共睹的更多是全球和区域层面人权保护的互相借鉴和互相促进，尽管也有些许概念、制度和解释方面的冲突。我们看到的更多是两者间积极的、协力合作的一面。在可以预见的将来，我们很难说全球或区域层面的人权保护机制哪一个会消亡，它们已经越来越成为一个有机的整体。尽管极少数超级大国——美国对全球层面和区域层面的人权保护机制都不屑一顾，至今只批准了联合国九大核心国际人权条约中的三项，同时一直拒绝批准《美洲人权公约》，傲慢地游离于大多数核心国际人权条约和《美洲人权条约》监督机制之外，但核心国际人权条约中的七项已接近普遍批准，美洲大部分国家也已接受《美洲人权条约》的法律拘束力。尽管欧洲人权保护及其人权监督机制一直在全球范围内处于领军地位，欧洲人权标准在很多方面高于全球标准，欧洲人权监督机制比全球机制更具强制性且更有成效，全球性人权保护机制对欧洲来说似乎可有可无，但我们无法否定全球人权保护机制为全球各区域设立了统一的最低人权标准和提供了统一的人权解释的独特功能。而且，对于没有区域人权监督机制或区域人权监督不完善的亚洲和非洲等区域，全球性人权监督又变成不可或缺，甚至是独一无二的国际监督机制。对比分析全球和各区域人权监督机制，可以得出如下规律性认识，其中也包含了全球和区域人权监督机制的主要发展趋势。

一、人权监督机制的演化是一个循序渐进的过程

对比欧洲和美洲等地的人权监督制度，我们常常为欧洲人权法院可以强制管辖个人申诉和国家间指控并作出有法律拘束力的判决唏嘘不已，并为欧洲人权法院每年处理数以万计的个人申诉瞠目结舌。但回溯历史，我们发现，欧洲现在处于世界先锋地位的人权监督机制也是一步步突破主权国家桎梏慢慢发展而成的。1998 年以前的欧洲人权法院如

现在的美洲人权法院和非洲人权和民族权法院一样，个人是不能直接向法院提起个人申诉的。当今的欧洲人权监督机制，特别是其最精华的欧洲人权法院机制实际上是国际人权监督的高级形式，只有区域政治、经济、社会和文化的一体化水平发展到相当高的程度，国家治理者和普通大众的人权意识高度发达，才有可能接受、承载并施行如此犀利有效的区域性人权监督机制。

1998 年以前，欧洲理事会的个人申诉制度受到诸多限制。最初，即便人权文化源远流长的西欧国家都认为个人申诉是对其国家主权的过分干预，经过反复谈判，最后才勉强达成了妥协。当时的个人申诉程序被设计为任择性的，即各个主权国家可以通过声明自主决定是否承认这种程序，是否愿意接受个人申诉程序的监督，而且其接受声明还可以附上期限。即便是接受该程序的国家，申诉者也只能直接向欧洲人权委员会提起申诉，欧洲人权委员会决定是否受理该申诉，若受理则草拟其有关该申诉的报告。此后，欧洲人权委员会可以代表它自己或申诉者将申诉提交给欧洲人权法院，但申诉者自己不能向欧洲人权法院直接申诉。实践表明，只有极少数的个人申诉被欧洲人权委员会审查通过并予以受理，在受理的申诉中又只有极少数被提交给欧洲人权法院，所以在 1998 年依据《欧洲人权公约第十一附加议定书》成立新的单一和常设的欧洲人权法院以前，欧洲理事会体制内的个人申诉路径非常狭窄，成功率也极低。人权受到侵犯的个人申诉者是否能获得有效救济很大程度上取决于委员会和相关国家的善意与“恩惠”，个人的人权难以得到保护，而且几乎是救济无门。直到 1998 年改革后，欧洲的个人申诉制度才发生了里程碑意义的转折——欧洲人权委员会被取消，自愿兼职的欧洲人权法院成员被全职法官替代，个人申诉和欧洲人权法院管辖权的任择性被剔除，欧洲人权法院成为对个人申诉与国家间指控的可受理性和实体问题进行裁决的唯一机构，程序的政治性被最大限度地消除，司法性得以大大加强。迄今为止，世界上没有哪个区域有相同或类似的人权监督机制能达到欧洲个人申诉制度这一水平。全球层面根本还没有人权法院，美洲人权法院的个人申诉制度还停留在欧洲 1998 年前的水平，非洲的个人申诉制度则更为落后。当然，迄今为止世界上也没有哪个区域的一体化程度比欧洲高，欧洲人权文化的历史底蕴也最深厚。

二、经济、社会和文化权利是人权监督的薄弱领域

无论全球层面，还是区域层面，经济、社会和文化权利的保护和监督都相对薄弱。从人权内涵发展的历史渊源来看，经济、社会和文化权利属于第二代人权，其产生远远晚于第一代人权；从权利的性质来看，第二代人权的实现的确具有不同于第一代人权的特殊性，第二代人权是否实现难以确定一个具体的标准，如第一代人权中的生命权、自由安全权和个人隐私权等没有受到侵犯便是实现了，第二代人权中的受教育权和工作权等就很难判断是否实现了，免费教育到何种阶段算是教育权的实现？到私营企业打零工算是实现了工作权吗？第二代人权实现的标准往往随着社会和科技的进步不断变化和提升，其实现的进程又多是渐进性的。这些都是第二代人权的保护远远落后于第一代的主要原因。

联合国九大核心国际人权公约中，虽然《经济、社会和文化权利国际公约》与《公民权利和政治权利国际公约》同年（1966 年）通过、同年（1976 年）生效，但前者只规定了缔约国报告制度，后者则规定了缔约国报告制度和国家间指控制度，其他监督机制则是通过各自的任择议定书建立。监督条约实施的机构更为不同，《公民权利和政治权利国际公约》专门设立了人权事务委员会这一专家机构监督其实施，而监督《经济、社会和文化权利国际公约》实施的任务最初却交给了联合国的六大机关之一——经济与社会理事会，该理事会具有广泛的政治职能，监督条约实施很难成为理事会工作的重点和专长，这一安排本身就注定了《经济、社会和文化权利国际公约》实施不力、相关权利保护不佳，也反映了当时国际社会对经济、社会和文化权利保护的不够专业和不够重视。此后，直至 1985 年，经济与社会理事会才通过了一项决议，建立了一个与其他条约机构同类的监督机构——经济、社会和文化权利委员会，监督《经济、社会和文化权利国际公约》的实施。

欧洲方面，1950 年《欧洲人权公约》规定的都是传统的公民权利和政治权利：第 2 条规定了生命权；第 3 条规定了禁止酷刑和不人道或有辱人格的待遇；第 4 条规定了禁止奴役和强制或者强迫劳动；第 5 条规定了人身自由和安全权；第 6 条规定了公正和公开审判权；第 7 条规定了禁止刑法溯及既往；第 8 条规定了私生活和家庭生活等得到尊重的

权利；第 9 条规定了思想良心和宗教自由；第 10 条规定了表达自由；第 11 条规定了集会和结社自由；第 12 条规定了结婚和建立家庭的权利；第 13 条规定了获得有效救济的权利；第 14 条规定了辅助性的对歧视的禁止。其后，公约虽经若干附加议定书修订，其权利类属仍未得到根本改变。如公约 1952 年《第一附加议定书》第 1 条增加了和平地拥有财产的权利，第 2 条增加了教育权和自由选择教育的权利，第 3 条增加了通过秘密投票自由选举的权利；1963 年《第四附加议定书》第 1 条增加了禁止债务拘禁，第 2 条增加了迁徙自由的权利，第 3 条增加了禁止驱逐本国人，第 4 条增加了禁止集体驱逐外国人；1983 年《第六附加议定书》第 1 条增加了废除和平时期的死刑；1984 年《第七附加议定书》第 1 条增加了驱逐外国人的程序性保障，第 2 条增加了刑事案件中的上诉权利，第 3 条增加了对于误审的赔偿，第 4 条增加了不被审判或处罚两次的权利，第 5 条增加了配偶之间的平等；2000 年《第十二附加议定书》规定了禁止歧视；2002 年《第十三附加议定书》规定了在所有情况下全面废除死刑。上述附加议定书中有典型的经济、社会和文化类权利，如 1952 年《第一附加议定书》第 2 条规定的教育权和自由选择教育的权利，但总的来说其所占比例很少，无法改变《欧洲人权公约》中公民权利和政治权利一统天下的局面。鉴于上述情形，为顺应三代人权拓展的国际大势，欧洲理事会不得不另起炉灶，于 1961 年出台了《欧洲社会宪章》，后来又出台了系列议定书，专事对经济、社会和文化权利加以保护，但缔约国可以自主选择接受哪些权利和义务，而《欧洲人权公约》缔约国除保留外必须整体接受公约权利，这种对权利规定的不同直接导致受法律保护的权利范围之间的差距。由于欧洲理事会大力推动《欧洲人权公约》的批准，并将该公约的批准作为加入欧洲理事会的前提条件之一，因而受《欧洲人权公约》法律拘束的缔约国数目大大超过未享受此等推动的《欧洲社会宪章》的缔约国数，两类权利受到保护的地域范围就出现了很大差别。此外，《欧洲人权公约》对公民权利和政治权利保护义务的规定比《欧洲社会宪章》对经济、社会和文化权利保护义务的规定更加具体且更具可操作性，特别是各自监督机制的强制性和有效性各不相同，进一步拉大了欧洲两类权利保护状况之间的鸿沟。《欧洲人权公约》设计了向独立的专职法院提起个人申诉或国家间指控的程序，法院的裁决具有法律拘束力，而《欧洲社会宪章》则规定了不太有效的国家报告程序和集体申诉制度，虽经改革，但成效不大。总体而言，欧洲理事会对经济、社会和文化权利的保护仍然远逊于其对公民权利和政治权利的保护。

美洲人权保护的情况更是如此。1948 年美洲国家组织通过的《美洲人的权利和义务宣言》既规定了公民权利和政治权利，也规定了经济、社会和文化权利，但该宣言当时没有法律拘束力，美洲国家组织也未设立有效的监督机制保障宣言所规定权利的实施。1969 年《美洲人权公约》的主要内容也是公民权利和政治权利，但规定了最低限度的经济、社会和文化权利。其后，以制定一系列附加议定书的方式，特别是 1988 年《圣萨尔瓦多议定书》专门规定了经济、社会和文化权利，公约所保护的权利类型缺陷得到很大程度的弥补。遗憾的是，附加议定书的缔约国数目不甚理想，经济、社会和文化权利在美洲受到法律保护的地理范围存在相当大的局限。1965 年，针对美洲国家组织成员国的个人申诉制度初建时，申诉的权利范围局限于《美洲人的权利和义务宣言》的部分公民权利和政治权利，即生命权、法律面前的平等、宗教自由、表达自由、不受任意逮捕的自由和正当程序，1979 年委员会重组后，申诉的权利范围才得以拓展。基于《美洲人权公约》的个人申诉方面，1978 年生效的《美洲人权公约》没有规定多少经济、社会和文化权利，依据该公约建立的个人申诉程序自然保护不了多少第二代人权。1999 年生效的《圣萨尔瓦多议定书》规定了第二代人权，但其缔约国较少，而且议定书规定美洲人权委员会和美洲人权法院处理的个人申诉仅限于工会权利和教育权，范围十分狭窄。

三、人权监督逐渐延伸至各种人权条约的非缔约国

在浩如烟海的条约王国，除条约必须信守这一基本原则外，还有条约相对效力原则得到国际法主体的普遍认同和践行。所谓条约相对效力原则，是指条约只有相对而非绝对的效力，只对其缔约国/方产生法律约束力，对非缔约国/方则没有法律约束力，条约对第三方既无损，也无益。迄今的国际人权保护基本上严格遵守条约相对效力原则，人权国际保护的规则制定和制度设计都以主权国家自愿同意为前提。但随着人

权作为普世价值观的逐步确立，以及国际人权标准离普遍批准越来越近，人权国际保护在基本理念、制度设计等方面都有突破条约相对效力原则的迹象和趋势。这种趋势或许首先出现在国际人道法领域——著名的独具特色的马顿斯条款的出现。马顿斯作为俄国代表出席第一次海牙和平会议时发表了一项声明，要求凡是遇到条约中没有明确规定的事项，也应遵循国际法的原则、文明人民的惯例、人道之原则等。该声明由于受到普遍响应遂被载入海牙第四公约的序言中，并被冠名为“马顿斯条款”。该条款在战争和武装冲突法中具有特别重大的意义，它意味着即使没有缔结相关条约，各国也应该保护平民和战斗人员，受相关国际法规则（或称国际习惯规则）的约束。在国际习惯规则的形成方面，传统观点认为每一主权国家对特定国际法规则必须具备物质和心理两要素才能受该规则的法律约束，但晚近的国际法理论和实践趋势表明，国际习惯规则的形成并不一定与每一主权国家的意志和行为保持高度一致，国际上有不少声音很小或根本没发声的国家往往只是被动地顺应且不得不接受主流国际社会制定的制度或规则。上述马顿斯条款、二战后即时国际习惯法的出现都表明了这一点。

国际人权监督延伸至非缔约国这一趋势，也突出表现在国际劳工组织的实践中。该组织的国家报告制度独具特色，需要报告的主体既包括国际劳工公约缔约国，也包括非缔约国，这在当时国际条约的实践中是独一无二的。报告国报告的内容被区分为两种：国际劳工公约缔约国报告其履约情况，非缔约国报告其未批准某公约的原因及其所采取的措施和取得的进展。此外，国际劳工组织对结社自由原则的监督和实施也十分特别，突破了缔约国的限制。其特别之处在于，任何国际劳工组织成员国无论是否批准 1948 年《结社自由和保护组织权利公约》（第 87 号公约），都有可能成为被指控的对象。也就是说，非缔约国也不得不遵守 1948 年《结社自由和保护组织权利公约》，否则有可能受到指控。鉴于国际劳工组织成员国之广泛，几乎涵盖了世界上所有主权国家，该公约也几乎具备了普遍性的法律约束力。

普遍定期审议是国际人权监督拓展至人权条约非缔约国的另一个典型例证。人权理事会创建了普遍定期审议制度，由主权国家代表组成工作组，每 4 年对所有联合国会员国履行人权义务和承诺的情况逐一进行审议。请注意，这里审议的对象空前广泛，联合国所有会员国都囊括其中，几乎包括了世界上的所有国家。特别值得注意的是，人权理事会组建的工作组普遍定期审议的内容不仅包括了被审议国承担的人权条约义务，还包括该国所做的人权承诺，这种承诺多是政治性或道义宣示性的，承诺的内容多是获得广泛接受甚至可能接受者并不多的人权条约中的规则或条款。经由这种审议对象和审议内容空前广泛的普遍定期审议，联合国人权理事会的国际人权监督拓展至人权条约的大量非缔约国。

四、区域人权监督机制突破区域范围辐射全球

一般而言，区域人权条约的缔约国资格只向特定区域的主权国家开放，区域人权监督机制也只监督本区域主权国家的人权状况和这些国家履行区域人权条约义务的情况。不过，欧洲的人权保护实践表明，区域人权保护（含区域人权监督）也可以具有全球人权保护（含全球人权监督）的功能，区域人权保护的这种“宏图大志”和全球辐射效应被欧盟在其对外关系中演绎得相当出色，欧洲理事会的部分人权条约也欲将其法律约束力范围拓展至其成员国之外。

欧盟在其对外关系中一直发挥着重要的全球性人权监督功能。20世纪80年代欧盟与非洲、加勒比海和太平洋地区各国签订了《洛美协定》，明文规定欧盟和非加太地区发展合作关系的前提条件是非加太地区各国尊重和保护人权，欧盟以发展合作为“诱饵”和“指挥棒”，带动人权文化薄弱的非加太地区各国尊重和保护人权，这不仅有利于促进合作双方的顺利交流与合作，从长远看也培植了与欧盟合作国家的人权文化土壤，促进了全球人权意识的提升和人权状况之改善。欧盟与世界上大多数国家都有交往。1995年后，欧盟和其他国家签订的双边经贸合作等条约都包含一个单独的人权条款，明确规定一旦该国发生系统性的人权侵犯，欧盟就会单方面解除或中止条约。2000年，欧盟及其15个成员国与非洲、加勒比海和太平洋地区77国签订了《科托努协定》，协定明确规定“各缔约方承诺促进和保护所有基本自由和人权，不论是公民和政治权利，还是经济、社会和文化权利”。其第9条还规定，严重人权侵犯发生时，若协商谈判失败，欧盟可以单方面中止发展合作。

《科托努协定》一次性覆盖了欧盟以外的77个国家，这些国家为履行条约义务必须促进和保护所有基本自由和人权。《科托努协定》的人权保护功能可谓十分强大，欧盟以是否继续合作为手段督促合作对方保护人权发挥了很好的监督功能。可以看出，多年以来，无论对内还是对外，无论双边关系还是多边关系，欧盟都一直敦促其成员国及合作关系国尊重和保护人权和基本自由，其政策和做法始终如一，表明欧盟对人权具有十分稳固和深刻的信仰，知行合一，绝不像美国常因国家利益“丢弃”或“拥抱”人权。1995年5月，欧盟理事会通过决议规定其与他国签订条约中的人权条款的基本模式，进一步将其长期坚持的实践做法制度化和规范化。欧盟在其对外关系中，一方面通过在条约中规定人权条款引导并规范其他缔约国保护基本人权和自由，另一方面在发生人权侵犯时批评那些违反国际最低人权标准的合作伙伴，并对严重或系统侵犯人权的合作伙伴采取果断措施，通过解除或中止合作关系这一惩罚性措施在很大程度上遏制了合作伙伴境内系统性人权侵犯的发生。总之，欧盟在推动全球人权保护方面作出了长期的、实实在在的努力和功勋卓著的贡献。

欧洲理事会部分人权条约的开放性设计具有人权辐射功能。欧洲理事会的人权条约越来越具有地域开放的趋势，即条约开放给非欧洲理事会成员国，甚至非欧洲国家签署和批准。如《欧洲防止酷刑公约》两个议定书（分别于1993年和2002年通过）就开放给非成员国：1995年《欧洲保护少数民族框架公约》开放给部长理事会邀请的任何其他国家；1992年《欧洲地区和少数民族语言宪章》开放给受邀请加入的非欧洲理事会成员国签署；1997年《欧洲人权和生物医学公约》开放给非欧洲理事会成员国签署等。这是区域人权保护发展中的新动向、新趋势，区域人权条约意欲突破区域限制，发挥全球人权保护和人权监督的功能，这是区域人权保护对全球人权保护机制的协助，也可以说是一种尖锐的挑战。

五、国际人权监督机制从惩罚走向预防

迄今为止的国际人权监督机制，多是为应对严重、系统的人权侵犯设计的，属典型的事后型机制，头痛医头，脚痛医脚。防范甚于惩治，

这一局面首先被红十字国际委员会的实践开创性地打破，该委员会首创了访问拘禁场所战俘的预防性制度，对改善战俘待遇和促进国际人道法的实施起了关键作用。后来，瑞士慈善家和银行家让·雅克·高蒂尔建议联合国建立类似的预防性监督机制，这一建议没有被联合国迅速采纳，倒是欧洲理事会抢先通过了《欧洲防止酷刑和不人道或有辱人格的待遇或惩罚公约》（1987 年），建立了欧洲防止酷刑委员会（1989 年），设立了预防性访问制度，专事保护被剥夺自由的人不受酷刑和不人道或有辱人格的待遇或惩罚。欧洲防止酷刑委员会由各缔约国相关领域的专家组成，委员会的代表可以访问任何被公共当局剥夺人身自由的人所在的场所——监狱和由警察、军队、精神病机构等设立的拘禁场所。委员会代表通过查阅所有相关文件、自由探查和交谈，可以真实地了解每一拘禁场所的真实状况。事后，预防性访问的代表会撰写访问报告，并向被访问国政府提出建议。原则上，委员会将尊重被访问国的主权权威和意见，尽量与其平等协商，并提出建设性改进建议。但如果有关政府特别不配合委员会的工作，委员会将通过不经被访问国政府同意就公布其访问报告等办法对被访问国政府施加政治和舆论压力，迫使其转变态度，改善拘禁条件和履行《欧洲防止酷刑和不人道或有辱人格的待遇或惩罚公约》的义务。迄今，委员会的足迹已踏遍欧洲理事会所有成员国的一切拘禁场所，大大减少了公约缔约国拘禁场所中发生酷刑和其他虐待行为的可能性，并通过其建议在欧洲等地建立了最低拘禁条件欧洲标准。当然，如果主权国家无法接受委员会的直接预防性访问，委员会也设计了一种变通措施，即要求缔约国在国内建立类似的独立机构对所有拘禁场所进行预防性访问，不断发现问题和整改，以期与公约和欧洲标准保持一致。事实表明，这一变通做法比较成功地拓展了预防性访问制度适用的地域范围，使更多国家拘禁场所的严重人权侵犯得以成功预防。

联合国大会经过二十多年的倡议和讨论，国际社会最终采纳了预防性访问制度。2002 年 12 月 18 日，《联合国禁止酷刑公约任择议定书》得以通过，目的是预防在拘禁场所发生酷刑和虐待行为。为此，各缔约国选举产生了一个禁止酷刑委员会的防范小组委员会，委员们通过没有事先通知的、预防性的定期查访拘留地点的行动达到上述目的。《议定书》第2条第3款规定，防范小组委员会应该遵循“保密、公正、非选择性、普遍性和客观性原则”。第3条规定，每一个缔约国都应在国内“设立、制定或保持一个或多个防范酷刑和其他残忍、不人道或有辱人格的待遇或处罚的查访机构（或称国家防范机制）”。第4条规定，每一缔约国必须应允上述两种机制——防范小组委员会机制和国家防范机制对其管辖和控制下的任何拘留地点进行查访。这种查访，只要在相关政府批准议定书后即可进行，而不需要个案逐一许可。该议定书所指的拘留地点范围较宽，既包括“任何确实或可能有人因公共权力机构的命令或唆使而被剥夺自由”的地点，也包括在公共权力机构“同意或默许下被剥夺自由的地点”。议定书对剥夺自由的理解也相当宽泛，它指“任何形式的拘留或监禁，或将某人置于公共或私人羁押环境之中，根据司法、行政或其他公共权力机构的命令，该人不得随意离开该地”。议定书的规定吸收了欧洲理事会预防性访问制度的精华，最典型的是国家防范机制的纳入。由于国际社会比欧洲理事会具有更大的差异性，特别是其中相当一部分国家认为防范小组委员会的预防性访问是对其国家主权的过度干预，根本无法接受国际性机构对其拘禁场所的自由查访。尽管国家防范机制必须接受防范小组机制的协助和协调，根据议定书规定，缔约国自主建立的国家防范机制正好缓解了这些国家的心理疑虑，使该议定书的预防机制能在更多国家的领土上生根发芽。事实表明，大多数访问都是由国家防范机制进行的，这种预防性自纠自查既能逾越国家主权的障碍，又能在相当程度上达到议定书预期的目的。

总之，纯预防性的国际人权监督——预防性访问制度首先出现在禁止酷刑领域。该制度肇始于民间国际组织——红十字国际委员会，之后在区域和全球层面政府间国际组织全面铺开。通过国际预防性访问机制和国内预防性访问机制相结合，这种预防机制翻越了国家主权这一顽固的传统壁垒。截至2016年9月4日，《联合国禁止酷刑公约任择议定书》已有81个缔约国，大部分欧洲和拉美国家都置身其中，澳大利亚等17国也签署了议定书，议定书的批准进程比较迅速。预防性访问制度的大面积铺开彰显了一种趋势，即国际人权监督机制已经从惩治向预防方向发展，传统人权保护靠惩治捎带预防功能的时代一去不复返了。

六、国际人权监督中采用多重标准是基于现实的理性选择

世界一直是多元的、高度差异性的。冷战结束后，政治格局上国际社会一超多强，发达国家和发展中国家泾渭分明，经济上南北鸿沟继续扩大，文化上不同文明之间的冲突成为21世纪的主旋律。在此大背景下，国际人权保护尽管为国际社会设立了统一的人权标准，但在落实人权标准时却遭遇冷酷的国际现实，缔约国无法同时实现统一的人权目标。国际人权监督不得不针对不同国家采取双重标准或多重标准，逐渐推进人权保护目标之实现。

第一，联合国条约机构人权实施标准的多重化。条约机构在督促核心国际人权条约缔约国履行义务时，鼓励它们推行答复议题清单的简化报告程序，即在定期报告提交前，条约机构为特定缔约国量身拟定一个个性化的议题清单，议题清单中包括了该缔约国的主要人权问题，该国对议题清单的答复便作为其定期报告，而不像原来那样依据全球统一的报告准则起草统一的缔约国报告。实质上，九大核心国际人权条约“是欧美国家忽视发展中国家、最不发达国家和灾害冲突国家国情，违背制度移植和文化嬗变的循序渐进规律，强势推动国际人权标准迅速普及的结果”。[1] 将核心国际人权条约统一实施，正如年轻力壮的运动员、普通老百姓、奄奄一息的病人、精神失常的疯子、白发苍苍的老人和蹒跚学步的小孩站在同一起跑线上，遵从同样的规则进行比赛，其不公正性和不合理性不证自明。上述答复议题清单报告程序实际上将缔约国报告多元化和个性化了，在严酷的现实面前，在不否定统一国际人权标准的大前提下，条约机构不得不对不同类型的缔约国采取不同的实施标准，依据不同国情设定不同层次的实施标准，让不同类型的缔约国从互不相同的起跑线开始逐步向统一的人权标准靠近。有学者特别强调，报告制度应“回归其本质，着重提高发展中国家的能力，并提供必要的物质和技术支持，从而创造一个激励人权公约缔约国实施和报告的有利环

[1] 尹生：《核心国际人权条约缔约国报告制度：困境与出路》，载《中国法学》2015年第3期。

境”。[1] 迄今，禁止酷刑委员会、人权事务委员会、保护所有移徙工人及其家庭成员权利委员会和残疾人权利委员会都已采用简化报告程序，联合国人权高专办和条约机构都在大力推进该程序的普及，相信人权条约实施标准多元化将是全球层面人权监督的主要趋势之一。

第二，欧洲理事会人权实施标准的双重化。冷战结束后，以坚守民主、法治和人权著称的欧洲理事会史无前例地放松了自己的原则和立场，锐意调整自己的加入政策以使中东欧国家尽快加入其阵营。不过，诸如阿尔巴尼亚、克罗地亚、乌克兰、俄罗斯联邦、格鲁吉亚、亚美尼亚等中东欧国家的人权和法治状况不如人意，它们为加入欧洲理事会勉为其难地批准了《欧洲人权公约》，但公约的实施却成了难题。面对与日俱增的来自中东欧国家的申诉案件，欧洲人权法院不得不采用双重人权标准，这样才不至于降低老成员国的人权标准，或在中东欧执行不切实际的人权标准。欧洲理事会人权实施标准双重化的典型例证之一，是其对希腊和土耳其类似人权侵犯的不同处理。因严重、系统地侵犯人权，希腊自 1970 年被逐出欧洲理事会，结果希腊军政府迫于强大的内外压力被民主政府所取代（1974 年），这时欧洲理事会才恢复了希腊的成员资格。土耳其军政府也犯下了与希腊军政府类似的严重人权侵犯，但欧洲理事会没有将其逐出，而是达成了友好解决，土耳其军政府得到了宝贵的修正机会和技术协助，欧洲理事会帮助土耳其政府一步步民主化，最后终于建立了符合欧洲理事会标准的人权监督制度，接受了欧洲人权法院的管辖权和个人申诉程序。其实，欧洲理事会人权实施标准的双重化与欧洲的统一人权标准并不矛盾。欧洲理事会的终极目标是在各成员国实现公约中规定的所有人权，只是各国的起点不同，人权保护的步骤、路径和方法不一而已。

---

〔1〕 吴晓晖：《论联合国人权条约监督机制改革的若干理论和实践问题》，载《武大国际法评论》第十四卷第一期，武汉大学出版社 2011 年版。

第三章　核心国际人权条约缔约国报告制度的发展趋势

起源于国际联盟时期的缔约国报告制度（下文简称“报告制度”），是核心国际人权条约中普遍规定的、唯一强制性的监督程序。核心国际人权条约体系[1]是联合国人权框架的基石，其实施监督包括缔约国报告制度、国家间指控制度、个人申诉制度、调查访问制度、[2]委员会工作评估机制、合法利益人紧急请求查找失踪者机制、就系统性强迫失踪行为向联大紧急报告机制[3]等。由于种种原因，后几种监督制度要么只被个别人权条约规定（参见附录“核心国际人权条约监督机制一览表”），要么只被少数国家接受，要么可被国家保留，要么很少启用。只有缔约国报告制度已经发展为监督国际人权条约实施、保障国家履行尊重和保护人权义务最普遍的、经常性的重要手段，同时也是国际人权条约缔约国必须履行的义务。通过缔约国起草提交报告、条约监督机构（下文简称“条约机构”或“委员会”）审议报告和发表意见或建议，缔约国和条约机构之间架起了一种建设性的对话关系。缔约国对本国实施相关人权条约的情况和国内人权状况进行定期的、全面的总结与反思，条约机构专家基于自己对人权条约的专业理解和对全球缔约国履约实践的全面了解与报告国展开建设性对话，引导缔约国发现并修改其不符合人权条约的立法和实践，促进缔约国正确履行人权条约规定的义务。条约机构通过审议缔约国报告和发表意见或建议，已经形成了内容

〔1〕参见联合国官网 http：//www.ohchr.org/EN/ProfessionalInterest/Pages/CoreInstruments.aspx，访问时间：2016 年 7 月 6 日。

〔2〕参见 1984 年《禁止酷刑和其他残忍、不人道或有辱人格的待遇或处罚公约》（CAT）第 20 条，1999 年《消除对妇女一切形式歧视公约任择议定书》第 8 条和第 10 条。

〔3〕张爱宁：《国际人权保护实施监督机制的新动向》，载《法学》2010 年第 1 期。参见 2006 年《保护所有人免受强迫失踪国际公约》第 27 条、第 30 条、第 34 条。

十分丰富的“国际人权法理学”，成为国际社会进一步理解国际人权标准、切实履行国际人权义务的重要理论依据，也反映了国际人权法发展的新动向。

然而，随着核心国际人权条约（下文简称“人权条约”或“核心条约”）、条约机构和缔约国数目的逐步增加，缔约国报告和条约机构审议的义务越来越繁重，其专业技术要求也越来越高，报告拖延和待审积压现象严重，报告质量低，致使缔约国报告制度困难重重，有时甚至到了举步维艰、难以为继的地步。20 世纪 80 年代至今，人权高专办等联合国机构、非政府组织和许多国际法学者一再呼吁对缔约国报告制度在内的人权条约机制进行必要的改革。改革论争持久而激烈，从“核心文件”进入报告制度（1991 年）到《协调准则》的通过（2006 年），从“单一报告模式”被拒（2003 年）到“统一常设条约机构”方案搁浅（2006 年），21 世纪缔约国报告制度发生了许多微妙的变化。特别是 2006 年以来，联合国人权理事会展开了对联合国会员国履行人权义务和承诺情况的普遍定期审议，该举措又一次将缔约国报告制度推上了风口浪尖。普遍定期审议实际上涵盖了核心国际人权条约中规定的所有义务，普遍定期审议会取代低效的缔约国报告制度吗？缔约国报告制度如此低效，但为何还在新的国际人权条约中不断复制？缔约国报告制度的未来命运如何？这些都是值得探讨的理论和实践问题，与国际人权条约的实施和各国人权实践密切相连。

迄今，在联合国和欧美国家的大力推动下，九项核心国际人权条约中的七项已接近普遍批准。[1] 联合国对缔约国报告制度十分重视，不仅专门邀请国际社会知名人权学者对缔约国报告制度的改革问题进行研究，不断召集提高条约机构体系实效的研讨会，倡导改革，而且对各国相关政府机关工作人员进行培训，以期提高缔约国报告制度的实效。与此同时，缔约国报告制度也成为不少国家人权研究机构研究的重要课

---

〔1〕 截至 2015 年 4 月 11 日，九项核心国际人权条约中有七项的缔约国都在 150 个以上，《儿童权利公约》缔约国更是高达 194 个。唯独两项近期出台的核心国际人权条约，一项是挑战当今国际社会的头号难题——南北差距的《保护所有移徙工人及其家庭成员权利国际公约》，仅有 47 个缔约国，另一项是希望把国家权力怪兽装入法治盒子的《保护所有人免受强迫失踪国际公约》，仅有 51 个缔约国。

题，然而国外基本上没有对缔约国报告制度的发展趋势和中国践行缔约国报告制度的实践进行专题研究。我国学术界对国际人权条约实施监督制度的研究较多，但多属于一般性介绍或综合性研究，对缔约国报告制度进行专题研究尚不多见，仅有的研究局限于2005年以前《公民权利和政治权利国际公约》的缔约国报告制度。[1] 鉴于核心国际人权条约缔约国报告制度的全球性、普遍性、强制性和代表性，[2] 本章将对其历史由来、低效困境、新近改革和未来发展趋势等一一进行分析和探讨。

第一节　核心国际人权条约缔约国报告制度概述

一、核心国际人权条约缔约国报告制度的由来

第二次世界大战使人类遭受了史无前例的浩劫，德意日法西斯惨绝人寰的暴行震撼了人类的良知，使人们深深认识到人权和基本自由保护之重要。在二战的废墟上，人类构建了以维持国际和平与安全为主要宗旨的联合国，出台了以1948年《世界人权宣言》为首的系列人权保护文件，人权保护问题大规模进入国际法领域，国际人权法应运而生。其中，最核心、最基础的就是被誉为“国际人权宪章”的三大文件。除《世界人权宣言》外，还包括1966年《公民权利和政治权利国际公约》以及1966年《经济、社会和文化权利国际公约》，其次便是九大核心国际人权条约（参见表3-1），再次便是其他人权保护文件。

〔1〕迄今国内有关缔约国报告制度的专著仅有一本，即彭锡华：《缔约国报告制度——人权事务委员会的理论与实践》，吉林人民出版社2005年版。

〔2〕1965年，《消除一切形式种族歧视国际公约》率先构建了缔约国报告制度。其后，联合国所有核心国际人权条约都规定了缔约国报告制度。联合国系统之外，国际劳工组织、非洲联盟也有缔约国报告制度。由于联合国核心国际人权条约缔约国报告制度全面覆盖所有人权保护领域，加上其全球性、普遍性和强制性，核心国际人权条约缔约国报告制度具有得天独厚的代表性，限于篇幅，本书主要探讨核心国际人权条约缔约国报告制度。

表3-1　核心国际人权条约基本信息表（截至2016年1月19日）[1]

条约名称及其英文简称	条约通过日期及生效日期	缔约国数目	条约机构名称及其英文简称
《消除一切形式种族歧视国际公约》（ICERD）	1965年12月21日/1969年1月4日	177	消除种族歧视委员会（CERD）
《公民权利和政治权利国际公约》（ICCPR）	1966年12月16日/1976年3月23日	168	人权事务委员会（CCPR）
《经济、社会和文化权利国际公约》（ICESCR）	1966年12月16日/1976年1月3日	164	经济、社会和文化权利委员会（CESCR）
《消除对妇女一切形式歧视国际公约》（CEDAW）	1979年12月18日/1981年9月3日	189	消除对妇女歧视委员会（CEDAW）
《禁止酷刑和其他残忍、不人道或有辱人格的待遇或处罚公约》（CAT）	1984年12月10日/1987年6月26日	158	禁止酷刑委员会（CAT）
《儿童权利公约》[2]（CRC）	1989年11月20日/1990年9月2日	196	儿童权利委员会（CRC）
《保护所有移徙工人及其家庭成员权利国际公约》（ICMW）	1990年12月18日/2003年7月1日	48	保护所有移徙工人及其家庭成员权利委员会（CMW）
《残疾人权利公约》（CRPD）	2006年12月13日/2008年5月3日	161	残疾人权利委员会（CRPD）
《保护所有人免受强迫失踪国际公约》（CPED）	2006年12月20日/2010年12月23日	51	强迫失踪问题委员会（CED）

〔1〕本表由作者收集联合国官网信息翻译、整理和汇总而成。

〔2〕《儿童权利公约》有两项任择议定书：其一，2000年5月25日通过、2002年2月12日生效的《儿童权利公约关于儿童卷入武装冲突问题的任择议定书》（CRC-OPAC）。截至2016年1月19日，该议定书有162个缔约国；其二，2000年5月25日通过、2002年1月18日生效的《儿童权利公约关于买卖儿童、儿童卖淫和儿童色情制品问题的任择议定书》（CRC-OPSC）。截至2016年1月19日，该议定书有171个缔约国。中国分别于2008年2月19日和2002年12月3日向上述两项议定书交存了批准书，成为其缔约国。

人权条约的独特性决定了其实施特别需要国际监督。一方面，人权条约中权利义务配置具有不对称性，即国家和国民之间不存在相互权利义务关系，而表现为国家履行人权义务，国民享受人权的单一状态，传统国际法实施机制的相互原则在这里发挥不了作用，缔约国之间的相互制衡在很大程度上并不能保证人权条约的实施；〔1〕另一方面，国家统治者的两个目标——使统治者的租金最大化与促进经济社会发展是相互冲突的，而自利的普通公民难以组成集体行动来反对政治家和官僚对其所作的掠夺。〔2〕在资源稀缺的世界里实现人权，必须要有第三方的结构性平衡以遏制国家统治者的自利性，同时弥补普通公民因自利性和分散性形成的弱势。鉴于人权条约的独特性，九大核心国际人权条约都规定了大同小异的实施监督机制，主要包括：缔约国报告制度、国家间指控制度、个人申诉制度、调查程序等。为具体实施各项监督制度，每一项人权条约都设立了一个条约机构（参见表3－1），条约机构专家由缔约国推荐选举产生。

缔约国报告制度是九大核心国际人权条约唯一普遍采用的强制性监督机制。在核心国际人权条约规定的基础上，经过半个多世纪的实践发展，缔约国报告制度的内容日渐丰富、实效不断增强，如今其流程大致如下：首先，核心国际人权条约缔约国依据条约规定在国内起草初次或定期履约报告，报告应当陈述该缔约国为实施核心国际人权条约和保护该条约所确认的权利而采取的措施、取得的进展、遇到的问题和困难。其次，缔约国将报告提交给监督特定人权条约的条约机构供其审议。自消除种族歧视委员会1972年通过有关该委员会程序规则的一项修正案以来，〔3〕条约机构和缔约国之间建立起一种建设性的对话关系，条约机构审议国别报告时，鼓励相应国家的政府代表出席。此外，人权事务委员会1992年开始在审议缔约国报告的基础上进行国别评论（即发表

〔1〕孙世彦：《国际人权条约的形式分析》，载《现代法学》2001年第1期，第94页。

〔2〕［美］曼瑟尔·奥尔森：《集体行动的逻辑》，陈郁、郭宇峰、李崇新译，格致出版社·上海三联书店·上海人民出版社2011年版。

〔3〕K. J. Partsch, "The Committee on the Elimination of Racial Discrimination", in P. Alston ed., *United Nations and Human Rights*, p. 357.

国别“结论性意见”或“结论性建议”)，这一实践很快被其他条约机构所效仿，发表国别评论成为一种普遍的审议实践。同时，各条约机构根据多年审议报告和处理个人来文的经验，对核心国际人权条约的实施做出“一般性意见或一般性建议”（下文简称“一般性意见/建议”），提出对条约条款的解释和对履行公约义务的要求，这也成为各条约机构的通行实践。此后，为具体落实条约机构发表的意见或建议，条约机构又在实践中发展出后续行动程序，要求缔约国具体落实条约机构的意见或建议，下一次报告将以此前后续行动程序的实施情况为起点，此举大大增加了条约机构审议缔约国报告的时效。除九大核心国际人权条约外，《儿童权利公约》的两项议定书也规定了缔约国向儿童权利委员会提交报告供审议的义务。截至 2016 年 1 月 19 日，由于上述两个任择议定书共有 333 个批准文书，导致儿童权利委员会审议报告的工作量大大增加。

二、低效缔约国报告制度的盛行

自诞生以来，缔约国报告制度一直深陷低效困境，此点深受理论界和实务界的批评。报告制度的低效在两个方面表现得特别明显：

第一，报告迟延提交和报告积压待审情况相当严重。表 3－2 的数据显示，截至 2011 年 5 月 3 日，各条约初次报告逾期率在 1.5%－50% 之间，定期报告逾期率在 10%－44% 之间，总逾期率在 27.5%－60% 之间，总逾期率最高为《保护所有移徙工人及其家庭成员权利国际公约》60%，最低为《儿童权利公约》27.5%。截至 2016 年 1 月 19 日，各条约初次报告逾期率在 1%－41% 之间，最低逾期率是《儿童权利公约》1%，最高逾期率是《儿童权利公约关于买卖儿童、儿童卖淫和儿童色情制品问题的任择议定书》41%。各条约定期报告逾期率在 0%－47% 之间，其中《残疾人权利公约》逾期率最低 0%，《消除一切形式种族歧视国际公约》逾期率最高 47%。各条约报告的总逾期率在 27.5%－60% 之间，最低的是《儿童权利公约》23%，比例最高的是

《消除一切形式种族歧视国际公约》56%。[1] 对比分析五年前和现在的报告逾期率，可见缔约国初次报告逾期率从五年前的 1.5% –50% 降至现在的1% –41%，总逾期率从 27.5% –60% 降至 23% –56%，定期报告逾期率从五年前的 10% –44% 变为现在的 0% –47%。总体而言，经过条约机构和联合国多方举措，缔约国报告逾期现象虽然略有好转，但仍然是一种普遍现象，而且各条约报告逾期情况十分不均衡，有的逾期率很高，有的很低甚至为零。对比各条约报告逾期情况，可以发现《残疾人权利公约》和《儿童权利公约》的报告逾期情况明显偏轻，值得其他条约缔约国学习。此外，表 3 –2 右边三列数据表明，各条约机构待审的缔约国报告从 9 份到 52 份不等，条约机构审议待审报告需要的星期数从 4 周到 21 周不等，而条约机构 2012 年会议时间核定分配数为 2 周至 12 周不等，足见 2012 年绝大部分条约机构的核定会议时间连审议过去积压的报告都不够，更不用说审议新收到的报告。其中，问题最严重的是儿童权利委员会，主要是由于《儿童权利公约》的两项任择议定书也规定了缔约国向儿童权利委员会提交报告供审议的义务。截至 2016 年 1 月 19 日，2000 年《儿童权利公约关于儿童卷入武装冲突问题的任择议定书》（CRC – OPAC）有 162 个缔约国，2000 年《儿童权利公约关于买卖儿童、儿童卖淫和儿童色情制品问题的任择议定书》（CRC – OPSC）有 171 个缔约国。如前所述，上述两个任择议定书共有 333 个批准文书，导致儿童权利委员会审议报告的工作量大大增加，其工作时间缺口最大。实际上，联合国早就注意到条约机构待审报告积压和审议会议时间不足等问题，但由于联合国预算有限，加上其他更紧迫的资源需求竞争，条约机构的会议时间一直未能得到大幅度提高。缔约国提交报告后，一般都要排队一两年才得以审议。缔约国报告迟延提交和积压待审问题长期、普遍存在，导致条约机构的审议难以发挥及时的评估、监督和引导功能。鉴于人权条约具有其他条约不同的特性，即人权条约中权利义务的配置具有不对称性，其他条约实施机制中缔约国之

---

〔1〕 参见附录八“各条约逾期报告统计表（截至 2016 年 1 月 19 日）”。资料源于联合国文件：Reporting Compliance by States Parties to the Treaty Bodies: Timely, Late and Non – reporting by States Parties to the Human Rights Treaty Bodies, HRI/MC/2016/2。

间权利义务的相互制衡在人权条约的实施中基本不存在，如果人权条约唯一普遍适用的缔约国报告监督机制因报告迟延、审议迟延等原因落空，人权条约义务的履行也很容易落空。

表3－2 报告逾期提交和报告积压待审情况表（截至2011年5月3日）[1]

	初次报告逾期数量和比例	定期报告逾期数量和比例	待审报告数量	审议积压报告所需星期数[2]	2012年度条约机构会议时间核定分配数[3]（星期）
CAT	30（20%）	28（18%）	28	11	7
ICCPR	30（18%）	61（40%）	23	9	6
ICERD	14（8%）	78（44%）	15	6	7
CEDAW	15（8%）	38（20%）	44	18	12
ICESCR	38（23%）	45（28%）	43	17	8
ICMW	22（50%）	4（10%）	9	4	3
CRC	3（1.5%）	51（26%）	52	21	12
CRC－OPAC	51（36%）	0	20	8	
CRC－OPSC	72（50%）	0	19	8	
CRPD	41（42%）	0	10	4	2
总计	316	305	263	106	57

[1]《保护所有人免受强迫失踪国际公约》因生效不久未被纳入，本表数据源于以下两份联合国文件：①Requirements and Implications of the Ongoing Growth of the Treaty Body System on the Periodic Reporting Procedures, Documentation and Meeting Time, Informal Technical Consultation for States Parties to International Human Rights Treaties, Sion, Switzerland, 12－13 May 2011, pp. 4－9. http://www2.ohchr.org/english/bodies/HRTD/hrtd_process.htm, last visit on May 16 2012；②《进一步提高条约机构体系的成效并进一步加以统一和改革的措施》，A/66/344，2011年9月7日，第10页。

[2] 根据实践，条约机构一般每5个工作日（即一个星期）审议2.5份报告。

[3] 不包括用于个人来文的时间。

第二，缔约国报告制度监督核心条约义务履行的实际效果不佳。鉴于人权条约缔约国在履行条约义务和践行报告制度方面有许多相同点，我们采用一叶知秋的方法予以分析。以2010年底至2012年中禁止酷刑委员会第45届至第48届会议的审议工作为例，禁止酷刑委员会审议了30个国家提交的缔约国报告并一一做出了结论性意见。其中，21份结论性意见都直指“酷刑”定义这一根本性问题，有些缔约国国内法中根本没有“酷刑”定义，有些缔约国国内法中的“酷刑”定义与《禁止酷刑和其他残忍、不人道或有辱人格的待遇或处罚公约》中的规定不相符。特别是，委员会在对7个国家的结论性意见中反复重申先前的建议，敦促该国制定符合公约规定的酷刑定义。也就是说，就酷刑定义问题而言，有23%的结论性建议未能被缔约国执行。特别是古巴，早在1997年，委员会针对它的结论性意见中就指出了“酷刑”定义不符并建议修正，事隔15年，委员会还在重申先前的建议！15年前条约机构的合理建议到现在还未被采纳和落实，实在令人扼腕![1] 事实表明，条约机构结论性意见在国内的实施仍然是缔约国报告制度的薄弱环节。[2] 为解决结论性意见被缔约国视为一纸空文，并束之高阁这一严重问题，各条约机构纷纷采用了后续行动程序，结论性意见的落实问题稍有缓解但并未得到根本解决。比如说，禁止酷刑委员会在审议完每一份缔约国报告的结论性意见中，不仅具体提出希望缔约国采取的立法、行政和司法措施，而且要求缔约国在一年内开展后续行动程序并报告。按照委员会的要求，2012年6月1日前，有109个缔约国必须提交后续行动报告。不过，委员会只收到了74份后续行动报告，占所有应该报告的缔约国的

---

〔1〕 7个国家是：科威特、白俄罗斯、波斯尼亚和黑塞哥维那、厄瓜多尔、斯里兰卡、巴拉圭、古巴。参见联合国文件：A/66/44，A/67/44。

〔2〕 See Report of the Inter – Committee Meeting working group on follow – up to concluding observations, decisions on individual complaints and inquiries, 4 May 2011, HRI/ICM/2011/3HRI/MC/2011/2, para. 11 and 21.

68%，还有超过30%的缔约国尚未提交后续行动报告。[1] 更何况，提交后续行动报告并不等于真正落实了条约机构的结论性意见。为此，条约机构引入了双重评级方法评估后续行动程序的实效，希望通过这一评估将那些提交了后续行动报告但实际上没有执行结论性意见的缔约国和在一定程度上执行了结论性意见的缔约国区分开来。未提交后续行动报告的缔约国对结论性意见的实施完全脱离了条约机构的监督，相当部分国家事实上根本没有采取行动。缔约国不配合后续行动程序的原因复杂多样，有待进一步查明并对症下药，后续行动程序正在进一步完善中。

低效缔约国报告制度盛行于核心国际人权条约。报告制度的低效早已为国际社会所诟病，但奇怪的是，这一制度不但没有萎缩，反而在新通过的核心国际人权条约诸如1990年《保护所有移徙工人及其家庭成员权利国际公约》、2006年《残疾人权利公约》和2006年《保护所有人免受强迫失踪国际公约》中复制和蔓延。只有缔约国报告制度普遍、强制适用于所有核心国际人权条约，其他监督制度，诸如国家间指控制度、个人申诉制度和调查程序等都没有普遍适用，而且大部分都是任择性的（参见表3－3）。

此外，国际劳工组织的所有公约也采用报告制度监督公约的实施。不同的是，此种撰写报告和提交审议的义务并不局限于缔约国，非缔约国同样需要提交报告供审议。在报告中，非缔约国要特别说明其尚未批准或加入特定条约的具体原因，以及如何创造条件参加该条约和计划参加该条约的时间表。联合国教科文组织也采用缔约国报告制度监督实施其设立的与教育有关的国际标准，如1962年《取缔教育歧视公约》等。全球性人权条约之外，区域人权条约的实施监督机制中，也不乏缔约国报告制度的身影，如《欧洲社会宪章》《欧洲地区和少数者语言宪章》《欧洲保护国内少数者框架公约》《非洲人权及民族权宪章》以及美洲《圣萨尔瓦多议定书》等。

---

〔1〕 它们是：布隆迪、柬埔寨、印度尼西亚、爱尔兰、贝宁、保加利亚、喀麦隆、乍得、厄瓜多尔、萨尔瓦多、埃塞俄比亚、芬兰、加纳、洪都拉斯、卢森堡、毛里求斯、刚果民主共和国、南非、摩纳哥、蒙古、尼加拉瓜、秘鲁、乌干达、摩尔多瓦共和国、约旦、科威特、斯洛文尼亚、塔吉克斯坦、多哥、土库曼斯坦、哥斯达黎加、也门和赞比亚。参见联合国文件：A/67/44中禁止酷刑委员会第47、48届会议的报告第四部分。

低效的缔约国报告制度尽管低效，却盛行于全球和区域性人权监督机制中，其受到国际社会广泛、持久青睐的原因值得深思。

表3-3 核心国际人权条约监督机制一览表[1]

条约名称	缔约国报告制度	国家间指控制度	个人申诉制度	调查程序	其他程序
《消除一切形式种族歧视国际公约》	强制性	强制性	任择性	无	早期预警紧急程序
《公民权利和政治权利国际公约》及第一任择议定书	强制性	任择性	任择性	无	无
《经济、社会和文化权利国际公约》	强制性	任择性	任择强制性	任择性	无
《消除对妇女一切形式歧视国际公约》和第一任择议定书	强制性	无	任择性	强制性（可以选择不接受）	无
《禁止酷刑和其他残忍、不人道或有辱人格的待遇或处罚公约》	强制性	任择性	任择性	强制性（可以选择不接受）	预防性监所访问制度
《儿童权利公约》	强制性	无	无	无	无
《保护所有移徙工人及其家庭成员权利国际公约》	强制性	任择性	任择性	无	无
《残疾人权利公约》	强制性	无	任择强制性	任择性	无

〔1〕本表由作者收集相关信息，整理并汇总而成。资料主要来源于联合国人权高专办网站 www.ohchr.org，访问时间：2013年12月14日。

续表

条约名称	缔约国报告制度	国家间指控制度	个人申诉制度	调查程序	其他程序
《保护所有人免受强迫失踪国际公约》	强制性	任择性	任择性	可以不接受某一调查	早期预警紧急程序等[1]

三、低效缔约国报告制度盛行的原因

古典经济学者认为，制度一般是按照社会效率来设计的，效率越高的制度越容易被采用和盛行。但诺贝尔奖得主诺思（Douglas C. North）在对历史上和现实中的大量制度进行深入研究后，得出了十分惊人的相反论断，即不论是过去还是现在，人们设计和选用制度时，制度的社会效率往往不是最重要的考察点。每一制度之所以盛行，往往有其他更深层次的原因。[2] 不过，所有制度都产生和运作于特定历史背景和社会现实中，以下将主要从政治学、经济学、法学、行为学等方面全方位解构低效缔约国报告制度产生和盛行的原因。

（一）缔约国报告制度的生成机制背离经济原则

国际法的碎片化痼疾决定了缔约国报告制度的低效。缔约国报告制度规定在核心国际人权条约中，是国际条约的一部分，而国际条约是国际法的主要渊源之一，国际法的特点势必会烙印于其组成部分——缔约国报告制度身上。国际法生成于纷繁复杂的国际社会，国际社会的结构特点直接决定了国际法的特点。近现代以来，总体而言，国际社会是一个主权林立的平权社会，由于没有统一的、居高临下的国际立法机关，

[1] 此外，张爱宁教授认为：《公约》第27条规定了委员会工作评估机制，第30条规定了合法利益人紧急请求查找失踪者机制，第34条规定了就系统性强迫失踪行为向联大紧急报告机制，第43条规定了鼓励发挥作为非政府组织的红十字国际委员会的监督职能。参见张爱宁：《国际人权保护实施监督机制的新动向》，载《法学》2010年第1期。

[2] [美] 阿维纳什·K. 迪克西特：《经济政策的制定：交易成本政治学的视角》，中国人民大学出版社2004年版，第17页。

缺乏统一的、强制性的国际执法和司法机关，[1] 导致国际法法出多门，同一领域、同一事项往往存在诸多大同小异的国际条约，国际法的碎片化特征[2]十分明显。缔约国报告制度就是国际法碎片化的典型代表，无论是实体权利和义务，还是程序性的权利和义务，九大核心国际人权条约的规定都有很多交叉重叠的地方，其中规定的缔约国报告制度也基本相同。缔约国每批准或加入一项国际人权条约，就得向特定的条约机关提交报告供其审议。由于各人权条约内容的交叉重叠和各条约机构职能的类似，无论是缔约国撰写报告，还是条约机构审议，都存在大量交叉、重复的劳动，不仅增加了人权条约解释和实施方面的分歧和麻烦，而且导致大量人力、物力和资源的浪费。本章前面部分曾论及报告积压待审情况严重和条约机构审议时间严重缺乏问题，但联合国对此长期熟视无睹，从未为条约机构配备足够的审议会议时间、秘书服务和相应的经费支持，[3] 除其他原因外，估计也与缔约国报告制度的低效有关。九大核心国际人权条约和其中的缔约国报告制度产生的背景和经历，的确很难找到其缔造者追求和遵循经济原则的踪影。平权的国际社会结构直接决定了国际法产生的方式，也决定了国际条约的碎片化特征和对经济原则的背离，而且这种“特征”和“背离”还将一直持续，因为联合国国际法委员会认为国际法的碎片化将因国际法主体和国际事务的多元化而继续存在。

除缔约国报告制度的碎片化外，缔约国报告制度的弱制裁性也决定了其不可能高效。古祖雪教授指出，碎片化和弱制裁性是国际法固有的结构性缺陷，它们在全球化背景下日益凸显，成为影响国际法适用效力

---

〔1〕 国际上存在一些执法和司法机关，诸如国际刑警组织、国际法院、国际刑事法院等，但这些机关基本上都是基于主权国家的同意，没有真正的强制管辖权和自主决断力。

〔2〕 国际法的碎片化主要是指：在贸易、投资、环境、人权、海洋等国际法部门或分支，出现了各种专门的和相对自治的规则或规则复合体、法律机构以及法律实践领域。由于没有统一的立法、执法和司法机关，国际上事先也没有统一的立法规划，导致上述各种规则或规则体系之间冲突频繁、实践各异。See Report of the Study Group of the International Law Commission, Fragmentation of International Law: Difficulties Arising from the Diversification and Expansion of International Law, available at http://daccessdds. un. org/doc/UNDOC/LTD/G06/634/39/PDF/G0663439. pdf? OpenElement, last visit on May 12, 2011.

〔3〕 2011 年，各条约机构至少需要 47 周会议时间审议积压待审的报告，还需要 14 人为其提供足够的会议支持。参见联合国文件：A/66/344 第 15 段。

的严重问题。[1] 国际法产生和适用于平权的国际社会，其没有高高在上的执法机关和司法机关，国际法的实施也主要依靠主权国家自觉遵守和相互监督。作为国际法的一部分，缔约国报告制度的实施没有任何外在的强制性法律约束机制，主要依靠缔约国的自主自觉和国际、国内社会的道义与舆情监督，以及条约机构专家的专业水准和职业道德。条约机构无权命令缔约国准时提交缔约国报告和提交高质量的符合其标准的报告，无权命令缔约国必须派出高级别的既有专业经验、又有很强执行力的代表团参与建设性对话，也无权命令缔约国必须采取哪些立法、行政和司法措施以实施人权条约的规定，更无权因缔约国疏于或拒绝履行缔约国报告义务而对其施以法律制裁。条约机构所能做的，除了提出温和的"意见"或"建议"，就是重申委员会先前的意见或建议；除了建设性对话，就是"遗憾地"注意到某些不符合人权条约的现象，"敦促""促请""吁请"或"提请"缔约国采取某项或某些措施。随着国际人权标准的不断普及和缔约国报告制度实践的不断发展，迄今条约机构能做的最冒犯主权国家的行为也莫过于无报告审议。而事实上，无报告审议除审议的依据有所不同外，其结论性意见同样没有法律约束力和强制执行力，其在国内贯彻落实仍然依靠缔约国的自主自愿，虽然可以通过联合国或其他缔约国对其施加一定程度的政治压力或道义压力。何志鹏教授指出，"迄今为止，很多国际法规范仍然没有在更大程度上摆脱通过舆论谴责和道义压力来替代法律责任的状况。报告的审议恰恰就是这种情况。委员会……会对很多问题表示'关注''遗憾'，提出'建议'或者'敦促'，但是问题是否能就此解决，仍然只能依赖于缔约国的道德感"。鉴于缔约国报告制度的弱制裁性痼疾，为使其更经济、更有效率，一方面，外在舆情压力和道义谴责机制应予增强，另一方面，更为重要的是，缔约国践行报告制度的内在意愿应该大力激发。

（二）利益集团对制度的设计和选择轻视制度的实效

核心国际人权条约不仅列举和阐明了人作为人应该享有的基本权利和自由，而且配套规定了不少督促缔约国履行条约义务的实施机制，九

---

〔1〕 古祖雪：《现代国际法的多样化、碎片化和有序化》，载《法学研究》2007 年第 1 期。

大核心国际人权条约都理所当然地设计或选择缔约国报告制度作为一种强制性的、全面的长效监督机制。此种制度的设计和选择，从其目的来看，是为芸芸众生、普罗大众服务的，因为其致力于保护和促进全人类所有人权和基本自由的、没有任何歧视的普遍实现，这与二战后的反战思潮和人权思潮自然契合。但从报告制度的实效来看，报告制度长期低效却为广大缔约国所接受、所认同，这对普罗大众的人权和利益是不利的。深究其原因，会发现缔约国报告制度的设计权和选择权不在权利享有者的绝大多数普通百姓手中，而在国家统治者或管理者手中，他们只是普通大众中比较小的一部分，是普通民众精英之汇集，因为其实际上掌握或行使着国家权力，他们的所思、所想以及利益都与普通大众有很大的区别，却决定着普通大众最密切相关的人权和基本自由实现与保护的制度设计和选择。世界各国派遣政府代表参与缔结核心国际人权条约的谈判，他们往往是政府或议会要员，或是条约或人权方面的专家，代表派遣国的所有民众（包括他们自己）的主张、利益和要求，发表自己的看法。在与其他国家代表博弈的过程中，代表团努力将自己的利益和观点反映到谈判的条约文本中，其中包括他们对条约监督机制的设计和选择。从人权条约谈判的模式和机理可以看出，普通大众的利益和呼声处于十分不利的依附地位，他们的利益和观点很容易成为国家利益和精英利益的牺牲品。国家代表团之间谈判缔结国际条约，其深层次考虑得更多的是国际格局、文化侵蚀、意识形态和国家利益之间的博弈，而往往不是怎样让普罗大众依据人权条约享有的人权落到实处。虽然条约产生法律拘束力还需要世界各国通过国内程序批准，但批准的主体也往往是议会或政府部门，普通大众鲜有参与，更没有决策力和主导力。无怪乎，制度研究的集大成者诺思说："制度并不一定是，甚至经常不是按社会效率来设计的，相反，它们（至少正规规则）是为了服务于那些具有创造新规则谈判能力的利益集团而创造的。"〔1〕在制度的设计和选择的博弈中，小利益集团往往处于主导或有利的地位，它们在很大程度上决定着制度的选择与发展方向。虽然国际社会和国际组织的决策正

---

〔1〕［美］阿维纳什·K. 迪克西特：《经济政策的制定：交易成本政治学的视角》，中国人民大学出版社2004年版，第17页。

在走向法治化和民主化，条约的缔结和实施也允许更大程度的民众参与，但毕竟参与的途径有限，而且对参与者的素质要求很高，加上语言障碍等因素，民众的利益和观点能直接反映到国际法和国际机制中的十分有限。

当然，不同的国家利益集团在缔约国报告制度的设计和选择上存在尖锐的矛盾和冲突。“欧洲人来自金星，美国人来自火星”，罗伯特·卡根这一人性化的比喻形象地道出了欧盟与美国在对待人权问题上的巨大差异。与美国滥用武力在全球推行人权和民主外交的风格不同，欧盟的人权外交却以平等协商的条约条款方式出现。20 世纪 80 年代末以来，“人权条款”在欧盟对外关系中大行其道，尊重人权原则成为欧盟与其他国家发展双边关系和双边合作的基石。尽管风格各异，但欧美大多数国家无论是治国理念还是社会观念，都长期、内在地接受了人权理念。在欧洲、美洲，其人权文化底蕴相当深厚，历时已久的区域性人权法院和强制性个人申诉机制运作良好。反映在政治、外交和法律上，欧美国家和联合国人权事务高级专员办事处（下文简称“人权高专办”）极力推动人权国际标准的普遍建立，希望设立强有力的约束机制，诸如国际人权法院、强制性的个人申诉和调查访问制度等，但人权文化基础薄弱的广大发展中国家无法接受西方文化和价值观的即刻复制以及对自己传统文化的无情否定，再说，不同文化和制度的成功移植都必须遵循其循序渐进的自然规律。所以，广大发展中国家竭力强调人权文化土壤培植的长期性和重要性，坚决要求选择主权让渡较小的相对温和的监督机制。东西方博弈和妥协的结果是：系列核心国际人权条约出台，条约监督机制相继建立，但基本上都是温和建议性的、任择性的。最利于保护普通大众人权的监督机制由于主权国家利益博弈和文化复制规律制约，却难以出台。在欧美国家和联合国人权高专的强势推动下，以核心国际人权条约为载体的国际人权标准迅速普及，其大部分内容已经得到国际社会的广泛接受。与此不协调的是，包括缔约国报告制度在内的条约监督机制乏力，人权条约的实施成为当今国际人权保护面临的最大难题。当然，核心国际人权条约“实施状况不佳不能一味指责报告制度本身，国际社会忽视发展中国家、最不发达国家和灾害冲突国家国情，违背事物发展规律强势推动人权国际标准普及是报告制度实效欠佳的最主要原因”。[1]

(三) 国际政治、经济和文化结构决定了低效的报告制度更易受青睐

历史唯物主义认为，法律只是对事实的公认。[2] “权利绝不能超出社会的经济结构以及由经济结构制约的社会的文化发展。”[3] 也就是说，不同的政治、经济和文化结构直接决定不同法律制度的产生和存在，有什么样的国际政治、经济和文化结构，就会有什么样的国际法律制度。国际政治、经济和文化结构的变化必然导致法律制度的变化，而法律制度的变化反过来又在一定程度上影响国际政治、经济和文化结构的发展。结合具体实例来分析，我们会发现上述论断的正确性。以区域一体化程度全球领先的欧洲为例，其政治、经济和文化结构高度一体化，与之相适应，欧洲早就建立了强制性的国家报告程序、[4] 国家间指控程序[5]和个人申诉程序。[6] 特别值得褒奖的是，其 1959 年成立的欧洲人权法院运作得相当成功，法院经由个人申诉程序作出的个人申诉裁决具有法律约束力。欧洲政治、经济和文化结构的高度一体化与其人权监督机制的强制性相辅相成、相得益彰。在区域一体化程度仅次于欧洲的美洲，1979 年也建立了人权法院，同样可以作出有法律拘束力的判决。可见，区域一体化程度高低直接决定着其采用强制性人权监督机制的数量和质量。尽管步履蹒跚，非洲正在向一体化迈进，它也建立了自己的人权法院，可以作出有法律拘束力的判决。亚洲基本上没有人权文化传统，其区域一体化程度也相对较低，与之对应的是亚洲人权保

---

〔1〕 尹生：《核心国际人权条约缔约国报告制度：困境与出路》，载《中国法学》2015 年第 3 期。

〔2〕 [德] 马克思、恩格斯：《马克思恩格斯选集》第 1 卷，人民出版社 1995 年版，第 131 – 134 页。

〔3〕 [德] 马克思、恩格斯：《马克思恩格斯选集》第 3 卷，人民出版社 1995 年版，第 305 页。

〔4〕 欧洲理事会的《欧洲社会宪章》《欧洲保护国内少数者框架公约》《欧洲地区和少数者语言宪章》中，有国家报告程序。

〔5〕 欧洲理事会的《欧洲人权公约》和欧洲安全与合作组织的人的维度中，均有国家间指控程序。

〔6〕 欧洲理事会的《欧洲人权公约》中规定了个人申诉程序。在全球所有个人申诉程序中，《欧洲人权公约》的这一程序是最有成效的。

护机制的缺失。从全球层面来看，整个国际社会政治格局从二战后的两极格局过渡到现在的一超多强，国家政治实力极不均衡。各种国际政治力量不断分化和重组，整个国际格局呈现出瞬息万变和扑朔迷离之势。经济方面，来势凶猛的经济全球化无法掩盖持续扩大的、巨大的南北经济鸿沟。文化方面，国际社会更是遭遇了前所未有的宗教和文化冲突，恐怖主义甚嚣尘上，伊斯兰国横空出世。美国学者塞缪尔·亨廷顿《文明的冲突》一书[1]早就预言21世纪国际社会最严重的冲突便是文明的冲突，强烈呼吁重构当今的国际秩序。总之，二战后的国际政治、经济和文化秩序极不平衡，在这种国际土壤里自然也无法生成强有力的国际人权监督机制。事实表明，全球性的人权监督机制大多停留于“任择”和“无法律拘束力”层面，报告制度虽然是强制性的机制，但其产出也完全停留在“意见”或“建议”层面，完全没有强制实施的机制和能力。

在残酷尖锐的国际斗争中，在欧美发达国家主导的国际政治、经济和文化秩序中，发展中国家处于十分不利的竞争地位。很多发展中国家在政治上取得了独立，在经济上却不得不依附大国、强国，在文化上更是面临全盘西化的危险。如果一个国家丧失其文化传统的独特性，那么则更难屹立于世界民族之林。如果古老的、独具特色的东方文明被西方人权文化所颠覆、所代替，广大发展中国家在整个国际格局中将进一步沦为文化殖民地和精神上的附庸。所以，众多发展中国家与欧美国家进行了艰难的博弈，力图在追求国家利益和个人人权之间保持基本的平衡。实践表明，在主权与人权的合作共赢及矛盾斗争中，各国“对国家价值的坚持依然是多么顽强”。[2] 在这样的国际政治、经济和文化背景下，缔约国报告制度有其独特的优势和高度的契合性。这种基本上没有强制执行力的人权条约监督机制才有可能在广大没有人权文化底蕴的国家和地区实施，才能为处于政治、经济和文化上弱势的、疑虑重重的中小国家所接受。缔约国报告制度没有“牙齿”的温和建议性质正好与

---

〔1〕［美］塞缪尔·亨廷顿：《文明的冲突》，周琪译，新华出版社2013年版。

〔2〕［美］路易斯·亨金：《国际法：政治与价值》，张乃根等译，中国政法大学出版社2005年版，第302－305页。

高度差异的国际政治、经济和文化格局相契合，在尊重和保护人权的大前提下避免因人权问题导致直接的政治对抗，既有利于维护国家利益，又有利于维护条约机构的权威。国际实践表明，这种温和建议式的监督机制在国际层面受到越来越多的青睐，典型如2006年建立的联合国人权理事会主导的普遍定期审议与缔约国报告制度有不少共同特征：一是普遍定期审议也是一种建立在主权国家自我批评和自我完善基础之上的制度，审议基础之一是国家自行起草和提交的人权报告；二是普遍定期审议的结果只具有建议性质而不具备法律上的约束力；三是审议过程中也强调审议机构和被审议国之间的平等对话。[1]

毋庸置疑的是，随着国际政治、经济和文化结构中全球化因素的增多，随着国际人权保护的逐步推进，缔约国报告制度在温和的专家建议性质之上，又增加了几分“内刚”和“尖锐”。白桂梅教授2005年就高屋建瓴地指出：“委员会审议报告一直坚持以建设性对话为基础的原则。但是，通过多年的实践，已经发展成具有批判性、评价性的工作。”[2] 比如，条约机构在实践中发展出无报告审议，对于促进拒绝或严重迟延提交报告的缔约国履行报告义务效果不错；又如，尽管仍然没有强制性，后续行动程序的设立和加强在相当程度上督促了缔约国具体落实条约机构针对它提出的结论性意见/建议；再如，《消除对妇女一切形式歧视国际公约任择议定书》《禁止酷刑和其他残忍、不人道或有辱人格的待遇或处罚公约》都规定了强制但可选择退出的调查程序，2008年底通过的《经济、社会和文化权利国际公约任择议定书》规定了任择强制性的个人申诉制度，《保护所有人免受强迫失踪国际公约》也规定了不少新的具有更强执行力的制度，[3] 国际人权条约实施监督机制正在不断强化。不过，上述“内刚”和“尖锐”都是以尊重国家主权意志为前提，以不断温和提醒与反复规劝为特点，从未超出条约机构的“建议”或“意见”，以及条约机构和缔约国之间平等的“建设性对话”范畴，不存在真正的强制。经过半个多世纪的实践，缔约国报告制度的

〔1〕 江国青：《普遍定期审议：联合国人权监督机制的新发展》，载《人权》2008年第4期。

〔2〕 李步云：《人权法学》，高等教育出版社2005年版，第365页。

〔3〕 张爱宁：《国际人权保护实施监督机制的新动向》，载《法学》2010年第1期。

专家建议性质仍未改变，只是稍稍增加了外部舆情压力和道义鞭策，同时也不断优化了条约机构的行政管理和事务安排，其目的都是督促缔约国履行国际人权条约义务和改善国内人权状况。迄今为止的实践表明，“条约监督机制的本质并不是一个超越国家主权、履行国际司法职能的国际机构，而是一种缔约国政府和由独立专家组成的委员会进行建设性对话的机制。条约机制的改革如果离开这一本质，片面追求加强条约机制的准司法性和权威性，就会偏离正确方向，在国际实践中难免陷于困境”。[1] 当然，随着全球政治、经济和文化一体化程度的加深，国际社会发展到欧洲、美洲一体化那种程度，在全球层面建立可以做出有法律拘束力的裁决的人权法院和个人申诉程序也是顺理成章的事情。不过，与全球一体化趋势背道而驰的是，各主权国家对自身利益的偏执和文化多样性的自然规律。基于此，笔者对全球一体化进程表示担忧，国际政治、经济和文化结构的不平衡性和巨大差异性还将长期存在，缔约国报告制度等国际人权监督机制的温和建议性质在可预见的将来势必难以改变。

（四）制度演进中的路径依赖有利于低效制度的不断复制

任何制度演进都是基于路径依赖的，这种路径依赖往往和经济原则、实效原则不一致，导致现实社会中的许多制度往往只能达到“局部最优”，而不可能“整体最优”。一项特殊的制度或系统一旦被建立起来，就趋于自我维持，主要原因是：人类每次建立一项新的制度或系统，都需要付出大量的人力、物力、时间和心智成本，制度或系统建立起来后，又得花费大量的时间、精力、物力去经营、维护和完善，由此又发展出基于该项制度或系统的复杂的运作规则体系和社会关系网络。而且这一制度或系统存续的时间越长，上述运作规则体系就越细致和复杂，其社会关系网络也就越发紧密和稳固，凝聚其中的人力、物力、时间和心智成本也就越高。以低效的缔约国报告制度为例，且不说为在九大核心国际人权条约中设计或引入缔约国报告制度时谈判各国相互之间的尖锐矛盾和争锋较量，也不说条约机构在资源和经验匮乏的情形下破

〔1〕 吴晓晖：《论联合国人权条约监督机制改革的若干理论和实践问题》，载《武大国际法评论》第十四卷第一期，武汉大学出版社2011年版，第110页。

茧出壳、举步维艰，更不说条约机构因低效长期饱受诟病、巧妇难为无米之炊的痛苦纠结，单看条约机构经过半个多世纪实践沉淀积累而成的国际人权法理学，数以千计的结论性意见/建议，数以百计的一般性意见/建议，堆积如山的个人申诉案件的裁决，还有越来越成熟、越来越细致的缔约国报告指南和条约机构议事规则等。如果九大核心国际人权条约都弃低效的缔约国报告制度不用，五十多年国际社会和人权专家的智慧与经验积累就会付之东流，国际社会还得重新投入大量的人力、物力、时间和心智成本创制或引入新的人权监督机制，重新摸索、适应、调整、积累和优化。如果不是新制度特别优于旧制度，上述举动的确很不明智，让人难以接受。更何况，缔约国报告制度低效很大程度上不是制度设计的问题，也不是条约机构专家的过错，而是核心国际人权条约设定时不切实际的国际人权标准的过错，还有报告制度自身专家建议性质的局限所致。

当然，万事万物无时无刻不在变动之中，外在的冲击、内在的矛盾决定了制度演化的过程除了路径依赖还充满了创新 。国际社会对报告制度低效的诟病、人权理事会普遍定期审议的开展和条约机构内部资源紧张等因素迫使条约机构不断地改革和创新，报告制度事实上走上了统一和加强的进程。不过，这些创新都是既定制度框架内的创新，在国际政治、经济和文化格局没有质的改变的情况下，缔约国报告制度暂时不可能革命性地突破路径依赖所容许的最大范畴。作为人类行为的规范者和利益的协调者，人类的制度体系是人类集体思考和行动的结果，其完善也是一个试错过程，在这一复杂持久的过程中，人类心理起着极其重要的作用。生存环境和生活在此间的人类的认知差异导致了世界各地不同的文化和制度体系，我们惊奇于各地人们不同的思维和行为模式是如何与不同制度的生成和演化相互影响和相互依赖。“老规则是好规则”的格言很受人欢迎，因为大家都已熟悉老规则的内容和流程，都已接受老规则的权威和约束力，而且都已建立起与老规则相适应的思维模式、行为模式和利益格局。人们对老规则广泛存在的准自动化服从降低了协调成本，顺理成章地人们对老规则存在着路径依赖，低效的缔约国报告制度在既定情形下很难被新规则所取代。目前，有限的人类认知尚未设计出比报告制度更好的职能相同的新制度，即便有，新的国际人权监督机制要获得国际社会的普遍接受也不容易，因为广大缔约国为了最大限度地利用报告制度，经过多年的实践摸索和经验积累，已使自己适应了基于报告制度衍生的复杂的互动关系。如果改用新制度，缔约国又得重新学习、摸索、调整和适应，又得付出很多人力、物力、时间和心智成本，从而谋求其国家利益在最大限度上得以实现。概言之，在制度生成和演化中存在的路径依赖规律，很大程度上解答了缔约国报告制度何以低效却还能不断复制和扩张的原因。继续沿用老制度，一方面可以大大降低制度变迁和制度维护的成本，另一方面也可以保持制度的延续性和稳定性，给人们一种稳定的预期。历史表明，脱离政治、经济和文化基础，不符合规律的、大起大落的制度变迁既不利于制度的稳定和实效，也不利于经济、社会和文化的发展。

第二节　缔约国报告制度的新近改革

新现实主义范式中的霸权稳定论认为：“相互利益”“共同决策”与“权力”一起构成霸权体系以及维持该体系的国际法律制度的合法性来源。〔1〕反思主义路径的建构主义国际机制理论认为：“认同”或“规则内化”是国际机制合法性的来源或基本表现形式。〔2〕前者“共同决策”与法学中的“程序合法”类似，后者“规则内化”与“实质正义”相通。也就是说，国际法律制度是否合法有效，主要取决于两大要素：一是经由国际法主体协议；二是为国际社会内在接受。对于前者，作为国际法主要法律渊源的条约、国际习惯和一般法律原则，无一能够绕开主权国家的明示或默示同意。而后者，却是国际法逐步摆脱国际社会弱肉强食的丛林规则后的新追求，与国际社会追求“民主”“法治”“人权”的历史潮流相契合。具体表现为，现当代以来，国际法和政府间国际组织普遍遭受了合法性危机，国际社会许多有识之士强烈批评国际法立法和实施中、国际组织决策和运作中公众参与和透明度的严重缺

---

〔1〕［美］罗伯特·吉尔平：《全球政治经济学：解读国际经济秩序》，杨宇光、杨炯译，上海人民出版社2003年版，第105页。

〔2〕Jeffrey T. Checkel, “Why Comply? Social Learning and European Identity Change”, *International Organization*, 3 (2001), pp. 557–559.

乏，并质疑其合理性和合法性。在此大背景下，消除民主赤字成为国际组织和国际法运作中的核心议题，缔约国报告制度也走上了民主化与透明化的改革之路，许多非政府组织和利益攸关方越来越多地参与报告制度，报告制度越来越人本化，其实效也得以逐步加强。

一、非政府组织对条约机构信息不对称的平衡

根据核心国际人权条约的规定，条约机构得以设立并有权审议缔约国按期提交的履约报告。如果审议仅仅在条约机构和缔约国之间进行，没有其他主体的参与，那么，条约机构很容易被缔约国牵着鼻子走。因为，条约机构除了接收报告和基于报告所提供的信息进行审议外，并无权主动核实报告中信息的真伪，也没有时间、精力和授权去调查并补充相关信息。如果缔约国撰写报告是基于国内人权状况全面、真实的评估，条约机构审议的质量就会较高，缔约国报告制度的监督和引导功能也会得到很好的发挥。但如果缔约国拒绝提交报告、拖延提交报告、报告内容不全、报告报喜不报忧甚至弄虚作假，条约机构的审议就只有形式意义，其督促缔约国履行人权义务、提高国内人权保护水平的初衷便会付之东流。也就是说，条约机构职能是否得以实现，直接取决于其所获得的有关缔约国履行条约义务信息的数量和质量。加上条约机构只是世界各国人权专家间歇性地短暂聚合，其审议会议时间和资源严重不足，条约机构和缔约国之间存在着严重的信息不对称。

缔约国报告制度建立之初，条约机构和缔约国之间的确进行着“闭门造车”的“高端”游戏，非政府组织、民间社会等利益攸关方基本上没什么参与。不过，这种运行模式的弊端很快被发现。与国际法和国际组织民主化浪潮相契合，人权高专和条约机构不断鼓励缔约国以外的利益攸关方提供相关信息，以改变条约机构单一信息来源之困局。虽然核心国际人权条约初创缔约国报告制度时，并没有明确提及非政府组织和其他非国家实体的参与问题，但经由多年实践，非政府组织等利益攸关方事实上被鼓励参与包括报告的起草和编制、条约机构的审议以及后续行动在内的报告制度全程，如今一些非政府组织向条约机构提供信息

和资料已成为普遍惯例。[1] 鉴于非政府组织信息来源途径的独特性和民间性，其所提供的信息和缔约国报告中的信息可以相互验证和补充，有时还可以揭开缔约国不愿向外公开的侵权“黑幕”甚至弥天大谎，条约机构和缔约国之间信息不对称的缺陷也在一定程度上得以平衡。特别是，如果没有非政府组织等第三方提供信息，缔约国提交的报告在内容方面将毫无竞争压力，其报告内容安排的随意性和弄虚作假的可能性也会更大。有西方学者指出，“非政府组织已经成为一支不可忽视的监督国际人权法实施的第三方力量。一种被广泛接受的观点是，没有非政府组织，联合国的人权机制将不能发挥作用”。[2] 这一观点的前半句道出了一种事实，即非政府组织对联合国人权监督机制的更多参与，以及这种参与对国际人权法的实施带来了助推力，但后半句却有些言过其实，完全否定了人权条约缔约国保护人权和诚实履约的积极性与主动性。事实上，许多人权文化底蕴深厚的国家即便没有国际人权条约也在积极保护人权，世界上大部分国家基本都愿意诚实履行国际义务，只是缔约国报告制度建立之初，不少国家不知道如何撰写缔约国报告，以及需要向条约机构提供哪些数据和信息。随着条约机构和缔约国践行报告制度实践经验和教训的增多，相关制度和规则得以逐步完善，缔约国履行报告义务才更有章可循。

不过，如果没有非政府组织等利益攸关方参与，缔约国履行核心条约义务的诚意和质量是否会大打折扣呢？答案是肯定的，没有监督的权力导致绝对的腐败，特别是人权条约中权利义务配置具有不对称性，即国家和国民之间不存在相互权利义务关系，而表现为国家履行人权义务、国民享受人权的单一状态，传统国际法实施机制的相互原则在这里发挥不了作用，缔约国之间的相互制衡在很大程度上并不能保证人权条约的实效性。为此，非政府组织等利益攸关方对报告制度的参与就显得至关重要。为方便广大的第三方参与报告程序，联合国人权高专将与缔约国报告制度有关的所有资讯全部、及时地发布在其网站上，迄今已形

---

〔1〕 彭锡华：《非政府组织对国际人权的保护》，载《法学》2006年第6期。

〔2〕 Rachel Brett, *Role of NGOs – An Overview*, *International Human Rights Monitoring Mechanisms*, Leiden: Martinus Nijhoff Publishers, 2001, p. 845.

成了内容十分丰富和完整的资料库，方便世界各地每个人随时查询、研究、评论和参与。条约机构现在还尝试着网络直播其与缔约国的建设性对话，缔约国报告制度义无反顾地走上了公开化、民主化和透明化的道路。报告制度的信息公开和信息多元化有助于激发国家自尊。建构主义者认为，国家的集体自尊是国家利益的重要组成部分，每个国家都需要良好的自我感觉，都需要国际社会对它的认同和尊重，都需要一定的国际社会地位。鉴于此，每个国家都很在乎自己国际形象的维护，都希望树立善意履行国际义务的好形象。如果报告程序仅仅在单一缔约国和条约机构之间进行，缔约国集体自尊的激励将十分有限，缔约国表现不佳，也仅仅在条约机构审议专家和行政人员心目中留下不好的印象而已。但联合国人权高专将报告程序的所有环节和资讯公之于众之后，缔约国和条约机构的行为被置于整个国际社会和广大公众的监督之下，最大限度地激发了缔约国的自尊意识，激励缔约国尽可能善意地履行人权条约义务。

当然，国际社会应该辩证看待非政府组织等利益攸关方的作用。非政府组织毕竟是民间组织，其权能相比国家十分渺小，其涉猎领域相比国家狭窄得多，其信息来源途径也十分有限，导致其所收集的信息往往是零散的、不全面的，能够揭示典型事实让条约机构一叶知秋，但也容易出现类似盲人摸象的错误结论。所以，非政府组织等利益攸关方所提供的信息往往只有辅助性或补充性的佐证作用，唯独在无报告审议时，非政府组织的影子报告[1]才成为条约机构审议的主要依据。条约机构要秉承、坚持自己的专业性和中立性，对非政府组织等利益攸关方提供的信息也要多加核实和验证，同样不能偏听偏信和被误导。只有这样，条约机构的权威性才能得以保证和延续，核心国际人权条约才能得到更好的、普遍的实施。

二、条约机构的改革、统一和加强进程

自诞生以来，条约机构就面临审议内容交叉重叠和审议功能大同小

---

〔1〕 2011年，第11次委员会间会议建议将"影子报告"改称"替代报告"（alternative reports）。

异的结构性弊端，条约机构无权修正核心国际人权条约，也无权改变条约机构的审议职能和性质，它们能做的、一直在做的，是对条约机构工作方式的简化、协调和统一，是对报告准则的一再细化和优化，是不改变缔约国报告制度专家建议性质的细微改革和边际调整。经过多年改革和调整，人权条约和条约机构固有的结构性弊端在一定程度上得以缓解，报告制度的实效稳步提升。

（一）激发缔约国报告意愿方面〔1〕

随着核心国际人权条约及其缔约国的增多，缔约国的报告义务越来越繁重，缔约国迟延提交报告的现象也越来越普遍。针对上述问题，为激发缔约国报告的意愿，条约机构采取了系列措施加以应对：一是接受合并报告，即在一份报告中合并提交几份报告，以解决迟延提交报告这一遗留问题。二是发送提醒函，即条约机构每年拟定逾期未提交报告的缔约国名单，并向报告逾期的缔约国发送提醒函。禁止酷刑委员会专门指定了两名成员，与逾期未交报告的缔约国代表保持联系。经济、社会和文化权利委员会采用“三部曲”方法，若委员会发送三封提醒函后缔约国仍不提交报告，委员会将根据其可以获取的所有信息对其进行无报告审议并作出初步结论。三是启动无报告审议，即在缔约国拒绝提交报告或长期迟延提交报告并屡劝不改的情况下，委员会将审议其可以获取的有关该国的一切资料，如该国提交给联合国系统的一切资料、联合国系统编写的一切资料、非政府组织等其他来源提供的资料等。〔2〕也就是说，即使没有缔约国提交的报告，也没有缔约国派代表团参加建设性对话，条约机构也能进行缺席审议。不过，无报告审议这种极端情形极少出现，〔3〕因为大多数缔约国都与条约机构保持着良好的合作关系，缔约国顽劣对抗条约机构的情况很少，再说条约机构积压的审议工作任

〔1〕 See Report on the Working Methods of the Human Rights Treaty Bodies Relating to the State Party Reporting Process, Inter – Committee Meeting of the human rights treaty bodies, Twelfth meeting, Geneva, 27 – 29 June 2011, HRI/ICM/2011/4, pp. 23 – 24.

〔2〕 See A/65/18, General Assembly, Report of the Committee on the Elimination of Racial Discrimination, 2010, para. 60.

〔3〕 如消除对妇女歧视委员会2009年1月于其第43次会议上就对某个国家进行了无报告但有代表团出席的审议。

务很重，不可能有时间和精力经常进行无报告审议。但是，无报告审议作为一种制度性威慑，对于督促缔约国按时提交履约报告十分有力。四是推广答复议题清单的简化报告程序，即条约机构事先拟定一个议题清单交给缔约国，该国对议题清单的答复便作为该国的定期报告，缔约国无需再按报告准则撰写定期报告。这一任择性报告程序是禁止酷刑委员会 2007 年首创的，如今不仅在该委员会的审议实践中普遍适用，还有被大幅推广到各条约机构实践的趋势。联合国人权高专秘书处专门汇编了关于简化报告程序的说明（HRI/MC/2014/4），详细介绍已经采用简化报告程序的条约机构的现行做法，积极倡导简化报告程序的统一和推广。该程序既可以帮助缔约国及时提交重点更突出的定期报告，又可以便利条约机构产出重点更突出的结论性意见，有助于报告制度的实效提升。

（二）统一条约机构和报告程序方面

各种人权是互相依赖、不可分割的有机整体，但核心国际人权条约、条约机构及其相应的报告程序却将人权进行了人为的分割，由此导致许多国际人权条约解释和适用方面的矛盾、冲突和分歧，也导致了大量人力、物力等资源的重叠需求与浪费。人权的内在统一性和国际社会对低效报告制度的诟病形成内外两种压力机制，强力驱动条约机构和报告制度迈出统一步伐。2003 年，人权高专和条约机构推出了单一报告方案，即缔约国不再分别就其参加的每项人权条约单独提交报告，而只需向条约机构定期提交一份总的报告；2006 年，人权高专和条约机构又推出了统一常设条约机构方案，即将现有的和拟建的所有人权条约机构整合为单一的、常设的条约机构，其中的专家也由兼职改为全职。遗憾的是，这种大刀阔斧型的改革相继流产，主要原因如下：其一，缔约国报告制度为各人权条约所设，如果做出合并或统一这种大的改革或调整，势必需要修正九大核心国际人权条约的相关条款，其程序复杂，难度很大。但若由人权高专或条约机构擅自做出调整，又有超越职权、无视国家主权之嫌疑，各缔约国也不可能允许此种事情发生，即使发生了，缔约国也绝不会接受或配合。当代国际关系和国际法核心的基本原则仍然是国家主权平等原则，国际社会之上并没有任何高高在上的权威。其二，如果采用单一报告或统一条约机构，特定群体或特定权利的特殊保护很容易边缘化。事实表明，这些特定群体往往是弱势群体，其权利特别容易受侵害，不加特别保护无法实现其人权。特定权利的特殊保护也是现实之必需，非经特别保护不足以实现。

激进的改革方案相继搁浅，但条约机构和报告制度的统一势头不可遏止。2006年6月，为减轻缔约国报告负担和条约机构的审议负担，《包括共同核心文件和条约专要文件准则在内的根据国际人权条约提交报告的协调准则》（下文简称“协调准则”）得以通过。[1] 该准则为各个核心国际人权条约缔约国提交报告拟定了统一规则，要求每一缔约国撰写一份共同核心文件，提交给其负有报告义务的所有条约机构，其中概述缔约国的政治、经济、社会和文化等宏观情况。缔约国每次向特定条约机构提交特定人权条约的履约报告时，无需重新编写共同核心文件，只需对其中老旧数据和资讯加以更新即可。共同核心文件之外，缔约国向特定条约机构提交的履约报告称为条约专要文件，其中详细报告缔约国为履行特定人权条约义务所采取的立法、行政和司法措施，以及其所取得的相关成就和遇到的困难与障碍等。无论共同核心文件还是条约专要文件，缔约国都需按照条约机构出台的共同核心文件和条约专要文件准则编制。该准则有利于缔约国报告格式和内容的精简、统一，推动缔约国报告的数据化和标准化。鉴于共同核心文件的归并功能，缔约国撰写报告的负担稍许减轻，但报告的质量要求却在上升，缔约国根据协调准则编写报告需要大量的事实和数据信息，这对缔约国发放和收集相关细分数据提出了很高的要求。《协调准则》付诸实践后，缔约国报告的交叉重叠程度和资源耗费有所降低，但各人权条约的概念冲突情况严重，对缔约国按新模式提交报告造成困难和障碍，需要条约机构充分发挥其统一的人权法理学功能方能解决，这是经济全球化和法律全球化的内在要求，也是解决各层次、各类型人权机制运作冲突的燃眉之急。鉴于此，条约机构在不少领域迈开了统一步伐，尽可能地增强条约机构工作和报告程序的协调性和统一性。如各条约机构联合安排建设性对话

---

〔1〕 参见联合国文件：HRI/MC/2006/3（2006年5月10日）、HRI/MC/2006/3/Corr. 1（2006年7月11日）。请注意，此报告准则不适用于缔约国按照《儿童权利公约》两项议定书编写的初次报告。

时间，尽量在同一期间审议某一国家的各项缔约国报告，既可节约条约机构和缔约国代表团的时间，又可提高建设性对话的质量，还可增加各条约机构人权法理学的统一性。此外，各条约机构联合起草一般性意见/建议，联合草拟结论性意见/建议，联合采取后续行动，这些举措既可以提高条约机构的工作效率，又可以增强人权条约解释的一致性，缔约国报告制度的体制性弊端在一定程度上得以克服，其实效也势必得以加强。

（三）增强人权条约机构体系实效方面

2009 年，联合国人权高专办启动了加强人权条约机构的进程，许多国家积极响应，提出了不少建议。中国政府赞赏和积极支持这一进程，但是强调条约机构体系的加强必须建立在与众多缔约国平等对话和协商的基础上。中国还对条约机构在实践工作中有不断寻求扩大其职能的倾向表示忧虑，并对个别条约机构成员背离独立性和公正性原则滥用职权表示愤慨，强烈建议为条约机构成员制定行为守则。在不断摸索和改革实践中，人权高专办和条约机构形成了天然的盟友关系，共同完成了许多被认为不可能完成的任务，人权条约机构体系史无前例的成功得以加强。2011 年，联合国秘书长提出了《关于进一步提高人权条约机构体系的成效并进一步加以统一和改革的措施的报告》,[1] 联合国人权高级专员也提出了《关于加强联合国人权条约机构体系的报告》，该报告包含不少针对不同利益攸关方的具体建议。[2] 2014 年 4 月 9 日，联合国大会通过题为“加强和增进人权条约机构体系有效运作”的第 68/268 号决议,[3] 着重指出各国有义务履行根据国际人权条约承担的各项责任，重申缔约国全面、有效实施国际人权条约对联合国促进普遍尊重和遵守人权与基本自由的努力意义重大，人权条约机构体系有效运作对国际人权条约的全面、有效实施必不可少。确认各个条约机构通过审议缔约国报告并向其提出建议或意见等，“都可为增进和保护人权和基本自由发挥重要、宝贵、独特的作用”。

---

〔1〕 参见联合国文件：A/66/344 和 A/HRC/19/28。

〔2〕 参见联合国文件：A/66/860。

〔3〕 参见联合国文件：A/RES/68/268。

联大第68/268号决议重申条约机构独立性的重要性，以及条约机构成员的独立性和公正性对其履行职责的重要性，重申条约机构专家必须具有崇高道德地位、公认的能力和经验并以个人身份任职这一要求，建议缔约国考虑建立和完善提名条约机构专家候选人的国家政策或程序，并鼓励缔约国继续向条约机构努力提名专家候选人，要求联合国人权高专汇编有关条约机构成员组成的情况说明，介绍条约机构专家的地域分配、性别比例、专业背景、不同法系以及任期等情况。2012年6月25日至29日，人权条约机构主席第二十四次年度会议通过了《人权条约机构成员独立性和公正性准则》，因该会议在亚的斯亚贝巴举行，该准则也称《亚的斯亚贝巴准则》，该准则为条约机构体系的独立性和公正性提供了法律上和制度上的保证，特别是问责制的确立，为条约机构的正常运作增加了外在威慑和惩戒机制。

为持续提高人权条约机构体系的工作效率，联合国特别强调提升缔约国履行条约义务能力的重要性，并持续努力为缔约国提供咨询服务、技术援助和能力建设支持，但上述服务和支持是在与相关缔约国协商并征得其同意的情况下进行的。具体办法包括：按需在人权高专的区域办事处设置专门的人权能力建设干事；经由与区域人权机制合作向国际人权条约缔约国提供报告程序方面的技术援助；建立向条约机构报告的来自各地域的，反映性别、专业和法系平衡的专家名册；通过为缔约国提供关于报告准则的特别培训，直接增强其履行报告义务的能力；分享和推动缔约国最佳做法的普及。

会议资源严重不足一直是制约条约机构有效运作的瓶颈之一。随着联合国系统对条约机构加强进程的高度关注，条约机构长期被忽视的资源需求应该会有新的转机。联大第68/268号决议吁请联合国秘书长提供足够的财政和人力资源，同时确立了为条约机构分配会议时间的方式，即以2009－2012年间各条约机构收到的缔约国报告的年平均数为标准，按条约机构每星期审查2.5份缔约国报告或5份个人申诉材料来计算每一条约机构所需星期数。为应对人权条约缔约国数目逐年增加的趋势，各条约机构所需星期数还需每两年审查一次，逐步增加以防止再度出现积压现象，如2015－2017年间所需星期数暂定增长率为15%。

为让联大、人权高专和条约机构等关于加强条约机构实效的决议落到实处，联合国秘书长每两年向大会提交一份综合报告，具体说明人权条约机构体系的现状，特别是其在精简工作方法和提高工作效益方面取得的进展，其为增强缔约国践行报告制度的能力所做的努力和获得的成果，其中要求提供一系列数据资料，包括核心国际人权条约缔约国新增数目、各条约机构收到和审查的报告数、迟延提交的报告数、待审报告数、审议时间缺口等。联大第 68/268 号决议也规定了审查机制，要求在“不迟于本决议通过之日起六年内审议人权条约机构体系的状况”，评估其所采取措施的有效性，确保措施的可持续性，并酌情采取进一步措施，其目的都是加强和增进人权条约机构体系的有效运作。

当然，人权条约机构体系实效的增强是一个系统工程，联合国和条约机构的多方举措共同推动条约机构的有效运作，共同促进报告制度实效的增强。如条约机构一直致力于简化和协调报告程序，主要包括：简化报告程序；统一与缔约国的建设性对话方法；为结论性意见统一格式；通过简短、集中和具体的结论性意见等。条约机构工作方法和议事规则的不断优化，与上述因素一起合力提升缔约国报告制度的实效。

第三节 缔约国报告制度的未来发展趋势

随着联合国人权理事会建章立制工作的完成，联合国人权监督机制改革成为其人权事务改革的重点目标。[1]人权条约机构和缔约国报告制度由此迎来了改革和发展的春天。

一、缔约国报告制度势必继续遵循循序渐进的发展规律

制度性质很大程度上决定着制度的发展前景。马克思认为，利于人的全面发展是人类社会追求的终极目标之一。随着人类社会的进步和发展，越是有利于人的全面发展的制度越容易受青睐，越容易被选择。[2]报告制度致力于督促缔约国履行其人权条约义务，保护和促进基本人权

〔1〕 邱桂荣：《联合国人权领域改革及其影响》，载《现代国际关系》2007 年第 7 期。

〔2〕 ［德］马克思、恩格斯：《马克思恩格斯全集》第 4 卷，人民出版社 1958 年版，第 491 页。

和自由，致力于人的全面发展，当然会受到普世大众的青睐和欢迎，其在实施中也会得到广大民众的支持和配合，制度实施成本和社会运行成本大大降低。缔约国报告制度的人本性质，决定了其具有光明的发展前景。

威廉姆森的制度理论说明深层次制度改革的长期性。英国学者奥利弗·E. 威廉姆森对制度研究作出了重要贡献，特别是其提出的制度层次理论为所有制度研究者提供了很有价值的分析范式。总体上，威廉姆森将制度划分为四个层次，各层次制度演变的周期又各有不同（详见表3－4）。从下表可以看出，越深层次的制度，其变化所需的时间周期越长，其演变的难度越大，而越浅层次的制度，其变化所需的时间周期越短，变化的难度也越小。浅层次制度往往只是深层次制度的外化，与深层次制度矛盾冲突的浅层次制度很难顺利实施，因为它会遭遇很多看不见的障碍和阻力，诸如非正式制度、习俗、传统、道德、宗教、语言和认知等，而上述这些第一层次制度是在长期社会实践中形成的，往往需要经历千百年才有可能发生质的改变。比如1979年国际社会通过了《消除对妇女一切形式歧视国际公约》，在国际层面构建了正式的保护妇女人权的制度，这应该属于威廉姆森制度理论中界定的第二层次制度，但许多伊斯兰教国家基于其宗教和文化习俗对该公约提出了很多保留，甚至直接将伊斯兰教教义置于公约效力之上，这一实例生动地说明了社会文化基础对正式制度运行顺利与否的决定性作用，第二层次制度除了顺应第一层次制度，暂无他法。

表3－4　威廉姆森制度层次理论简表

制度层次	制度类型	演变周期	备注
第一层次	嵌入制度，也即社会和文化的基础	至少1000年	包括非正式制度、习俗、传统、道德和社会规范、宗教以及语言和认知的一些方面
第二层次	构成基本制度环境的正式制度	大约在10年至100年之间	

续表

制度层次	制度类型	演变周期	备注
第三层次	执行和监管制度	1年至10年	
第四层次	短期资源分配制度	随时可变化	经济的日常运行

缔约国报告制度的浅层次改革具有渐进性。缔约国报告制度规定在九大核心国际人权条约及其任择议定书中，属于威廉姆森第二层次的正式制度，但条约机构的工作方式和流程、缔约国报告准则等属于第三层次的执行和监管制度，条约机构会期、经费的分配和使用属于第四层次制度。从条约机构和报告制度多年改革的实践来看，其试图挑战第二层次制度权威的大步伐改革，如单一报告方案、单一常设条约机构方案等相继搁浅。没有主权国家的同意，国际人权条约中的正式制度难以轻易修正，浅层次的制度改革无法逾越深层次制度为其设置的边界和限制。条约机构和报告制度迄今为止成功的改革都是细枝末节的边际调整，属于威廉姆森制度层次中第三、第四层次的改革，只要没有突破缔约国在核心国际人权条约中为其设置的底线，这种改革就有可能成功，事实也证明如此。第一、第二层次制度为第三、第四层次制度改革设立的边界和底线，决定了第三、第四层次制度改革的局限性和渐进性，否则不可能为缔约国接受和配合，注定只能以失败告终。条约机构不是高居主权国家之上的领导机构，报告制度也只是条约机构和缔约国之间的平等协商与善意规劝，毫无任何强制性可言，其良好运作都离不开主权国家的支持与配合。社会制度往往会顺从惯性，它们通常会按相当稳定的路径缓慢演变，人权高专办和条约机构的任何擅自妄为都只能招致自损权威和自取其辱。

在有关《构想文件》的集思广益会议中，有看法认为："应侧重短期实际措施，因为这不需要任何法律行动（指修改条约——笔者注）。"其他代表认为："现今制度结构和体制上的精简从长远看有其益处，应该在留意长远计划的同时（如建立统一常设条约机构——笔者注）执行短期实际措施。"[1]条约机构近些年所能成功推行的也是为数众多的小步伐改革，主要集中于统一缔约国报告的格式和内容、简化条约机构工作方法和提高缔约国报告制度的实效等，这种水滴石穿的技术改革路径既符合事物发展的一般规律，也势必不断增加缔约国报告制度的影响力和贡献率。2009年11月19日，来自8个条约机构（强迫失踪问题委员会除外）的36位现任或前任专家联署发表了著名的《都柏林声明》。该声明特别指出：改革应是一个持续的过程而不是一个单独的事件，改革应是条约机构体系的常态，借此条约机构和其他利益攸关方可以不断适应瞬息万变的国际环境。改革能在多层面同时进行，如国内、国家间、条约机构内部和整个机制内。[2] 足见具有丰富人权理论知识和条约机构实践经验的人权专家们也深信条约机构和报告制度的改革是一项系统工程，不可能一蹴而就，只能小碎步地循序渐进地推进。

二、缔约国报告制度在各种人权制度博弈中得以加强

在人类历史的长河中，形成了千千万万的社会制度，这些制度有的昙花一现，有的寿终正寝，有的经久不衰。在社会制度的生成和演化中，除特定社会的政治、经济和文化因素外，制度间的博弈也是一个重要方面。制度博弈中适者生存，有效率的制度来自竞争。在当今国际社会特定的政治、经济和文化格局中，存在许多职能不同、功能各异的人权监督制度，特别典型的是：缔约国报告制度、普遍定期审议制度、个人申诉制度、调查访问制度、国家间指控制度等，由于后三种制度都属于针对特定人权问题的个案或点状监督，其与缔约国报告制度的可比性不大，对其形成的制度性竞争也相对较小。唯有2006年新设的普遍定期审议对老旧的报告制度形成了重大威胁，主要原因有三：一是普遍定期审议意在确保联合国全部会员国履行人权义务和承诺的情况都得到审

---

〔1〕 参见《关于人权条约机构制度改革的集思广益会议（马尔邦二次会议）的主席的总结》，2006年9月14日列支敦士登常驻联合国代表给秘书长的信的附件，联合国大会文件A/61/351，第14段。

〔2〕 See The Dublin Statement on the Process of Strengthening of the United Nations Human Rights Treaty Body System, para 11, http: //www2. ohchr. org/english/bodies/HRTD/hrtd_ process. htm, last visit on May 16, 2012.

查，其审议对象和范围包括了报告制度审议的所有对象和范围，两者的职能高度重叠；二是缔约国报告制度饱受低效诟病，经过长期改革和调整却起色不大；三是主导普遍定期审议的人权理事会就是革命化的产物，它取代了运作60年之久的联合国人权委员会。[1] 人权委员会因信用和专业性减退被取缔，报告制度难道不可能因其长期低效被取缔？

在普遍定期审议制度的设计和筹建过程中，各国代表曾展开激烈的争论和较量，特别是关于如何避免普遍定期审议重复和取代条约机构的工作和建议这一问题上，各国分歧更大，最后妥协的结果是普遍定期审议"应补充，而不是重复条约机构的工作"，这一处理两者关系的基本原则明确规定在联大第60/251号决议中。[2] 在名为《联合国人权理事会的体制建设》的人权理事会第5/1号决议中，普遍定期审议和缔约国报告制度之间的补充关系得以进一步阐释。决议列举了普遍定期审议依据的资料，具体包括：被审议国家根据理事会规定准备的国家报告等资料；人权高专办汇总各条约机构和特别程序报告中所载资料；其他利益攸关方提供的各种可信和可靠材料等。从审议依据的材料可以看出，普遍定期审议在缔约国报告审议的基础上进行，但不限于报告审议的范围。从审议的时间来看，一般而言，人权理事会普遍定期审议每个国家履行所有人权义务和承诺的时间仅为3小时，而每一条约机构审议每一缔约国实施一项人权条约的每份报告的时间一般是两天。从时间和工作量的对比就可以看出，普遍定期审议不可能深入人权领域的诸多专业问题，更不可能产出类似条约机构产出的丰富的人权法理学。所以，普遍定期审议制度补充缔约国报告制度不仅是一种制度安排，更是一种由审议时间和审议资源决定的必然结果。普遍定期审议从性质上看主要是一种政治性审议，其审议主体由政府代表组成，不像条约机构委员是以独立身份任职的人权法专家，这种审议主体特点的不同也决定了其产出的不同，普遍定期审议的结果更具政治威慑力和行政执行力，而条约机构的审议产出更具人类理性和人权法理学之美。

---

〔1〕 2006年3月14日，联合国大会以压倒性多数票通过建立人权理事会、取代人权委员会的决议。具体表决结果为：170票支持、4票反对、3票弃权。

〔2〕 See Human Rights Council, A/RES/60/251, para. 5.

经过半个多世纪的实践，截至2015年11月4日，监督九大核心国际人权条约实施的九大条约机构共作出了150项一般性意见/建议，还有数以千计的结论性意见/建议，尽管这些意见/建议没有明确的法律约束力，但它们对理解相关人权条约的实质性和程序性内容具有重要的指导意义，因此被普遍认为是对条约的权威解释。[1] 联合国也认为“一般性意见是产生法学理论的一个关键途径”，委员会“经协商一致意见对《公约》所载准则的解释达成协议”。[2] 缔约国报告制度详细解释人权条约的法理学功能是普遍定期审议无法比拟的，更何况普遍定期审议刚刚进行了两轮，其实效有待考察。

迄今为止的事实表明，缔约国报告制度不仅没有被普遍定期审议制度取代，反而还在扩散和加强，主要表现有三：其一，2006年后新增了《残疾人权利公约》和《保护所有人免受强迫失踪国际公约》的报告制度，履行报告义务的缔约国数目显著增多，2006年七大核心国际人权条约和《儿童权利公约》两项任择议定书的缔约国总数为1231个，[3] 2011年增至1381个，[4] 2016年九大核心国际人权条约和《儿童权利公约》两项任择议定书的缔约国总数增加到1645个，[5] 比十年前增加了414个。随着缔约国总数增加，它们提交的报告数目激增，条约机构的审议工作更加繁重。其二，条约机构经过长期改革，特别是2014年联大第68/268号决议通过后，人权条约机构体系的有效运作在

---

〔1〕 See Shelton, Dinah L., “Supervising Implementation of the Covenants: The First Ten Years of the Human Rights Committee”, *American Society of International Law Proceedings*, 80 (1986), p. 417; Sisk, Jennifer, and Arnold Pronto, “The International Human Rights Norms in South Africa: The Jurisprudence of the Human Rights Committee”, *South African Journal on Human Rights*, 11 (1995), p. 441; Yuji Iwasawa, “The Domestic Impact of International Human Rights Standards: The Japanese Experience”, in Alston, Philip, and James Crawford ed., *The Future of UN Human Rights Treaty Monitoring*, Cambridge: Cambridge University Press, 2000, p. 258.

〔2〕 联合国出版物：《人权：经济、社会和文化权利委员会》，联合国概况介绍第16号，1996年9月，第30-31页。

〔3〕 参见《关于高级专员设立统一常设条约机构建议的构想文件》的《附件一：与报告有关的事实和数据》，联合国文件：HRI/MC/2006/2。

〔4〕 此数据未含2006年后通过的《残疾人权利公约》和《保护所有人免受强迫失踪国际公约》缔约国数目以增强其可对比性。

〔5〕 参见联合国文件：Reporting Compliance by States Parties to the Treaty Bodies: Timely, Late and Non-reporting by States Parties to the Human Rights Treaty Bodies, See Table 6 of HRI/MC/2016/2。

很大程度上得以增进和加强，其中当然包括缔约国报告制度实效的增强。其三，普遍定期审议以条约机构的产出为基础，条约机构专家的意见和建议在很大程度上得到了尊重和维持，普遍定期审议事实上增强了条约机构产出的效力。此外，条约机构在审议报告过程中引入缔约国在普遍定期审议中所作的承诺和保证，由此加强了其所做意见和建议的说服力和道义压力。例如，2009 年消除种族歧视委员会在对中国的结论性意见中三次提到了普遍定期审议，其第 15 段呼吁缔约国“采取有效措施，确保限制性地使用行政拘留和‘劳动教养’”时，委员会“提请缔约国注意普遍定期审议程序，尤其是得到其支持的工作组第三十一号一般性建议（A/HRC/ 11/25）”。第 22 段在关注中国少数民族双语教学和教育差异等问题时，委员会请缔约国“注意普遍定期审议程序，特别是得到缔约国支持的第十六号建议（A/HRC/11/25）”。第 24 段在关切少数民族人员在获得医疗和服务方面往往面临障碍问题时，委员会“请缔约国注意普遍定期审议程序，特别是得到缔约国支持的第二十号建议（A/HRC/11/25）”。[1] 总体而言，人权理事会的普遍定期审议出现后，对缔约国报告制度而言，既是威胁和挑战，又是机遇和动力。实践中，普遍定期审议和缔约国报告制度呈现出携手互助、相互加强之趋势。没有竞争，一个社会很难形成有效的制度。适度的竞争产生压力和动力，使既有的缔约国报告制度日益完善，并不断在适宜的土壤里扩散。

三、缔约国报告制度必将突破低效困境

制度演化，循序渐进。制度博弈，适者生存。在联合国系统日益重视人权保护的大背景下，随着国际人权标准被越来越多的国家接受，随着人权观念和人权意识日渐深入人心，缔约国报告制度终将突破低效困境，老而弥坚。

（一）报告制度的实效将进一步得以增强

报告制度实效的提高是一个系统工程。近些年来，条约机构和缔约国苦练内功、励精图治，努力提升缔约国报告的质量、建设性对话的质量、结论性意见的质量和后续行动程序的质量，以期整体上增强报告制

[1] 参见联合国文件：CERD/C/CHN/CO/10－13。

度的实效。

第一，报告质量的提升。就撰写缔约国报告而言，除报告准则发挥规范、引导和精简功能外，缔约国的意愿是关键，缔约国的能力是基础。左右人们行为和社会走向的激励机制是非常关键的，但报告制度的激励限于激发国家自尊的表面层次，远未触及其深层次的体制和文化根源，其作用和效果自然有限。条约机制面临的困境折射了全球经济社会发展严重失衡的矛盾和世界各国巨大的文化差异，尽管建立国际新秩序和促进文化融合不是报告制度的主要责任，条约机构对此几乎也是无能为力，但条约机构必须正视而不是忽视上述失衡和差异，并应在自己的权限和能力范围内最大限度地减少这种源于体制不公和文化差异的意愿不足。具体而言，一是通过报告制度的宣传和示范功能促进文化的良性嬗变，逐渐去除各国文化糟粕而保留其精华；二是通过发展权等人权的保护为国际新秩序的建设添砖加瓦，国际社会就人权公约报告和国内实施向发展中国家提供必要的技术支持和发展援助。缔约国不愿和不能履行报告义务是两个不同层次但又互相关联的问题。近年来，联合国相当重视激发缔约国意愿，同时为能力不足的国家提供机制化的发展援助、技术支持和报告人员培训。缔约国报告之外，非政府组织等民间社会行为者提供的报告也应加以规范，其质量有待提高。草拟专门的报告准则、进行人员培训等应属良策。

第二，建设性对话质量的提高。建设性对话是缔约国书面报告的动态延伸，其质量十分关键。对话中，条约机构专家和缔约国代表面对面地交流，发言、提问、回答和反诘，这一互动过程帮助条约机构进一步明确人权条约在缔约国的实施状况，帮助缔约国发现自己在人权条约实施方面的差距和问题。如果对话中因语言不通难以真正对话，如果对话变为缔约国或条约机构单方面发言，如果谈话偏离主题或泛泛而谈，如果谈话变为无谓的争执等，这种对话就只具有形式上的意义，其建设性根本无从谈起。为提高建设性对话的质量，建设性对话中各项活动的时限安排和条约机构主席引导功能的发挥很关键。每个条约机构分配给缔约国致开幕词的时限、条约机构专家发言的时限、缔约国回答问题的时限等都应予以明确规定，这方面消除对妇女歧视委员会做得很好。人权事务委员会的做法更值得借鉴，它编写了书面指南，专门指导缔约国如何在审议报告过程中开展对话。

为确保条约机构专家和缔约国代表团之间平衡有效的交流，各条约机构主席行使权力有效引导对话也是十分必要的。

第三，结论性意见质量的提高。条约机构审查缔约国报告和与缔约国建设性对话后会形成一个针对该缔约国的结论性意见，意见中会对该缔约国实施人权条约的状况给一个总体评价，包括积极方面和需要改进的方面，并提出系列建议。结论性意见是后续行动程序的基础，其质量高低是能否贯彻落实的决定性因素之一。迄今，各条约机构逐步规范和统一了结论性意见的格式和内容。如规定以往的关切和建议是新结论性意见的出发点，以明确评估缔约国在上次审议后所取得的进展。条约机构应提出有重点的建议，使用清晰的格式，限制段落长度和分段段数，并酌情使用主题标题。[1] 上述举措对保证结论性意见的质量具有框架性作用，但结论性意见中主要关注问题和建议的质量主要取决于条约机构专家的质量。如果建议没有可行性和实效性，其实施也就会成为一句空话。

第四，后续行动程序质量的提高。为保证结论性意见的实施，后续行动程序的建立和质量是关键。尚未建立该程序的条约机构应尽快决定建立的可行性及时机，已有该程序的条约机构应通过或优化其书面的后续行动程序规则。后续行动程序应保持重点突出，其所针对的优先或紧急建议数目以2-4个为宜。优先或紧急建议的选择应设立明确的标准，如可行性和紧迫性，以便利建议的选择。建议各委员会考虑编制后续信息报告准则以便缔约国准备后续报告，对延迟提交后续信息的缔约国可采取提醒函方式提醒。另外，结论性建议如果简明易行且在结构上分为短期、中期和长期适用的建议，其在国内的实施会更便利。后续行动程序的透明度越高，利益攸关方对后续行动程序的参与度越高，其所发挥的能量也越大。[2]

（二）报告制度的人权法理学功能独具特色

人权法是国际法碎片化的重灾区，这不仅表现在全球层面有以九大核心国际人权条约为主的人权条约体系，其内容互相交叉重叠，甚至有彼此

---

〔1〕 参见《人权文书的执行情况》附件二：《人权条约机构第十二次委员会间会议报告》，联合国文件：A/66/175，第19段至第26段。

〔2〕 See Report of the Inter - Committee Meeting Working Group on Follow - up to Concluding Observations, Decisions on Individual Complaints and Inquiries, 4 May 2011, HRI/ICM/2011/3 HRI/MC/2011/2, para. 61.

矛盾的地方。特别是，缔结时间间隔较远的条约之间更容易存在立法内容甚至立法精神上的冲突。碎片化还表现为世界各区域存在自成体系、程度各异的区域人权法，典型如欧洲人权法、美洲人权法在人权保护领域遥遥领先且堪称典范，非洲人权法亦步亦趋、初见规模。而亚洲基于其独特的历史和文化背景，其区域人权法尚未见雏形。各区域人权法的立法理念、法律规则和实施制度都有相当大的差异和不同，每一区域人权法和全球性的国际人权法也有许多差异和不同，在实施过程中存在矛盾和冲突是理所当然的事。特别是全球性人权条约在各缔约国实施过程中，往往会与区域人权法和国内人权法发生矛盾和冲突——有术语措辞的不一致、有侵权行为定性的不同、有术语和条款解释的分歧、有救济措施类型和轻重的分别等，这种矛盾和冲突的存在对核心国际人权条约的具体落实是十分不利的。在此严峻执法背景下，九大条约机构平行办公、独立审议更是雪上加霜，平添了许多解释和适用核心国际人权条约的矛盾和冲突。如2006年《包括共同核心文件和条约专要文件准则在内的根据国际人权条约提交报告的协调准则》实施时，就出现了严重的概念冲突和条款解释分歧，凸显各条约机构平行审议所带来的负面效应。为应对国际法的碎片化、国际法和国内法的冲突以及报告制度碎片化带来的弊端和实施难题，统一人权法理学势在必行，统一解释国际人权条约势在必行。迄今，这一工作主要是条约机构经由审议缔约国报告来进行的。

缔约国报告制度具有孵化人权法理学的天然优势。首先，条约机构以独立身份任职的人权专家和相对比较充分的审议时间（每一条约机构每两天审议一份报告）是缔约国报告制度产出人权法理学的人事和时间保障。其次，缔约国报告程序全面监督遍布世界各地的缔约国履行核心国际人权条约义务的情况，这一面状监督特点决定了报告制度具有产出统一人权法理学的制度基础，其他点状人权监督机制——国家间指控、个人申诉、调查访问等往往只涉及个别案件和特定人权侵犯，其产出的人权法理学也势必局限于特定人权问题或特定人权侵犯，不可能广泛覆盖所有人权条约的所有人权问题，其人权法理学功能呈现零散和不系统、不全面的特征。此外，国际劳工组织的国家报告制度局限于该组织出台的国际劳工标准，其内容局限于劳工权利，但其产出的人权法理学专业且深入，构成报告制度产出人权法理学的独特领域。普遍定期审议是迄今最大范围、最高级别的人权监督，但其性质主要偏向于政治监督，因其监督主体和督促手段都是政治性的，并且其审议基础之一就是人权条约机构产出的人权法理学，其审议时间之短（审议每个国家履行其所有人权义务和承诺的时间仅为 3 小时）也不允许它缔造出精致的人权法理学。最后，事实表明，经过半个多世纪的审议实践，条约机构产出了迄今最多数量、最大范围、最高质量的人权法理学（详见第四章）。缔约国报告制度的人权法理学功能在一定程度上克服了国际人权法的碎片化弊端，它引导所有缔约国统一理解和适用核心国际人权条约，形成了内容十分丰富的“国际人权法理学”，为缔约国切实履行尊重和保护人权的义务提供了重要的理论依据、实践经验和智力支持，成为国际、区域和国内层面人权法理论和实践趋同化、协调化发展的新动力、新引擎，报告制度成为名副其实的“人权法理学孵化器”。

（三）缔约国报告准则亟待多元化

首先，核心国际人权条约遭遇实施难题。九大核心国际人权条约逐一通过，其中七项条约已近普遍批准，另外两项条约虽然离普遍批准尚远，但 1990 年《保护所有移徙工人及其家庭成员权利国际公约》向横亘南北的巨大经济鸿沟和由此导致的对移徙工人及其家庭成员的严重歧视发起了挑战。2006 年《保护所有人免受强迫失踪国际公约》向长期顽劣于世的强权政治吹响了进攻的号角，标志着国际人权保护向深层次的体制性弊端推进，这是国际人权斗争史上的巨大成就，也是欧美国家强力推动联合国人权保护事业的辉煌战果。尽管联合国人权保护机制并未完全听从欧美国家的“旨意”，发展中国家对经济、社会和文化权利的重视被纳入核心国际人权条约，移徙工人及其家庭成员的权利被纳入核心国际人权条约等，但毋庸置疑的是，联合国整个人权保护机制主要是以西方文化和西方价值观为基础的，欧美国家为其台前幕后的主导力量。事实上，九大核心国际人权条约“是欧美国家忽视发展中国家、最不发达国家和灾害冲突国家国情，违背制度移植和文化嬗变的循序渐进规律，强势推动国际人权标准迅速普及的结果”。[1] 以国际人权条约为

〔1〕 尹生：《核心国际人权条约缔约国报告制度：困境与出路》，载《中国法学》2015 年第 3 期。

载体的国际人权标准创立时的积弊势必在条约实施过程中暴露无遗，因为，根据威廉姆森的制度演化理论，与深层次社会和文化基础冲突的浅层次制度不可能成功地实施，一个不被社会真正接受的规则或制度实施起来往往困难重重。这就能够解释，为什么核心国际人权条约有那么多保留，特别是广大伊斯兰教国家对1979年《消除对妇女一切形式歧视公约》的保留，几乎否定了公约男女平等这一核心原则！即便是没有保留的公约条款，不少国家的实施状况也不如人意，报告制度的长期低效便是验证条约实施状况不佳的一面镜子。特别是在灾害冲突国家和最不发达国家，国际人权标准中所宣示的人权，无异于“镜中花”“水中月”，它们和有深厚人权文化背景、经济发达的欧美国家完全不在同一起跑线上，怎么可能履行同样的人权义务，达到同样的人权保护水平？核心国际人权条约之实施，正如国际社会举行跑步比赛，参赛选手既有年轻力壮的运动员，也有正当盛年的普通老百姓，还有奄奄一息的病人、精神失常的疯子、白发苍苍的老人、蹒跚学步的小孩，大家都站在同一起跑线上，遵从同样的规则，请问：谁是赢家？这种赛事的不公正性是妇孺皆知、不证自明的。

其次，报告准则多样化是实施核心国际人权条约之必需。以九大核心国际人权条约为载体的国际人权标准充满了文化霸权和理想主义色彩，像长颈鹿的头颅远远地探在身体前面，而由极其复杂和不均衡的国际政治、经济和文化格局决定的人权条约实施难题却像长颈鹿笨重的身体远远地落在后面，这一全球人权保护结构业已定局，无可更改。因为，核心国际人权标准已近普遍批准，想要修正或废弃核心国际人权条约谈何容易？而人权条约实施难题深深扎根于残酷而艰辛的国际政治、经济和文化现实，举步维艰！如何在维持既有国际人权斗争成果的前提下继续前进，破除核心国际人权条约实施障碍，尽力推动纸面人权最大限度地转化为现实人权，成为国际、国内人权卫士共同关心和探索的问题。笔者认为，报告制度基本上为所有缔约国设置了同一标准，既不科学，也不现实，在实践中难以操作。鉴于核心国际人权条约很难修正和多样化，笔者建议条约机构为不同类型的缔约国打造多样化的报告准则，以适应缔约国千差万别的国情并最大限度地履行人权条约的义务。有学者特别强调，报告制度的改革应“回归其本质，着重提高发展中国家的能力，并提供必要的物质和技术支持，从而创造一个激励人权公约缔约国实施和报告的有利环境”。[1]

最后，条约机构义无反顾地走上了报告准则多样化的道路。2007年5月，禁止酷刑委员会第38次会议通过了一种新的任择报告程序——答复议题清单报告模式，该模式要求在定期报告提交前，条约机构拟定和转交一个议题清单给特定缔约国，该国对议题清单的答复便作为其定期报告。这一模式有利于帮助缔约国及时提交重点更突出的报告，也有利于条约机构产出重点更突出的结论性意见/建议。尽管该模式初创时，禁止酷刑委员会的初衷并非为了打造多样化的报告准则，这一举动却事实上迈出了条约机构体系打造多元化报告准则的关键性第一步。经过若干年的实践，答复议题清单报告模式首先在禁止酷刑委员会的报告程序中逐渐普及（参见表3-5），后来又被联合国系统大力推崇，建议各条约机构考虑采用。不过，联合国官方文件将其称为“简化报告程序”（simplified reporting procedure）或“报告之前的问题列表”（the list of issues prior to reporting procedure）。

表3-5　按传统程序和简化程序提交报告的趋势一览表

（禁止酷刑委员会，2009-2013年）[2]

	2009年	2010年	2011年	2012年	2013年	总计
按传统程序提交的定期报告数	12（75%）	5（38%）	5（45%）	3（20%）	2（13%）	27（39%）
按简化程序提交的定期报告数	4（25%）	8（62%）	6（55%）	12（80%）	13（87%）	43（61%）
总计	16	13	11	15	15	70

2014年4月9日，联大通过了题为“加强和增进人权条约机构体系有效运作”的第A/RES/68/268号决议。这一决议在条约机构发展史

〔1〕吴晓晖：《论联合国人权条约监督机制改革的若干理论和实践问题》，载《武大国际法评论》第十四卷第一期，武汉大学出版社2011年版。

〔2〕本图表由作者翻译而成，资料源于联合国文件：HRI/MC/2014/4。

上意义重大，标志着条约机构的有效运作得到了国际社会的广泛关注和更高层次的重视。该决议序言确认了各条约机构在加强和增进其有效运作方面持续不断的努力，“鼓励各人权条约机构向缔约国提供简化报告程序供其考虑并限制所包括问题的数量”，“鼓励缔约国在收到简化报告程序后考虑使用该程序的可能性，以便利报告的编写，推动关于履行条约义务的互动对话”。为具体落实该决议，条约机构进行了持续、积极的努力。2013 年 5 月 20 日至 24 日，各人权条约机构主席在纽约召开了第二十五次主席会议，其间特别指出“采用简化报告程序（“报告之前的问题列表”）可能成为一个重要的节约成本措施”。[1] 2014 年 4 月，秘书处专门汇编了关于简化报告程序的说明（HRI/MC/2014/4），[2] 目的是开展联大第 A/RES/68/268 号决议和条约机构主席第二十五次主席会议的后续行动程序。该说明首先介绍了现行的简化报告程序，包括禁止酷刑委员会、人权事务委员会、保护所有移徙工人及其家庭成员权利委员会和残疾人权利委员会的实践。其次，该文件还提出了建议委员会主席们考虑的因素，包括范围、报告前问题列表的内容、简化报告程序对报告周期的影响、简化报告程序对缔约国报告准则的影响、采用简化报告程序的时间表等，以期使简化报告程序更加协调、统一。再次，文件提出了建议委员会主席们通过的要素。最后，文件附录了禁止酷刑委员会使用的报告前的问题列表的框架、人权事务委员会使用的报告前的问题列表的框架，还有报告前的问题列表共同格式草案。该文件既介绍了简化报告程序的实践，又梳理了简化报告程序实施中的技术问题，还提供了报告前的问题列表的范例和模板，为国际社会和各缔约国了解、考虑采用和推广适用简化报告程序提供了充分的理论、实践和信息基础。

尽管目前条约机构未将简化报告程序和报告准则多元化挂钩，但笔者认为这是报告准则多元化的起点，因为每份报告前的问题列表都是针对特定缔约国的国情量身定做的。经过长期、反复的实践，“条约机构针对不同类型国家必会形成不同类型的相对固定的议题清单，议题清单

---

〔1〕 参见联合国文件：A/68/334，《人权文书的执行情况》第 18 段。

〔2〕 参见联合国文件：HRI/MC/2014/4。

的逐渐规范化和标准化是实践发展的必然，也是报告准则多元化的雏形”。不过，报告准则多元化的成熟版本还需要条约机构继续在实践中摸索，经由反复总结和优化才得以实现。

第四章　缔约国报告制度对人权法理学的贡献：以一般性意见/建议为视角

法理学（jurisprudence）又称法哲学（philosophy of law, legal philosophy），既指思想体系，也指一个学术领域。就思想体系而言，“法理学是关于法律制度和法律实践的价值、信仰、认知和评价等观念系统”，也就是关于法律的一般理论和法学方法论。[1] 在当代法学研究中，法理学研究逐步扩大并深入到具体的法律领域，出现了“部门法学哲理化”的趋势，[2] 人权法理学便是其中之一。

核心国际人权条约监督机构（下文简称“条约机构”）通过审查缔约国报告、处理个人来文等方式，迄今已经发展出内容十分丰富的人权法理学，具体表现为：条约机构撰写的针对每一报告国的结论性意见或结论性建议（concluding observations and recommendations for the relevant states）、条约机构主要基于其审议报告和处理来文方面的经验发表的一般性意见或一般性建议（general comments or general recommendations，下文简称“一般性意见/建议”）和条约机构对个人来文（communication）作出的个案裁决（views or decision）等。其中，只有条约机构作出的一般性意见/建议不是具体针对某一缔约国的特殊情况或某一具体案件的分析评论，而是具有普适性，对人权条约的广大缔约国具有普遍的指导意义。这种一般性意见/建议往往涉及各缔约国的一些普遍性问题，如条约中某个概念或条款的解释问题、缔约国义务的具体内容、缔约国义务如何具体履行等问题。尽管这些一般性意见/建议没有明确的法律约束力，但它们对理解相关人权条约的实质性和程序性内容具有重

〔1〕 张文显：《法学的理论与方法》，法律出版社2011年版，第1－2页。

〔2〕 张文显：《法学的理论与方法》，法律出版社2011年版，第5页。

要的指导意义，因此被普遍认为是对条约的权威解释。[1] 联合国认为："一般性意见是产生法学理论的一个关键途径，可为委员会的成员提供一种办法，由此经协商一致意见对《公约》所载准则的解释达成协议。"[2] 据此，我们说一般性意见/建议是条约机构对人权法理学的最重要的贡献一点也不过分，特别是对没有或较少接受核心国际人权条约及其任择议定书的个人申诉条款的缔约国来说，更是如此。[3] 本章拟从条约机构所作的一般性意见/建议为视角，全方位探索条约机构对人权法理学的独特贡献。

第一节 一般性意见/建议的由来和目的

一、一般性意见/建议的定义和渊源

一般性意见（general comment）是指，条约机构对人权条约条款、专题问题或其工作方式的解释。一般性意见常常试图澄清缔约国在核心国际人权条约特定条款下的报告义务，并对缔约国如何履行条约义务提供方法方面的建议。消除种族歧视委员会、消除对妇女歧视委员会、残疾人权利委员会发表的此类意见称为一般性建议（general recommenda-

---

〔1〕 See Shelton, Dinah L., "Supervising Implementation of the Covenants: The First Ten Years of the Human Rights Committee", *American Society of International Law Proceedings*, 80 (1986), p. 417; Sisk, Jennifer, and Arnold Pronto, "The International Human Rights Norms in South Africa: The Jurisprudence of the Human Rights Committee", *South African Journal on Human Rights*, 11 (1995), p. 441; Yuji Iwasawa, "The Domestic Impact of International Human Rights Standards: The Japanese Experience", in Alston, Philip, and James Crawford ed., *The Future of UN Human Rights Treaty Monitoring*, Cambridge: Cambridge University Press, 2000, p. 258.

〔2〕 参见联合国出版物：《人权：经济、社会和文化权利委员会》，联合国概况介绍第16号，1996年9月，第30－31页。

〔3〕 尹生：《核心国际人权条约缔约国报告制度：困境与出路》，载《中国法学》2015年第3期，第217页。在该文中，笔者论证了缔约国报告制度相比其他人权保护机制具有更加优越的人权法理学功能。事实上，条约机构最初作出一般性意见/建议完全是依据其审议缔约国报告的实践，而非处理个人来文。在后来的实践中，条约机构才将处理个人来文作为其发表一般性意见/建议的实践基础之一。

tion)。[1]

最初，关于一般性意见/建议究竟是针对所有缔约国提出，还是针对特定委员会审议了其报告的某一具体缔约国提出，条约机构曾进行过广泛深入和反反复复的讨论。以人权事务委员会为例，其第一届和第二届会议讨论通过的《暂行议事规则》中，第70条和第71条的规定明显矛盾，前者规定“根据对一缔约国所提供的报告和资料的审查，委员会认定该缔约国根据《公约》承担的某些义务没有得到履行，它可以根据《公约》第40条第4款提出其认为适当的一般性意见”。按通常的理解，这里的“一般性意见”应该是针对特定缔约国的。而第71条又规定“委员会应通过秘书长向各缔约国传达其根据《公约》第40条第4款作出的一般性意见”，这里的“一般性意见”又似乎是针对所有缔约国的，前后矛盾。在1978年第三届会议上，委员会委员之间的意见分歧十分尖锐，以联邦德国托姆莎特为代表的西欧国家委员主张，基于缔约国提交的报告，委员会既可以针对某一国家或某些国家作出一般性意见，也可以针对所有缔约国作出一般性意见，他还特别强调了针对具体国家作出意见的合理性、可行性和重要性。[2] 而以民主德国格雷弗拉特为代表的东欧国家委员则竭力主张，委员会不应针对每一缔约国提出一份报告，委员会的一般性意见也不能针对具体的某一个或某些国家，而只能针对所有缔约国。他特别反对委员会就一个缔约国是否履行了《公约》义务进行评估或评价。[3] 结果，第三届会议未能对作出一般性意见的具体方式形成任何决定。[4] 1980年，在人权事务委员会第十届和第十一届会议上，委员们的上述分歧仍然十分严重，但由于第三世界国家委员的支持，势均力敌的东西欧委员的争执很快分出了胜负，具体表现为1980年10月30日《关于人权事务委员会在〈公约〉第40条下的职责的声明》通过。该声明确立了人权事务委员会作出一般性意见的系列原则：一般性意见应该是对所有缔约国提出；应该促进缔约国

---

〔1〕 参见联合国官网 http://www.ohchr.org/EN/HRBodies/Pages/TBGlossary.aspx#gc，访问时间：2015年10月2日。

〔2〕 参见联合国文件：CCPR/C/SR.50（1978），第13－14段。

〔3〕 参见联合国文件：CCPR/C/SR.50（1978），第19－20段。

〔4〕 参见联合国文件：A/34/40（1979），第20段。

间为实施公约开展合作；应该总结委员会在审议缔约国报告中所获得的经验；应该提请缔约国注意有关报告程序的改进和公约实施方面的问题；应该激励缔约国和国际组织在促进和保护人权方面的活动等。其中，最重要的一项便是"一般性意见应该是对所有缔约国提出"（should be addressed to the State Parties）。[1] 由于在九大核心国际人权条约体系中，《公民权利和政治权利国际公约》属于最早的、综合性的、基础性条约，人权事务委员会的理论和实践具有十分重要的示范和引导功能。以1980年的这一声明为突破口，一般性意见/建议应向所有缔约国作出逐渐成为各人权条约机构工作中的通行规则。

监督九大核心国际人权条约实施的条约机构中，最早拟具一般性意见/建议的属消除种族歧视委员会。1965年通过的《消除一切形式种族歧视国际公约》第9条第2款规定了缔约国的报告义务："（消除种族歧视）委员会应按年将工作报告送请秘书长转送联合国大会，并得根据审查缔约国所送报告及情报的结果，拟具意见与一般建议（may make suggestions and general recommendations based on the examination of the reports and information received from the States Parties）。此项意见与一般建议应连同缔约国核具的意见，一并提送大会。"其他核心国际人权条约中也有关于一般性意见/建议的类似规定，相关条款如下：《公民权利和政治权利国际公约》第40条第4款、《经济、社会和文化权利国际公约》第19条、《禁止酷刑和其他残忍、不人道或有辱人格的待遇或处罚公约》第19条第3款、《消除对妇女一切形式歧视公约》第21条第1款、《儿童权利公约》第45条第4项、《保护所有移徙工人及其家庭成员权利国际公约》第74条（有comment，无general一词）、《保护所有人免受强迫失踪国际公约》第29条（有comment，无general一词）和《残疾人权利公约》第39条。从上述条款的规定可以看出，最初条约中规定条约机构拟具一般性意见/建议，都是基于对缔约国报告的审议，而且对一般性意见/建议都没有明确的界定，其针对的对象、拟具程序、草拟方式、体例、内容和技巧等都是在条约机构的长期工作实践中逐步演化而成。随着实践的发展，条约机构拟具一般性意见/建议不

---

[1] 参见联合国文件：CCPR/C/SR. 260（1980）。

再仅仅依托于其对缔约国报告的审查，条约机构对个人来文的处理也成为其拟具一般性意见/建议的另一重要实践基础和智慧源泉。

迄今，条约机构发表一般性意见/建议已经发展为一项相对独立的职能，主要以审议缔约国报告和审议个人来文为基础，但在具体拟具一般性意见/建议的工作时又与前两者并列。每一个条约机构都以“一般性意见”或“一般性建议”的方式发表各自监督实施的人权条约条款的解释。这种解释涵盖的议题很广，从实质性条款（如生命权、受教育权等）的综合解释，到缔约国报告时就特定人权条款所需提供的信息的一般性程序指导都有。一般性意见/建议也会探讨更为广泛的交叉问题，如国家人权机构的作用、残疾妇女的权利、土著儿童权利等。每一条约机构都在各自网页上公布了其所作的一般性意见/建议，方便全世界各国人民查询、探讨和适用。所有条约机构还统一汇编了上述一般性意见/建议。[1]

二、一般性意见/建议的目的和意义

尽管九大核心国际人权条约监督机构都发表一般性意见/建议，但其目的、程序、方法、内容等方面都有惊人的相似。以下将选取代表性的条约机构，阐述一般性意见/建议的目的和意义。

（一）一般性意见/建议的目的

在 1981 年第十三届会议上，人权事务委员会首次发布了 5 项一般性意见，并在导言中阐明了其发布一般性意见的目的：让所有缔约国能从这些经验中受益，以促使它们进一步实施《公约》；请缔约国注意许多报告中出现的不足之处；建议优化报告程序并鼓励缔约国和国际组织在促进和保护人权方面的活动。这些意见也应使非缔约国感兴趣，特别是那些准备成为《公约》缔约国的国家，由此加强一切国家在普遍促

〔1〕 参见联合国文件：HRI/GEN/1/REV. 9 （VOL. I） and HRI/GEN/1/REV. 9 （VOL. II）(2008)，载 http：//www. ohchr. org/EN/HRBodies/Pages/TBGeneralComments. aspx，访问时间：2015 年 11 月 4 日。

进和保护人权方面的合作。[1]

自1989年第三届会议开始，经济、社会和文化权利委员会根据《经济、社会和文化权利国际公约》的各条款规定编写一般性意见，从而帮助缔约国更好地履行它们的报告义务。委员会1989年提交经济及社会理事会的报告，对一般性意见的目的作了如下解释："委员会力图借其一般性意见使历来通过审查这些报告所获得的经验为各缔约国带来好处，从而帮助和促进它们进一步执行《公约》，并提请缔约国注意大量报告中的不足之处；建议改善报告程序，并促进缔约国、有关国际组织和专门机构在逐渐、有效地充分实现《公约》中所承认的权利方面的活动。在必要时，委员会可根据缔约国的经验及其从这些经验中得出的结论修改和更新其一般性意见。"[2]

对比上述两大人权条约机构拟具一般性意见/建议的目的，可以看出，除少数措辞外，其目的几乎完全一样。当然，由于经济、社会和文化权利委员会阐述上述目的的时间在人权事务委员会阐述后八年，其目的新增了一点，即"在必要时，委员会可根据缔约国的经验和它从这些经验中得出的结论修改和更新其一般性意见"。也就是说，随着条约机构发表一般性意见/建议的增多，以及国际局势的瞬息万变，部分一般性意见/建议由出台之初的合情合理变得不合时宜在所难免，条约机构推陈出新、与时俱进地优化一般性意见/建议也是理所当然。

（二）一般性意见/建议的意义

尽管条约机构作出的一般性意见/建议没有明确的法律约束力，但它们对理解相关人权条约的实质性和程序性内容具有重要的指导意义，

---

〔1〕 The purpose of these general comments is to make this experience available for the benefit of all States parties in order to promote their further implementation of the Covenant; to draw their attention to insufficiencies disclosed by a large number of reports; to suggest improvements in the reporting procedure and to stimulate the activities of these States and international organizations in the promotion and protection of human rights. These comments should also be of interest to other States, especially those preparing to become parties to the Covenant and thus to strengthen the cooperation of all States in the universal promotion and protection of human rights. 参见联合国文件：A/36/40（1981），Annex Ⅶ, introduction; CCPR/C/21（1981），Introduction。

〔2〕 参见联合国文件：E/1989/22，附件三：一般性意见的导言部分。

因此被普遍认为是对条约的权威解释。[1] 联合国人权事务高级专员办事处在其2004年10月出版的第15号《概况介绍》中，对人权事务委员会一般性意见的作用和意义有如下表述：

委员会履行的职能之一，是解释《公约》和说明《公约》条文的范围与意义从而澄清缔约国各项义务，履行这种职能的另一项途径是，拟定并通过所谓的一般性意见。因为《公约》的条文像大多数人权条约一样，用的是一般性的表述，因此很容易出现多种多样的解释，所以委员会采取一般性意见的方法向所有缔约国提出建议。一般性意见并不是针对特定缔约国国情下出现的某个特定问题，而是对《公约》中的某项具体条文或一般性问题作广泛和全面的分析。虽然大多数一般性意见是对《公约》某项具体权利的详尽解释，但是也有一些针对具体群体如外侨在《公约》下应当享有的权利，还有一些则涉及报告的编纂等程序问题，或涉及对《公约》提出的保留等杂项问题。

现在，一般性意见被理解为一般的法律说明，它表示委员会对某项特定条款内容在概念上的理解，因此对国际人权义务的规范内容具有非常有价值的指导作用。这一作用使得委员会能够让《公约》适用于当代情况，因为自从《公约》通过以来，对于用语和实践的理解和观念可能已经有很大发展。在这一意义上，《公约》是一项具有活力的文书，它始终像通过时一样，适用于当代的挑战。因此，这些一般性意见对于各缔约国编纂报告和应用《公约》条款都继续起着指导作用。[2]

联合国人权事务高级专员办事处在其1996年9月出版的第16号《概况介绍》中，对经济、社会和文化权利委员会一般性意见的作用和意义作了如下表述：

---

〔1〕 See Shelton, Dinah L., "Supervising Implementation of the Covenants: The First Ten Years of the Human Rights Committee", *American Society of International Law Proceedings*, 80 (1986), p. 417; Sisk, Jennifer, and Arnold Pronto, "The International Human Rights Norms in South Africa: The Jurisprudence of the Human Rights Committee", *South African Journal on Human Rights*, 11 (1995), p. 441; Yuji Iwasawa, "The Domestic Impact of International Human Rights Standards: The Japanese Experience", in Alston, Philip, and James Crawford ed., *The Future of UN Human Rights Treaty Monitoring*, Cambridge: Cambridge University Press, 2000, p. 258.

〔2〕 参见联合国出版物：《人权：公民权利和政治权利》，联合国概况介绍第15号第二次修订，第25-26页。

委员会于1988年决定着手为《盟约》所载权利和规定编写“一般性意见”，以协助缔约国履行其报告义务以及为《盟约》的旨意、含义和内容作更明确的解释性说明。委员会还视通过一般性意见为促进执行《盟约》的途径，因为这样可以提醒缔约国注意大量的缔约国报告暴露的缺点并引起缔约国、联合国机构和其他组织重新重视《盟约》的特别条款，以便逐步充分实现《盟约》规定的权利。[1]

尽管上述两项联合国的《概况介绍》出版的时间相距8年，但都一再肯定和强调了一般性意见/建议解释人权条约的功能，这对澄清条约的具体条款、阐明缔约国的条约义务、推动人权条约的实施和人权的普遍实现具有重大的意义。

第二节　条约机构一般性意见/建议的主要内容

自1972年消除种族歧视委员会通过第一个一般性建议以来，截至2015年11月4日，监督九大核心国际人权条约实施的九大条约机构总共作出了150项一般性意见/建议，各条约机构通过的一般性意见/建议数目分别为：消除种族歧视委员会35项；人权事务委员会35项；经济、社会和文化权利委员会21项；消除对妇女歧视委员会33项；禁止酷刑委员会3项；儿童权利委员会19项；移徙工人权利委员会2项；残疾人权利委员会2项；强迫失踪问题委员会0项。从发表一般性意见/建议的数量来看，相关人权条约通过的时间越早，监督其实施的条约机构作出的一般性意见/建议就越多。不过，也有少数例外，消除对妇女歧视委员会和儿童权利委员会作出的一般性意见/建议数目偏多，而禁止酷刑委员会作出的偏少。一般而言，条约机构作出的一般性意见/建议数目越多，其解释性法理功能发挥得就越多，当然还得考察其作出的一般性意见/建议的质量高低。不过，除时间长短外，条约机构作出一般性意见/建议数量的多少还取决于其他一些因素，诸如条约规定用语的精确度、条约规定所涉事项的复杂度、条约适用环境的变化程度等。以

〔1〕 联合国出版物：《人权：经济、社会和文化权利委员会》，联合国概况介绍第16号，1996年9月，第30－31页。

下将以列表方式逐一展示并分析各条约机构所作的一般性意见/建议的主要内容和特点：

一、消除种族歧视委员会通过的一般性建议[1]

表 4－1　消除种族歧视委员会通过的一般性建议

建议编号	建议发表时间	所涉人权条约条款	标题或主要内容	备注
第 1 号	第五届会议（1972 年）	第 4 条	有关缔约国的义务（concerning States Parties' obligations）	
第 2 号	第五届会议（1972 年）	第 4 条	有关缔约国的义务（concerning States Parties' obligations）	
第 3 号	第六届会议（1972 年）		有关缔约国报告（concerning reporting by States Parties）	
第 4 号	第八届会议（1973 年）	第 1 条	有关缔约国报告（concerning reporting by States Parties）	
第 5 号	第十五届会议（1977 年）	第 7 条	有关缔约国报告（concerning reporting by States Parties）	
第 6 号	第二十五届会议（1977 年）		有关逾期报告（concerning overdue reports）	
第 7 号	第三十二届会议（1985 年）	第 4 条	有关第 4 条的实施（relating to the implementation of article 4）	
第 8 号	第三十八届会议（1990 年）	第 1 条	有关第 1 条第 1 款、第 4 款的解释和适用（concerning the interpretation and application of article 1, paragraphs 1 and 4 of the convention）	

〔1〕 参见联合国官网 http://tbinternet.ohchr.org/_layouts/treatybodyexternal/TBSearch.aspx?Lang=en&TreatyID=6&DocTypeID=11，访问时间：2015 年 11 月 4 日。

续表

建议编号	建议发表时间	所涉人权条约条款	标题或主要内容	备注
第9号	第三十八届会议（1990年）	第8条	有关公约第8条第1款的适用（concerning the application of article 8, paragraph 1 of the convention）	
第10号	第三十九届会议（1991年）		有关技术援助（concerning technical assistance）	
第11号	第四十二届会议（1993年）	第1条	非公民（on non – citizens）	已被第30号一般性建议取代
第12号	第四十二届会议（1993年）		继承国（on successor states）	
第13号	第四十二届会议（1993年）	第2条	培训人权保护方面的法律实施官员（on the training of law enforcement officials in the protection of human rights）	
第14号	第四十二届会议（1993年）	第1条	有关公约第1条第1款歧视的定义（concerning definition of discrimination on article 1, paragraph 1, of the convention）	
第15号	第四十二届会议（1993年）	第4条	有关基于种族的有组织的暴力（concerning organized violence based on ethnic origin）	
第16号	第四十二届会议（1993年）	第9条	报告提及其他国家存在的情势（references to situations existing in other states）	

续表

建议编号	建议发表时间	所涉人权条约条款	标题或主要内容	备注
第17号	第四十二届会议（1993年）		建立国家机构便利公约的实施（on the establishment of national institutions to facilitate the implementation of the convention）	
第18号	第四十四届会议（1994年）		建立国际法庭追诉反人道罪（on the establishment of an international tribunal to prosecute crimes against humanity）	
第19号	第四十七届会议（1995年）	第3条	有关种族分隔及种族隔离（concerning racial segregation and apartheid）	
第20号	第四十八届会议（1996年）	第5条	无歧视实现公约第5条规定的权利和自由（non – discriminatory implementation of rights and freedoms on article 5 of the convention）	
第21号	第四十八届会议（1996年）		自决权（on the right to self – determination）	
第22号	第四十九届会议（1996年）	第5条	有关难民和流离失所者（on refugees and displaced persons）	
第23号	第五十一届会议（1997年）		有关土著人民的权利（on the rights of indigenous peoples）	

续表

建议编号	建议发表时间	所涉人权条约条款	标题或主要内容	备注
第 24 号	第五十五届会议（1999 年）	第 1 条	有关报告属于不同种族、民族或土著人民的人（concerning reporting of persons belonging to different races, national/ethnic groups, or indigenous peoples）	
第 25 号	第五十六届会议（2000 年）		种族歧视的有关性别的维度（on gender – related dimensions of racial discrimination）	
第 26 号	第五十六届会议（2000 年）	第 6 条	有关公约第 6 条缔约国的有效救济（on article 6 of the convention）	
第 27 号	第五十七届会议（2000 年）		对罗姆人的歧视（on discrimination against Roma）	篇幅长，措施清单很具体
第 28 号	第六十届会议（2002 年）		反种族主义、种族歧视、仇外情绪和相关不容忍会议的后续行动（on the follow – up to the World Conference against racism, racial discrimination, xenophobia and related intolerance）	
第 29 号	第六十一届会议（2002 年）	第 1 条	公约第 1 条第 1 款世系（descent）	
第 30 号	第六十五届会议（2005 年）		歧视非公民（on discrimination against non – citizens）	取代第 11 号一般性建议

续表

建议编号	建议发表时间	所涉人权条约条款	标题或主要内容	备注
第 31 号	第六十五届会议（2005 年）		在刑事司法制度管理和实施中防止种族歧视（on the prevention of racial discrimination in the administration and functioning of the criminal justice system）	
第 32 号	第七十五届会议（2009 年）		公约中特殊措施的含义和范围（the meaning and scope of special measures in the International convention）	
第 33 号	第七十五届会议（2009 年）		德班审查会议的后续行动（Follow - up to the Durban Review Conference）	
第 34 号	第七十九届会议（2011 年）		针对非洲人后裔的种族歧视（Racial discrimination against people of African descent）	
第 35 号	第八十三届会议（2013 年）		打击种族主义仇恨言论（Combating racist hate speech）	

1972 年，消除种族歧视委员会在其第五届、第六届会议上作出了联合国人权条约机构最早的三项一般性建议。这比人权事务委员会 1981 年作出其第 1 号一般性意见早了 9 年，比经济、社会和文化权利委员会 1989 年作出其第 1 号一般性意见早了 17 年。对比分析消除种族歧视委员会迄今作出的一般性建议，可以得出如下主要规律性认识：

首先，消除种族歧视委员会的一般性建议的法理功能呈逐步增强趋势。如第 1 号建议“有关缔约国的义务”只有 246 个字，仅仅通报了审议结果，即委员会发现一些缔约国的立法未把《公约》第 4 条第 1 项、第2项拟定的强制性规定[1]包括进去，并建议这些缔约国按照《公约》规定补充相关立法。第1号建议纯粹是在阐述事实后提了一条建议，要求缔约国按《公约》规定行事，几乎没有任何说理和论证的成分。第2号建议也冠名“有关缔约国的义务”，只有263个字，目的是阐明一点：所有缔约国，包括境内没有种族歧视的缔约国，也需提供委员会在1970年1月28日函件（CERD/C/R.12）中所指的资料，因为《公约》第9条第1款全体缔约国都承诺要提交报告阐明其所采取的相关措施。第2号建议的说理成分也很微弱。第3号意见同样是关于“缔约国的报告”，委员会审议报告时发现，一些缔约国报告中载有它们在执行联合国机关有关与南部非洲种族主义政权之间关系的决议而采取的措施方面的资料，委员会欢迎其他缔约国在提交报告时，加列它们和南部非洲种族主义政权在外交、经济和其他方面关系状况的资料。第3号建议共452字，其间用大部分篇幅节选了《公约》和大会决议的相关规定，用以支撑委员会的建议。第3号建议说理的成分有所增加，尽管只是通过列举相关法律渊源的方式。对比委员会最近发表的三项建议，单从字数上看就有质的飞跃，第33号建议为2127字、第34号建议为4544字，而第35号建议高达8728字。第35号建议专事“打击种族主义仇恨言论”，分为导言、种族主义仇恨言论、《公约》的资源和结论四个部分。第一部分详细介绍了发表此建议的背景、目的和采用的方法。第二部分阐明了种族仇恨言论的形式、表达方式和识别方法，并指出种族主义仇恨言论可以采取多种形式，并不局限于明显的种族歧视言论。第三部分详细解析了《公约》第4条、第5条、第7条的内涵，特别是“立即采取积极措施”中“措施”的种类、对种族主义言论定罪量刑所应遵循的基本原则、应予惩处的具体行为等都作出了细致的分析和解释。其间，委员会对取缔种族主义仇恨言论和言论自由之间的关系、平等和免受歧视的权利以及言论自由权利之间的关系作了鞭辟入里的分析。在第

〔1〕①应宣告凡传播以种族优越或仇恨为根据的思想，煽动种族歧视，对任何种族或属于另一肤色或人种的人群实施强暴行为或煽动此种行为，以及对种族主义者的活动给予任何协助者，包括筹供经费在内，概为犯罪行为，依法惩处；②应宣告凡组织及有组织的宣传活动与所有其他宣传活动的提倡与煽动种族歧视者，概为非法，加以禁止，并确认参加此等组织或活动为犯罪行为，依法惩处。

四部分结论中，委员会特别指出，“在世界所有地区普遍出现的种族主义仇恨言论依然是当代人权面临的重大挑战”，由此敦促缔约国“制定目标和监控程序，以支持打击种族主义仇恨言论的法律和政策”的制定和贯彻落实。与委员会最初作出的一般性建议相比，后续建议的阐释和分析越来越细致、深入，论证更加缜密和系统化，其法理功能明显加强。

其次，打击种族主义仇恨言论是消除种族歧视委员会一般性建议的重点目标。种族主义仇恨言论容易导致大规模人权侵犯、灭绝种族罪和流血冲突的发生。只有有效地打击种族主义仇恨言论，才能全面调动《公约》的规范和程序方面的资源。为此，委员会通过的许多一般性建议直接或间接涉及仇恨言论问题，主要包括：1985 年关于执行《公约》第 4 条的第 7 号一般性建议；1993 年关于执行《公约》第 4 条的第 15 号一般性建议，其中强调第 4 条和言论自由之间的兼容性；2000 年关于与性别有关的种族歧视的第 25 号一般性建议；2000 年关于歧视罗姆人的第 27 号一般性建议；2002 年关于世系问题的第 29 号一般性建议；2004 年关于对非公民的歧视的第 30 号一般性建议；2005 年关于在刑事司法系统的执法和行使职能中防止种族歧视的第 31 号一般性建议；2011 年关于对非洲人后裔种族歧视问题的第 34 号一般性建议。在前述一般性建议的理论和实践基础上，2013 年委员会又出台了专事打击种族主义仇恨言论的第 35 号一般性建议，这是有关打击种族主义仇恨言论方面法理学的进一步升华和集大成者。

二、人权事务委员会通过的一般性意见[1]

表 4－2　人权事务委员会通过的一般性意见

意见编号	意见发表时间	所涉人权条约条款	标题或主要内容	备注
第 1 号	第 13 届会议（1981 年）	第 40 条	报告义务（Reporting obligation）	已被第 30 号一般性意见取代

〔1〕 参见联合国官网 http://tbinternet.ohchr.org/_layouts/treatybodyexternal/TBSearch.aspx?Lang=en&TreatyID=8&DocTypeID=11，访问时间：2015 年 11 月 4 日。

续表

意见编号	意见发表时间	所涉人权条约条款	标题或主要内容	备注
第 2 号	第 13 届会议（1981 年）		报告准则（Reporting guidelines）	
第 3 号	第 13 届会议（1981 年）	第 2 条	国家层面的实施（Implementation at the national level）	已被第 31 号一般性意见取代
第 4 号	第 13 届会议（1981 年）	第 3 条	男女平等享受所有公民权利和政治权利（Equal right of men and women to the enjoyment of all civil and political rights）	已被第 28 号一般性意见取代
第 5 号	第 13 届会议（1981 年）	第 4 条	克减（Derogations）	已被第 29 号一般性意见取代
第 6 号	第 16 届会议（1982 年）	第 6 条	生命权（Right to life）	
第 7 号	第 16 届会议（1982 年）	第 7 条	禁止酷刑和其他残忍、不人道或有辱人格的待遇或处罚（Prohibition of torture or cruel, inhuman or degrading treatment or punishment）	已被第 20 号一般性意见取代
第 8 号	第 16 届会议（1982 年）	第 9 条	人身自由和安全（Right to liberty and security of persons）	已被第 35 号一般性意见取代
第 9 号	第 16 届会议（1982 年）	第 10 条	被拘禁者的人道待遇（Humane treatment of persons deprived of their liberty）	已被第 21 号一般性意见取代
第 10 号	第 19 届会议（1983 年）	第 19 条	见解自由（Freedom of opinion）	已被第 34 号一般性意见取代

续表

意见编号	意见发表时间	所涉人权条约条款	标题或主要内容	备注
第 11 号	第 19 届会议（1983 年）	第 20 条	禁止鼓吹战争和仇恨（Prohibition of propaganda for war and advocacy of national, racial or religious hatred）	
第 12 号	第 21 届会议（1984 年）	第 1 条	自决权（Right to self – determination）	
第 13 号	第 21 届会议（1984 年）	第 14 条	司法（Administration of justice）	已被第 32 号一般性意见取代
第 14 号	第 23 届会议（1984 年）	第 6 条	生命权（Right to life）	
第 15 号	第 27 届会议（1986 年）	第 13 条	公约下外侨的地位（The position of aliens under the Covenant）	
第 16 号	第 32 届会议（1988 年）	第 17 条	隐私权（Right to privacy）	
第 17 号	第 35 届会议（1989 年）	第 24 条	儿童的权利（Rights of the child）	
第 18 号	第 37 届会议（1989 年）	第 2 条第 1 款	不歧视（Non – discrimination）	
第 19 号	第 39 届会议（1990 年）	第 23 条	家庭（The family）	
第 20 号	第 44 届会议（1992 年）	第 7 条	禁止酷刑和其他残忍、不人道或有辱人格的待遇或处罚（Prohibition of torture, or other cruel, inhuman or degrading treatment or punishment）	取代第 7 号一般性意见

续表

意见编号	意见发表时间	所涉人权条约条款	标题或主要内容	备注
第 21 号	第 44 届会议（1992 年）	第 10 条	被拘禁者的人道待遇（Humane treatment of persons deprived of their liberty）	取代第 9 号一般性意见
第 22 号	第 48 届会议（1993 年）	第 18 条	思想、良心和宗教自由（Freedom of thought, conscience or religion）	
第 23 号	第 50 届会议（1994 年）	第 27 条	少数者的权利（Rights of minorities）	
第 24 号	第 52 届会议（1994 年）		批准或加入公约或其议定书时的保留问题，或公约第 41 条规定的声明问题（Issues relating to reservations made upon ratification or accession to the Covenant or the Optional Protocols thereto, or in relation to declarations under article 41 of the Covenant）	
第 25 号	第 57 届会议（1996 年）	第 25 条	参与公共事务和投票的权利，以及平等参加本国公务的权利（The right to participate in public affairs, voting rights and the right of equal access to public service）	
第 26 号	第 61 届会议（1997 年）		义务的连续性（Continuity of obligations）	
第 27 号	第 67 届会议（1999 年）	第 12 条	迁徙自由（Freedom of movement）	

续表

意见编号	意见发表时间	所涉人权条约条款	标题或主要内容	备注
第28号	第68届会议（2000年）	第3条	男女权利平等（The equality of rights between men and women）	取代第4号一般性意见
第29号	第72届会议（2001年）	第4条	紧急状态下缔约国义务的克减（Derogations during a state of emergency）	取代第5号一般性意见
第30号	第75届会议（2002年）	第40条	缔约国报告义务（Reporting obligations of States parties under article 40 of the Covenant）	取代第1号一般性意见
第31号	第80届会议（2004年）		公约赋予缔约国一般法律义务的性质（The Nature of the General Legal Obligation Imposed on States Parties to the Covenant）	取代第3号一般性意见
第32号	第90届会议（2007年）	第14条	在法庭和裁判所前一律平等和获得公正审判的权利（Right to equality before courts and tribunals and to a fair trial）	取代第13号一般性意见
第33号	第94届会议（2008年）		缔约国在《公民权利和政治权利国际公约任择议定书》下的义务（The Obligations of States Parties under the Optional Protocol to the International Covenant on Civil and Political Rights）	

续表

意见编号	意见发表时间	所涉人权条约条款	标题或主要内容	备注
第34号	第102届会议(2011年)	第19条	见解自由和言论自由(Freedoms of opinion and expression General remarks)	取代第10号一般性意见
第35号	第112届会议(2014年)	第9条	人身自由和安全(Liberty and security of person)	取代第8号一般性意见
				共有9项一般性意见被取代

在消除种族歧视委员会作出最早的一般性建议后9年，也即1981年，人权事务委员会于其第13届会议作出了其第一批共五项一般性意见，主要内容也是关于缔约国报告义务。对比分析各条约机构作出的一般性意见/建议，可以发现人权事务委员会在发表一般性意见方面有如下特征：

首先，人权事务委员会的一般性意见的法理功能呈逐步增强趋势。从篇幅上看，人权事务委员会最初作出的五项一般性意见都不足一页（联合国文件，A4纸张），而2014年人权事务委员会作出的第35号一般性意见的篇幅却长达21页之多（中文版最后一页只有两行——笔者注）。也就是说，仅仅从报告篇幅方面对比，如今的一般性意见就是最初一般性意见的二十几倍；从注释上看，最初的一般性意见基本没有注释，仅仅是阐明事实、复述公约规定或直接提出建议，而最近的第35号一般性意见的注释数却高达194项之多；从文法结构上看，最初的一般性意见除了总标题外，没有进一步的大小标题，仅仅分为几段，有的甚至只有一段，而第35号一般性意见却分为七大部分，每一部分都有专门的标题，其下再细分为段落，每一段落都标注了数字号码，方便阅读和引用。纵观人权事务委员会作出的系列一般性意见，总的趋势是其法律依据越来越充分、分析越来越细致、论证越来越深入、逻辑越来越严密、观点越来越鲜明和具体。和其他条约机构作出的一般性意见/建议一样，人权事务委员会在此发挥的人权法理学功能也愈来愈强。

其次，人权事务委员会法理功能的自我优化特点非常明显。与其他条约机构所作的一般性意见/建议相比，截至目前，人权事务委员会所作的一般性意见取代其以往意见的数量是最多的。从上表可以看出，这种自我否定和前后取代高达9项之多，涉及的内容也很广泛，包括：禁止酷刑和其他残忍、不人道或有辱人格的待遇或处罚；被拘禁者的人道待遇；男女权利平等；紧急状态下缔约国义务的克减；缔约国报告义务；公约赋予缔约国一般法律义务的性质；在法庭和裁判所前一律平等和获得公正审判的权利；见解自由和言论自由；人身自由和安全。这一特点，一方面反映出人权事务委员会专家们虚怀若谷、与时俱进的专业精神，另一方面也折射出在公民权利和政治权利的国际保护方面，国际实践变化之快、之多，许多概念、观念和制度都出现了翻天覆地的变化，人权事务委员会的专家们及时捕捉到这些信息，并将其写入了新的一般性意见，导致9项不合时宜的一般性意见被淘汰。任何理论，如果停滞不前，势必会被实践淘汰和抛弃。只有不断优化、与时俱进，才会焕发新的青春。在人权法理学的推陈出新方面，人权事务委员会堪称典范。

三、经济、社会和文化权利委员会通过的一般性意见[1]

表4-3　经济、社会和文化权利委员会通过的一般性意见

意见编号	意见发表时间	所涉人权条约条款	标题或主要内容	备注
第1号	第三届会议（1989年）		缔约国的报告（Reporting by States Parties）	1804字

〔1〕参见联合国官网 http：//tbinternet. ohchr. org/_ layouts/treatybodyexternal/TBSearch. aspx？Lang = en&TreatyID = 9&DocTypeID = 11，访问时间：2015年11月4日。

续表

意见编号	意见发表时间	所涉人权条约条款	标题或主要内容	备注
第2号	第四届会议（1990年）	第22条	国际技术援助措施（International technical assistance measures）	2328字
第3号	第五届会议（1990年）	第2条第1款	缔约国义务的性质（The nature of States Parties' obligations）	3522字
第4号	第六届会议（1990年）	第11条第1款	适足住房权（The right to adequate housing）	5109字
第5号	第十一届会议(1994年)		残疾人（Persons with disabilities）	7671字
第6号	第十三届会议(1995年)		老龄人的经济、社会、文化权利（The economic，social and cultural rights of older persons）	7323字
第7号	第十六届会议(1997年)	第11条第1款	适足住房权：强行驱逐（The right to adequate housing：forced evictions）	4581字
第8号	第十七届会议(1997年)		实施经济制裁与尊重经济、社会、文化权利的关系（The relationship between economic sanctions and respect for economic，social and cultural rights ）	3322字
第9号	第十九届会议(1998年)		《公约》在国内的适用（The domestic application of the Covenant）	3439字

续表

意见编号	意见发表时间	所涉人权条约条款	标题或主要内容	备注
第10号	第十九届会议(1998年)		国家人权机构在保护经济、社会和文化权利方面的作用(The role of national human rights institutions in the protection of economic, social and cultural rights)	933字
第11号	第二十届会议(1999年)	第14条	初级教育行动计划（Plans of action for primary education)	1997字
第12号	第二十届会议(1999年)	第11条	取得足够食物的权利（The right to adequate food)	6837字
第13号	第二十一届会议（1999年)	第13条	受教育的权利（The right to education)	13 065字
第14号	第二十二届会议（2000年)	第12条	享有能达到的最高健康标准的权利（The right to the highest attainable standard of health)	16 203字
第15号	第二十九届会议（2002年)	第11条 第12条	水权（The right to water)	12 480字
第16号	第三十四届会议（2005年)	第3条	男女在享受一切经济、社会及文化权利方面的平等权利(The equal right of men and women to the enjoyment of all economic, social and cultural rights)	7904字

续表

意见编号	意见发表时间	所涉人权条约条款	标题或主要内容	备注
第17号	第三十五届会议（2005年）		人人有权享受对其本人的任何科学、文学和艺术作品所产生的精神和物质利益的保护（The right of everyone to benefit from the protection of the moral and material interests resulting from any scientific, literary or artistic production of which he or she is the author）	13 277字
第18号	第三十五届会议（2005年）	第6条	工作权利（The right to work）	10 824字
第19号	第三十九届会议（2007年）	第9条	社会保障的权利（The right to social security）	15 365字
第20号	第四十二届会议（2009年）	第2条第2款	经济、社会和文化权利方面不歧视（Non – discrimination in economic, social and cultural rights）	9091字
第21号	第四十三届会议（2009年）	第15条第1款	人人有权参加文化生活（Right of everyone to take part in cultural life）	15 214字

尽管1966年通过的《公民权利和政治权利国际公约》以及《经济、社会和文化权利国际公约》都是在1976年生效，但经济、社会和文化权利委员会发表的第一项一般性意见比人权事务委员会晚了8年。这与该委员会独特的组建方式有关，委员会的建立没有规定在《经济、

社会和文化权利国际公约》中，而是通过1985年经济与社会理事会第1985/17号决议建立的。经济、社会和文化权利委员会设立较晚，其发表一般性意见自然滞后。不过，自建立以来，经济、社会和文化权利委员会所作的系列一般性意见，其法理功能也呈日渐增强趋势，特别是其关于食物权、获得水的权利、住房权、教育权、健康权等方面的一般性意见，对解释这些权利和相应的缔约国义务作出了巨大贡献。此外，经济、社会和文化权利委员会所作的一般性意见也具有自我优化功能，例如其第9号一般性意见便是以第3号意见为基础，在关于缔约国义务性质的第3号一般性意见中，委员会论述了与缔约国义务的性质和范围有关的问题，第9号意见则进一步阐述了以前陈述中的某些内容。通过第9号意见的补充和升华，有关缔约国义务的法理学更加详细和深入。

四、消除对妇女歧视委员会通过的一般性建议〔1〕

表4－4　消除对妇女歧视委员会通过的一般性建议

意见编号	意见发表时间	所涉人权条约条款	标题或主要内容	备注
第1号	第五届会议（1986年）	第18条	缔约国的报告（reporting guidelines）	112字
第2号	第六届会议（1987年）	第18条	缔约国的报告（reporting guidelines）	314字
第3号	第六届会议（1987年）	第5条	教育和宣传运动（education and public information programmes）	192字
第4号	第六届会议（1987年）	第28条	保留（reservations）	140字
第5号	第七届会议（1988年）	第4条第1款	暂行特别措施（temporary special measures）	172字

〔1〕参见联合国官网 http://www.ohchr.org/EN/HRBodies/CEDAW/Pages/Recommendations.aspx，访问时间：2015年11月4日。

续表

意见编号	意见发表时间	所涉人权条约条款	标题或主要内容	备注
第 6 号	第七届会议（1988 年）		有效的国家机制和宣传（effective national machinery and publicity）	289 字
第 7 号	第七届会议（1988 年）		资源（resources）	357 字
第 8 号	第七届会议（1988 年）	第 8 条	执行《公约》第 8 条（article 8）	133 字
第 9 号	第八届会议（1989 年）		有关妇女状况的统计资料（statistical data）	189 字
第 10 号	第八届会议（1989 年）		《消除对妇女一切形式歧视公约》通过十周年（tenth anniversary of the adoption of CEDAW）	564 字
第 11 号	第八届会议（1989 年）	第 18 条	履行报告义务的技术咨询服务（technical advisory services for reporting）	293 字
第 12 号	第八届会议（1989 年）		对妇女的暴力行为（violence against women）	273 字
第 13 号	第八届会议（1989 年）		同工同酬（equal remuneration for work of equal value）	421 字
第 14 号	第九届会议（1990 年）		女性生殖器残割（female circumcision）	759 字
第 15 号	第九届会议（1990 年）		在各国防治后天免疫机能缺损综合征（艾滋病）战略中避免对妇女的歧视（women and AIDS）	613 字

续表

意见编号	意见发表时间	所涉人权条约条款	标题或主要内容	备注
第 16 号	第十届会议（1991 年）		城乡家庭企业中的无酬女工（unpaid women workers in rural and urban family enterprises）	352 字
第 17 号	第十届会议（1991 年）		妇女无偿家务活动的衡量和量化及其在国民生产总值中的确认（measurement and quantification of the unremunerated domestic activities of women and their recognition in the GNP）	458 字
第 18 号	第十届会议（1991 年）		残疾妇女（disabled women）	277 字
第 19 号	第十一届会议(1992 年)		对妇女的暴力行为（violence against women）	3687 字
第 20 号	第十一届会议(1992 年)		对《公约》的保留（reservations）	190 字
第 21 号	第十三届会议(1994 年)		婚姻和家庭关系中的平等（equality in marriage and family relations）	6952 字
第 22 号	第十四届会议(1995 年)	第 20 条	对《公约》第 20 条的修正（article 20 of the Convention）	602 字
第 23 号	第十六届会议(1997 年)		妇女的政治和公共生活（women in political and public life）	7816 字
第 24 号	第二十届会议(1999 年)	第 12 条	妇女和保健（women and health）	5760 字

续表

意见编号	意见发表时间	所涉人权条约条款	标题或主要内容	备注
第 25 号	第三十届会议(2004 年)	第 4 条第 1 款	暂行特别措施（Temporary special measures）	6969 字
第 26 号	第三十二届会议（2005 年）		关于移徙女工问题（Women Migrant Workers）	10 587 字
第 27 号	第四十二届会议（2008 年）		关于老年妇女问题和保护其人权的一般性建议（Older women and protection of their human rights）	7679 字
第 28 号	第四十七届会议（2010 年）	第 2 条	缔约国在公约第 2 条之下的核心义务（The Core Obligations of States Parties under Article 2 of the Convention on the Elimination of All Forms of Discrimination against Women）	9072 字
第 29 号	第五十四届会议（2013 年）	第 16 条	婚姻、家庭关系及其解除的经济后果（Economic consequences of marriage, family relations and their dissolution）	8003 字
第 30 号	第五十六届会议（2013 年）		关于妇女在预防冲突、冲突及冲突后局势中的作用（on women in conflict prevention, conflict and post – conflict situations）	19 828 字

续表

意见编号	意见发表时间	所涉人权条约条款	标题或主要内容	备注
第 31 号	2014 年		有关有害做法（on harmful practices）消除对妇女歧视委员会第 31 号以及儿童权利委员会第 18 号联合一般性建议/意见	19 119 字
第 32 号	2014 年		关于妇女的难民地位、庇护、国籍和无国籍状态与性别相关方面（on the gender－related dimensions of refugee status，asylum，nationality and statelessness of women）	A4 纸张共 17 页
第 33 号	2015 年		关于妇女获得司法救助的第 33 号一般性建议（on women's access to justice）	A4 纸张共 22 页

消除对妇女歧视委员会作出一般性建议相对较早，数量也多，其法理功能也呈日益增强之趋势。最开始的一般性建议也只有百十来字，其后的一般性建议，不论字数还是结构，都发生了令人咂舌的变化。其所引用的法律依据也越来越全面，其阐释、分析、说理和论证，也呈日渐细致、深入之趋势。最独特的是，消除对妇女歧视委员会和儿童权利委员会作出了条约机构有史以来第一个联合一般性建议/意见，这一做法具有开创性，而且代表了条约机构法理功能的未来发展趋势。条约机构联合作出一般性建议/意见，既符合人权问题的统一性和内在关联性，也符合条约机构实质性融合这一潜在趋势。

五、禁止酷刑委员会通过的一般性意见[1]

表 4－5　禁止酷刑委员会通过的一般性意见

意见编号	意见发表时间	所涉人权条约条款	标题或主要内容	备注
第 1 号	第十六届会议(1996 年)	第 3 条 第 22 条	遣回可能遭受酷刑与个人来文（Implementation of article 3 of the Convention in the context of article 22）	1154 字
第 2 号	第三十九届会议（2007 年）	第 2 条	缔约国执行第 2 条（禁止酷刑是绝对的、不可克减的）（Implementation of article 2 by States Parties）	6545 字
第 3 号	2012 年	第 14 条	缔约国对第 14 条的执行（Implementation of article 14 by States Parties）	10 040 字

六、儿童权利委员会通过的一般性意见[2]

表 4－6　儿童权利委员会通过的一般性意见

意见编号	意见发表时间	所涉人权条约条款	标题或主要内容	备注
第 1 号	第二十六届会议（2001 年）	第 29 条 第 1 款	教育的目的（The aims of education）	6668 字

〔1〕 参见联合国官网 http://tbinternet.ohchr.org/_layouts/treatybodyexternal/TBSearch.aspx?Lang=en&TreatyID=1&DocTypeID=11，访问时间：2015 年 11 月 4 日。

〔2〕 参见联合国官网 http://tbinternet.ohchr.org/_layouts/treatybodyexternal/TBSearch.aspx?Lang=en&TreatyID=5&DocTypeID=11，访问时间：2015 年 11 月 4 日。

续表

意见编号	意见发表时间	所涉人权条约条款	标题或主要内容	备注
第2号	第三十一届会议（2002年）	第4条	独立的国家人权机构在增进和保护儿童权利方面的作用（The role of independent national human rights institutions in the promotion and protection of the rights of the child）	5148字
第3号	第三十二届会议（2003年）	第24条等	艾滋病毒/艾滋病与儿童权利（HIV/AIDS and the rights of the child）	12 330字
第4号	第三十三届会议（2003年）	第1条 第5条等	在《儿童权利公约》框架内青少年的健康和发展（Adolescent health and development in the context of the Convention on the Rights of the Child ）	10 097字
第5号	第三十四届会议（2003年）	第4条、第42条、第44条第6款	执行《儿童权利公约》的一般措施（General measures of implementation of the Convention , arts. 4, 42 and 44, para. 6）	17 055字
第6号	第三十九届会议（2005年）		远离原籍国无人陪伴和无父母陪伴的儿童待遇（Treatment of unaccompanied and separated children outside their country of origin）	19 842字，有目录

续表

意见编号	意见发表时间	所涉人权条约条款	标题或主要内容	备注
第7号	第四十届会议(2006年)		在幼儿期落实儿童权利（Implementing child rights in early childhood）	17 832字
第8号	第四十二届会议（2006年）	第19条、第28条第2款、第37条等	儿童受保护免遭体罚和其他残忍或不人道形式惩罚的权利（The right of the child to protection from corporal punishment and other cruel or degrading forms of punishment）	11 604字
第9号	第四十三届会议（2006年）		残疾儿童的权利（The rights of children with disabilities）	18 560字
第10号	第四十四届会议（2007年）		少年司法中的儿童权利（Children's rights in juvenile justice）	21 722字
第11号	第五十届会议(2009年)	第17条、第29条、第30条等	土著儿童及其在《公约》下的权利（Indigenous children and their rights under the Convention）	13 236字
第12号	第五十一届会议（2009年）	第12条	儿童表达意见的权利（The right of the child to be heard）	20 996字
第13号	2011年	第19条	儿童免遭一切形式暴力侵害的权利（The right of the child to freedom from all forms of violence）	25 266字，有目录

续表

意见编号	意见发表时间	所涉人权条约条款	标题或主要内容	备注
第14号	第六十二届会议（2013年）	第3条第1款	儿童将他或她的最大利益列为一种首要考虑的权利（on the right of the child to have his or her best interests taken as a primary consideration）	17 731字
第15号	第六十二届会议（2013年）	第24条	儿童可达到的最高标准的健康权（on the right of the child to the enjoyment of the highest attainable standard of health）	
第16号	第六十二届会议（2013年）		关于商业部门对儿童权利影响方面的国家义务（on State obligations regarding the impact of the business sector on children's rights）	18 604字
第17号	第六十二届会议（2013年）	第31条	儿童休息、休闲、娱乐、文化生活和艺术方面的权利（on the right of the child to rest，leisure，play，recreational activities，cultural life and the arts）	
第18号	2014年		有关有害做法（on harmful practices）消除对妇女歧视委员会第31号以及儿童权利委员会第18号联合一般性建议/意见	

续表

意见编号	意见发表时间	所涉人权条约条款	标题或主要内容	备注
第19号（草案）	2016年	第4条	公共支出和儿童权利（On Public Spending and the Rights of the Child）	有目录

七、残疾人权利委员会通过的一般性意见〔1〕

表4－7　残疾人权利委员会通过的一般性意见

意见编号	意见发表时间	所涉人权条约条款	标题或主要内容	备注
第1号	第十一届会议(2014年)	第12条	在法律面前获得平等承认（Equal recognition before the law）	A4纸张共12页
第2号	第十一届会议(2014年)	第9条	无障碍（Accessibility）	A4纸张共13页

八、保护所有移徙工人及其家庭成员权利委员会通过的一般性意见〔2〕

表4－8　保护所有移徙工人及其家庭成员权利委员会通过的一般性意见

意见编号	意见发表时间	所涉人权条约条款	标题或主要内容	备注
第1号	2011年		关于移徙家政工人（migrant domestic workers）	9852字

〔1〕参见联合国官网 http://www.ohchr.org/EN/HRBodies/CRPD/Pages/GC.aspx，访问时间：2015年11月4日。

〔2〕参见联合国官网 http://tbinternet.ohchr.org/_layouts/treatybodyexternal/TBSearch.aspx?Lang=en&TreatyID=7&DocTypeID=11，访问时间：2015年11月4日。

续表

意见编号	意见发表时间	所涉人权条约条款	标题或主要内容	备注
第2号	2013年		关于身份不正常的移徙工人及其家庭成员权利（on the rights of migrant workers in an irregular situation and members of their families）	18 727字

限于篇幅，笔者对后几个条约机构所作的一般性意见/建议进行综合评述。除强迫失踪问题委员会迄今暂无这方面成果外，其他条约机构都相当重视此类意见或建议的草拟、优化、发表、宣传和落实。有目共睹的共同特点是，各条约机构通过发表一般性意见/建议、处理个人来文、审理国家报告等途径，其人权法理学功能的发挥愈来愈娴熟，愈来愈广泛和深入，其成果也愈来愈丰厚。而且，各条约机构的工作程序有逐渐统一和融合之趋势，起草和发表联合一般性意见/建议便是其典型例证。相信，未来的条约机构会出台更多的联合性一般性意见/建议，发展出更具普遍意义的人权法理学，广泛地供所有缔约国参考。

第三节　条约机构的人权法理学贡献

一、条约机构人权法理学功能的机制性保障

总体而言，依据核心国际人权条约的规定或指定，每一项条约都有自己特定的条约机构监督其实施情况，它们是：①消除种族歧视委员会自1969年以来一直监测《消除一切形式种族歧视国际公约》的执行情况，该委员会有18名委员。②经济、社会和文化权利委员会于1985年设立，负责履行经济及社会理事会根据《经济、社会和文化权利国际公约》所承担的职能，该委员会有18名委员。③人权事务委员会于1976年设立，负责监测《公民权利和政治权利国际公约》的执行情况，该

委员会有 18 名委员。④消除对妇女歧视委员会自 1981 年以来，负责监测《消除对妇女一切形式歧视公约》的执行情况，该委员会有 23 名委员。⑤禁止酷刑委员会于 1987 年设立，负责监测《禁止酷刑和其他残忍、不人道或有辱人格的待遇或处罚公约》的执行情况，该委员会有 10 名委员。在禁止酷刑领域，2007 年国际社会根据公约的议定书设立了防止酷刑小组委员会，职责有二：一是负责查访缔约国境内所有拘留地点；二是向缔约国及其他独立的国家防止酷刑和其他残忍、不人道或有辱人格的待遇或处罚的机构、国家预防机制提供协助和咨询意见，该委员会有 25 名委员。⑥儿童权利委员会自 1991 年以来，一直负责监测缔约国执行《儿童权利公约》及其两个《任择议定书》（关于儿童卷入武装冲突和关于买卖儿童、儿童卖淫和儿童色情制品）的情况，该委员会有 18 名委员。⑦移徙工人问题委员会 2004 年 3 月举行了第一届会议，负责监测《保护所有移徙工人及其家庭成员权利国际公约》的执行情况，该委员会有 14 名委员。⑧残疾人权利委员会于 2008 年成立，负责监督《残疾人权利公约》的实施，该委员会有 18 名委员。⑨强迫失踪问题委员会于 2011 年设立，负责监督《保护所有人免遭强迫失踪国际公约》的实施，该委员会有 10 名委员。

根据核心国际人权条约的规定，尽管措辞有所不同，条约机构的职能及其专业性却几乎完全一致。每个委员会都由在人权方面的才干得到公认的独立专家组成，每两年改选一半委员。专家由缔约国提名并选举产生，固定任期为 4 年，可连选连任。最新成立的条约机构如防止酷刑小组委员会、残疾人权利委员会和强迫失踪问题委员会的委员，则只能连任一次。条约机构的委员以个人身份而不是政府的代表身份任职，其地位具有独立性。[1] 如《公民权利和政治权利国际公约》第 28 条规定“设立人权事务委员会”，“委员应由本公约缔约国国民组成，他们应具有崇高道义地位和在人权方面有公认的专长，并且还应考虑使若干具有法律经验的人参加委员会是有用的”。公约第 29 条规定“委员会委员由具有第 28 条所规定的资格的人的名单中以无记名投票方式选出，这

〔1〕 参见联合国出版物：《人权：人权条约体系》，联合国概况介绍第 30 号第 1 次修订，2013 年，第 19－20 页。

些人由本公约缔约国为此目的而提名”。公约第 31 条规定“委员会不得有一个以上的委员同为一个国家的国民”，而且“委员会的选举应考虑到成员的公平地域分配和各种类型文化及各主要法系的代表性”。公约第 38 条规定“委员会每个委员就职以前，应在委员会的公开会议上郑重声明他将一秉良心公正无偏地行使其职权”。又如《残疾人权利公约》第 34 条规定“设立一个残疾人权利委员会”，“委员会成员应当以个人身份任职，品德高尚，在本公约所涉领域具有公认的能力和经验”，“委员会成员由缔约国选举，选举须顾及公平地域分配原则，各大文化和各主要法系的代表性，男女成员人数的均衡性以及残疾人专家的参加”。关于条约机构的组建及其委员的遴选，其他核心国际人权条约中均有相同或类似的规定。条约机构的专业性和独立性以缔约国众多的国际条约为法律依据，委员的资格、遴选和任职均遵循严格的法律程序和法律标准，由此奠定了条约机构法理功能的法律基础以及组织和人事方面的保障。唯有代表各大法系、文化和地域的人权方面的专家以个人身份独立行事，其法理功能才能真正地、公正地得以发挥，才能产出以普世价值标准为导向的法理学，产出最大限度实现地球上每一个人人权的芸芸众生的法理学。如果条约机构的委员均是代表国家行事，为特定国家的利益服务，其所发挥法理功能的产出必定是高度政治化的法理学，基于国家利益偏私的被扭曲的法理学，从而背离人权的最基本的特性：普遍性和不歧视性。

二、条约机构法理学功能对人权法的发展和实施的强力推动

条约机构的人权法理学功能早已为联合国和学术界所公认。如今，联合国官网中各条约机构主页标题栏中赫然列有“Jurisprudence”（法理学）或“Table of jurisprudence”（法理学一览表）或“Jurisprudence database”（法理学资料库）的大标题，其中的内容相当丰富，主要是个人来文及其裁决，数量繁多。各条约机构审议缔约国报告所作的结论性意见、一般性意见/建议也都有详细的文本待查。当然，成立时间较短的条约机构的法理学内容相对要少一些。就学术界而言，早在 1980

年，就有学者 B. G. Ramcharan 发表了《人权事务委员会法理学初见端倪》[1] 一文，特别关注到人权事务委员会的法理学功能；1985 年 Othon A. Prounis 发表了《人权事务委员会：拟解决人权法的悖论》[2]一文，建议加强委员会解释的灵活性并增强其意见的执行力；1994 年 Dominic McGoldrisk 出版了专著《人权事务委员会：在发展〈公民权利和政治权利国际公约〉中的作用》，[3] 分析了委员会的机构特点，回顾了委员会程序和实践的发展历程，并深度探讨了委员会阐释的关键条款的法理学；1995 年 Jennifer Sisk 和 Arnold Pronto 发表了《南非国际人权标准：人权事务委员会的法理学》[4]一文，论证了人权事务委员会在民族自决权、少数者、不歧视等方面的法理学功能，还介绍了这些法理学在南非的直接适用情况；2000 年 Theodore S. Orlin、Allan Rosas、Martin Scheinin 汇编了《人权法的法理学：一个比较解释方法》[5]一书，作者们用比较解释方法阐释了一些当代饱受争议的人权话题，并特别关注到国际人权法和国内人权法解释的相互借鉴和逐渐交融的趋势；2009 年 Alex Conte 和 Richard Burchill 出版了其专著的第二版，即《界定公民权利和政治权利：联合国人权事务委员会的法理学》，[6] 该书对人权事务委员会的意见作了全面分析和评述，每一项实体权利和自由都进行了细致的阐释，其目的是供全世界人权律师及其他人权实践者在国际层面或国内层面使用。纵观迄今为止的有关条约机构法理学功能的研究成果，存在十分不均衡的现象。西方学术界对人权事务委员会的法理学功能情

---

〔1〕 Ramcharan, B. G. , "The Emerging Jurisprudence of the Human Rights Committee", *Dalhousie Law Journal*, 6 (1980).

〔2〕 Othon A. Prouni, "The Human Rights Committee: Toward Resolving the Paradox of Human Rights Law", *Columbia Human Rights Law Review*, 103 (1985).

〔3〕 Dominic McGoldrisk, *The Human Rights Committee: Its Role in the Development of the International Covenant on Civil and Political Rights*, Oxford: Clarendon Press, 1994.

〔4〕 Jennifer Sisk, Arnold Pronto, "The International Human Rights Norms in South Africa: The Jurisprudence of The Human Rights Committee", *South African Journal on Human Rights*, 11 (1995).

〔5〕 Heodore S. Orlin, Allan Rosas, Martin Scheinin ed. , *The Jurisprudence of Human Rights Law: A Comparative Interpretive Approach*, New York: Syracuse Univ. Press, 2000.

〔6〕 Alex Conte and Richard Burchill, *Defining Civil and Political Rights: The Jurisprudence of the United Nations Human Rights Committee*, Ashgate: UNESCO Publishing, 2009.

有独钟，因此，人权事务委员会产出的人权法理学得到了很好的阐释分析、宣传普及和实际运用（南非便是一例），进一步推动了公民权利和政治权利领域的国际人权法和国内人权法在解释和适用方面的统一。与此形成鲜明对比的是，国外人权研究中有关经济、社会和文化权利委员会人权法理学功能的成果几乎为零，中国国内有少许相关研究成果〔1〕却未能翻译为外文或在国外刊发，国际化水平较低，不利于发展中国家独特人权理念的宣传、普及和广泛适用。

随着条约机构实践的发展，随着学术界和实务界对条约机构法理学功能认识的加深，条约机构法理学对人权法的实施和发展的推动作用也日益明朗化，具体表现如下：其一，条约机构法理学便利条约的统一实施。由于国际社会纷繁复杂，人们的生活千变万化，人权条约的实施势必遇到许许多多可以预见甚至不可预见的矛盾和分歧，人权条约的实施者和享有者对公约的相关条款有着截然不同的解释是常有的事。如果不能解决这些解释上的矛盾和分歧，条约的统一实施和真正实施便无从说起。而条约机构的统一解释恰恰解决了条约实施过程中的“拦路虎”问题，特别是其所作的一般性意见或一般性建议是针对所有缔约国发表的，“其绝大部分得到了大多数条约缔约国的认同和接受”。〔2〕这种一般性意见/建议尽管没有法律约束力，但条约缔约国却很难不重视，很难不依此履行公约义务。除非某个或某些缔约国对特定一般性意见/建议提出了明确的反对意见，不过实践表明这种情况很少发生。鉴于各大核心国际人权条约缔约国众多，如果所有缔约国都遵循一般性意见/建议履约，条约的实施将十分顺畅，国际上在此领域也会形成统一的理论和实践。其二，条约机构的解释推动国际人权法的发展。在条约机构的实践中，其对公约的解释愈来愈灵活，愈来愈与时俱进并具有前瞻性，

〔1〕直接研究经济、社会和文化权利委员会法理学功能的成果暂未发现，关于《经济、社会和文化权利国际公约》的研究成果倒是不少。

〔2〕当然，也曾有缔约国对条约机构的一般性意见/建议表示异议。例如，美国、英国和法国就曾对人权事务委员会有关保留问题的第 24 号一般性意见提出了异议，这些国家异议的提出恰好反证了一般性意见/建议的不容忽视和缔约国的非常重视。异议参见联合国文件：A/50/40（Vol. 1，1995），Annex Ⅵ. A；A/50/40（Vol. 1，1995），Annex Ⅵ. B；A/51/40（Vol. 1，1996），Annex Ⅵ.

构成了国际人权条约动态的权威解释。鉴于此，条约机构实际上发挥着一定程度上的辅助造法功能，推动着国际人权法的不断完善和发展。事实上，如果固守条约缔结当时的背景和理解，条约不少条款的实施便会不合时宜，而修正一项缔约国众多的条约又绝非易事，所以，条约法上有情势变更原则支持缔约国在情势变更时可以不履行相关条约义务，实践中也有不少通过扩张解释条约条款来继续履行条约义务的做法，条约机构便是后一做法的践行者。其三，条约机构的意见推动国际人权法和国内人权法的统一。在条约机构法理学的统一引导下，各条约缔约国越来越倾向于统一理解和解释各人权公约，并将这种统一理解适用于条约义务在国内层面的实际履行，这种国内履行必然包括立法、行政和司法各个领域，条约机构的法理学影响也势必伴随条约的实施辐射到国内，特别是国内人权法的立法和解释。久而久之，国际人权法和国内人权法的趋同化趋势会加强。其四，条约机构法理学丰富了条约解释的理论和实践。传统上，解释条约的主体一般是国家、国际组织和个人（主要是学者），解释规则上主要要求“依其用语按其上下文并参照条约之目的及宗旨所具有之通常意义，善意解释”，解释的效力上又区分为有权解释和非有权解释。而条约机构的解释实践突破了传统的框架：首先是解释主体新型化，由权威人权专家组成的条约机构是介乎官方与民间、有权和非有权之间的专家集合体；其次是解释规则独特化，条约机构在长期实践中逐步发展出拥护人权的独特解释原理和规则——参照“目的和宗旨”解释、动态解释、实效解释、自主解释、对国家对人权之限制的限制性解释。〔1〕最后是解释效力的准司法化，虽然条约机构的解释没有明确的法律约束力，但其广泛影响力和引导力却是毋庸置疑的。如果条约机构的一般性意见/建议被广泛接受，这些意见/建议就趋向于形成人权领域的国际习惯法规则，并逐步产生国际法律拘束力。总而言之，条约机构的解释构成了对核心国际人权条约中“包括的权利和其他相关规定进行解释的一种主要渊源”，〔2〕其实践极大地丰富了条约解释的理

〔1〕［奥］曼弗雷德·诺瓦克：《国际人权制度导论》，柳华文译，北京大学出版社2010年版，第63页。

〔2〕［奥］曼弗雷德·诺瓦克：《国际人权制度导论》，柳华文译，北京大学出版社2010年版，第97页。

论和实践。

三、条约机构人权法理学功能的主要发展趋势

（一）联合意见/建议加速条约机构人权法理学的统一化进程

人权是相互依赖、不可分割的，但九大核心国际人权条约并行而立，九大条约机构并驾齐驱，人权条约及其监督机制的碎片化直接导致了条约机构人权法理学的碎片化。各条约机构对同一概念或法条的解释冲突，不利于人权条约的实施和人权状况的改善。为最大限度地减少甚至消除国际人权法及其监督机制的碎片化痼疾所带来的不利后果，提高效率和减少冲突，条约机构在实践中逐步迈出了统一步伐，如各条约机构统一安排工作时间表、联合拟具结论性意见和建议、联合起草一般性意见/建议、联合采取后续行动等。联合国人权事务高级专员办事处在其2004年10月出版的第15号《概况介绍》中指出："鉴于由不同委员会监测的不同条约的条款之间时有大量重叠现象"，所以委员会今后可逐渐"就共同关注的问题提出平行的一般性意见，例如就禁止歧视的含义或就缔约国不提交报告的后果提出平行的一般性意见"。[1] 联合国在其第30号《概况介绍》中"鼓励各国把执行所有条约的条款看作一个目标"，要求国际社会整体解读人权条约体系。第30号《概况介绍》指出为充分理解一个国家所承担的条约义务，"有必要将该国所加入的所有人权条约合起来看作一个整体"。国际人权条约虽然相互独立，但也相辅相成，因为有一系列基本原则将其连结在一起，如"不歧视和平等、有效防备侵权、特别弱势者受专门保护、将人理解为其所在国家公共生活以及影响其自身的决定的主动和知情参与者而非当局决定的被动对象"。[2] 足见，条约机构联合起草意见和建议、条约机构人权法理学逐步走向统一是人权作为相互依赖的有机整体的内在要求。

迄今，条约机构已经作出了第一个联合一般性建议/意见，即2014年11月消除对妇女歧视委员会第31号以及儿童权利委员会第18号联

---

〔1〕 参见联合国出版物：《人权：公民权利和政治权利》，联合国概况介绍第15号第2次修订版，第25-26页。

〔2〕 参见联合国出版物：《人权：联合国人权条约体系》，联合国概况介绍第30号第1次修订版，第18页。

合一般性建议/意见，标题为“有关有害做法”。该文件篇幅较长，所以前面加了目录，包括：导言；一般性建议/意见的目的和适用范围；联合一般性建议/意见的理论基础；《消除对妇女一切形式歧视公约》和《儿童权利公约》的规范性内容；有害做法的认定标准；有害做法的原因、形式和表现；解决有害做法问题的整体框架；一般性意见/建议的传播及报告；条约的批准、加入和保留共九个部分。鉴于消除危及妇女儿童，主要是女童的有害做法是《消除对妇女歧视公约》和《儿童权利公约》中的共有内容，也属于消除对妇女歧视委员会和儿童权利委员会的共同工作范畴，两条约机构决定编制有史以来第一个联合一般性建议/意见，其主要目的是明确《消除对妇女一切形式歧视公约》和《儿童权利公约》相关规定下的缔约国义务，并为缔约国的相关立法、政策以及必须采取的适当措施提供权威指导。

从纯技术的角度讲，条约机构统一发表一般性意见/建议，既可以节约时间、经费和人力资源，又可以保持人权条约解释和实施的统一性，属于最高效、最经济的选择。然而，历史与现实中，制度并不一定是，甚至经常不是按社会效率来设计的。〔1〕复杂的国际社会实践和人权保护机制的碎片化痼疾决定了条约机构统一化进程的渐进性和艰难性，〔2〕条约机构人权法理学的协调和统一也必须披荆斩棘、任重道远。不过，条约机构第一个联合一般性建议/意见实现了此领域零的突破，彰显了条约机构统一化进程中的突出成果，意义重大，令人鼓舞。当然，我们也应注意到，2014 年消除对妇女歧视委员会第 31 号以及儿童权利委员会第 18 号联合一般性建议/意见之后，迄今暂无第二个联合一般性建议/意见出现。这说明，尽管条约机构在工作方式上逐渐增加了协调、沟通和统一，但统一发表意见或建议尚属个案，绝非常态。

（二）厚积薄发铸就条约机构人权法理学的权威专业地位

条约机构委员的遴选机制和条约机构的运作机制决定了其人权法理学的专业品质。条约机构委员由缔约国提名并选举产生，只有具有崇高

---

〔1〕［美］道格拉斯·C. 诺思：《制度》，李志宏译，载《新华文摘》2006 年第 20 期。

〔2〕尹生：《核心国际人权条约缔约国报告制度：困境与出路》，载《中国法学》2015 年第 3 期，第 212－213 页。

道义地位、在人权方面的才干得到公认的国内顶级专家才有机会提名为候选人。委员在候选人名单中以无记名投票方式选出，且委员会的选举应考虑到成员的公平地域分配和各种类型文化及各主要法系的代表性，条约机构不得有一个以上的同为一个国家的国民。委员会每个委员就职以前应在委员会的公开会议上郑重声明他将一秉良心公正无偏地行使其职权。委员会委员承担审议各缔约国报告并给出结论性意见、承担处理个人来文并作出意见，还要根据世界各国履约情况发表一般性意见/建议。随着条约机构工作方式日渐公开化和民主化，越来越多的非政府组织等民间社团更加广泛深入地参与到条约机构的工作中来。委员会委员们站在国际层面全面审视来自世界范围内所有缔约国的人权履约状况并处理个案，他们的顶级专业智慧不断交锋和升华，他们的人权经验不断丰富和交融，其国际视野、实践前沿及其专业性结合起来，厚积薄发，产出高品质的人权法理学无疑是水到渠成、理所当然。事实表明，条约机构产出的各种意见和建议，无论从字数、逻辑结构、分析论证、主要内容，还是品质来看，都愈来愈成熟、深入并具有可操作性。委员会委员自身的专业学识是个人学习、研究和实践厚积薄发的结果，委员会意见和建议是委员们长期从事人权监督工作厚积薄发的结果，也是委员会工作方式日渐公开化和民主化厚积薄发的结果。广泛代表世界各大法系和文化体系的顶级人权专家站在世界人权法理学论坛的制高点上，行使着最重要的人权法理学话语权，其在集思广益基础上反复讨论琢磨出的人权法理学自然而然具有最高的权威性。就集思广益而言，条约机构在发表一般性建议/意见时又出新招，如2013年9月，在对《残疾人权利公约》第12条和第9条发表正式的一般性意见前，残疾人权利委员会预先在其网页上公布了一般性意见的初步草案并向国际社会利益攸关方广泛征集意见，以便进一步优化该草案。结果应者云集，共有73个利益攸关方对第12条意见草案提出意见和建议，有43个利益攸关方对第9条意见草案提出了意见和建议，这些利益攸关方的意见和建议也被公布于上述网页。[1] 无独有偶，儿童权利委员会也在其网页公布了第19

〔1〕 参见联合国官网 http://www.ohchr.org/EN/HRBodies/CRPD/Pages/GC.aspx，访问时间：2015年5月8日。

号一般性意见草案，广泛征集各方意见和建议。相信经过不断打磨和优化，条约机构发表的一般性意见的专业性和权威性会进一步增强。

条约机构以一般性意见/建议为代表的人权法理学，其专业品质和权威性越来越受到国际社会理论界和实务界的一致认同。如关于《公民权利和政治权利国际公约》的解释和实施，西方学者早有经典论著，而且流传甚广。如著名国际人权法专家曼弗雷德·诺瓦克所著的《〈公民权利和政治权利国际公约〉评注》〔1〕最初于1989年以德文出版，1993年又出版了其英文修订版，并已被我国学者孙世彦、毕小青翻译和介绍到中国。〔2〕曼弗雷德·诺瓦克曾担任联合国酷刑问题特别报告员、波黑人权法庭副庭长和法官、联合国强迫或非自愿失踪问题工作小组成员、欧盟基本权利独立专家网络委员等职务，现任维也纳大学路德维希·波茨曼人权所所长，具有丰富的人权实践经验和深厚的人权法学理论功底。他对《公民权利和政治权利国际公约》的评注主要是以条约机构的法理学，特别是一般性意见/建议为基础，被誉为“迄今为止世界上最为重要、最具权威性的”关于《公民权利和政治权利国际公约》的“扛鼎之作”。〔3〕还有，《公民权利和政治权利国际公约：案例、资料和评注》〔4〕也是以条约机构人权法理学作为其主要的第一手法律资料。Alex Conte 和 Richard Burchill 所著《界定公民权利和政治权利：联合国人权事务委员会的法理学》对人权事务委员会的意见作了全面分析和评述，方便全世界人权律师及其他人权实践者在国际层面或国内层面使用。〔5〕Jennifer Sisk 和 Arnold Pronto 在其撰写的《南非国际人权标

---

〔1〕Manfred Nowak, *CCPR Commentary – UN Covenant on Civil and Political Rights*, N. P. Engel Publisher, 2nd revised edition, 2005.

〔2〕［奥］曼弗雷德·诺瓦克：《〈公民权利和政治权利国际公约〉评注》（第2版），孙世彦、毕小青译，生活·读书·新知三联书店2008年版。本书第1版的翻译也是上述两位学者。

〔3〕［奥］曼弗雷德·诺瓦克：《〈公民权利和政治权利国际公约〉评注》（第2版），孙世彦、毕小青译，生活·读书·新知三联书店2008年版，封底和译后记。

〔4〕Sarah Joseph, Jenny Schultz and Melissa Castan, *The International Covenant on Civil and Political Rights: Cases, Materials and Commentary*, Oxford: Oxford University Press, 2nd edition, 2004.

〔5〕Alex Conte and Richard Burchill, *Defining Civil and Political Rights: The Jurisprudence of the United Nations Human Rights Committee*, Ashgate: UNESCO Publishing, 2009.

准：人权事务委员会的法理学》一文中，介绍了人权事务委员会的法理学在南非直接适用的情况。[1] 我国学者孙世彦所著《〈公民权利和政治权利国际公约〉缔约国的义务》一书所使用的主要第一手资料也包括人权事务委员会通过和发布的一般性意见和结论性意见，还有人权事务委员会审议个人来文后作出的意见。[2] 又如，关于《经济、社会和文化权利国际公约》的解释和实施方面，挪威学者艾德等所著的经典教科书《经济、社会和文化的权利》,[3] 以及中国学者黄金荣主编的《〈经济、社会、文化权利国际公约〉国内实施读本》[4]等著作均是以经济、社会和文化权利委员会所作的意见和建议为依据和标准的。《〈经济、社会、文化权利国际公约〉国内实施读本》结合经济、社会和文化权利委员会的一般性意见，并针对中国的结论性意见分析了中国在保障具体经济、社会和文化权利方面的进展以及存在的不足，并提出了不少建议。广泛和大量的事实表明，条约机构的人权法理学尽管没有明确的法律约束力，但其对人权条约的解释因其专业性而具有权威性，对世界各国在人权条约的理解和适用方面都发挥着参考、指引甚至是标准性作用。我们不得不说，人权领域除了具有明显法律约束力的条约之外，还有大量的软法（主要表现为条约机构所作的各种意见和建议）已经产生或正在产生，部分软法在条件成熟时会以条约或国际习惯的方式出现，进而取得稳固的法律约束力。

（三）联合国系统支持大幅提升条约机构人权法理学的权威性和影响力

核心国际人权条约的迅速普及，人权理念的深入人心，联合国都功不可没。尽管人权条约的实施不断遭遇文化多样性和主权国家利益的冲

---

〔1〕 Jennifer Sisk, Arnold Pronto, "The International Human Rights Norms in South Africa: The Jurisprudence of The Human Rights Committee", *South African Journal on Human Rights*, 11 (1995).

〔2〕 孙世彦：《〈公民权利和政治权利国际公约〉缔约国的义务》，社会科学文献出版社2012年版，第10－11页。

〔3〕 [挪威] 艾德等：《经济、社会和文化的权利》，黄列译，中国社会科学出版社2003年版。

〔4〕 黄金荣主编：《〈经济、社会、文化权利国际公约〉国内实施读本》，北京大学出版社2011年版。

击，但普世人权标准的确立却是不争的事实。现如今，人权标准不再是争议的主要议题。国际社会现在共同关注的是：如何解释人权条约？具体采取什么措施和方法实施人权条约？各个人权条约缔约国都在实践中努力探索和思考，而条约机构却是这种探索和思考的集大成者。条约机构产出的各类意见和建议实属人权条约实践经验之国际性总结和理性思考之法理学升华，其专业性和权威性毋庸置疑，而且还在不断优化。再好的法律，如果无人知晓，就谈不上实施；再好的理论，如果固步自封，也必将被世人摒弃。联合国是迄今为止国际社会最具影响力的政府间国际组织，是人权领域最大最权威的信息集散中心，借此国际平台，核心国际人权条约得以迅速推广，条约机构的人权法理学也得以广而告之，影响深远，意义重大。特别值得一提的是，条约机构的人权法理学目前都以专题形式呈现在联合国各条约机构的网页上，其中的内容十分完整、丰富，而且以越来越多的官方语言方式呈现，既方便诸多利益攸关方的直接参与，又方便广大国际社会知晓其主要内容。条约机构人权法理学的专业性和权威性只有借助联合国这一幅员辽阔的信息平台，才能为人知晓，并真正发挥其普世的人权法理学功能。普遍性和不歧视是人权的最基本属性，意指世界上的每一个人都应享受和实现人权。其前提是，世界上的每一个人都应该知道他们的权利，也应该参与到其权利保护的进程中来。由于人权条约中权利义务的不对称性，人权条约的内容和实施如果只有缔约国政府知晓和参与，人权条约的实施和人权的实现势必大打折扣。所以，联合国系统对人权条约和条约机构人权法理学的广而告知也是人权条约实施和人权状况改善的内在需求和必由之路。

第五章　中国践行缔约国报告制度模式之完善

自诞生以来，缔约国报告制度便因其低效饱受诟病。批评和质疑是最好的推动力，在其40来年的不断摸索和持续改革实践中，条约机构和人权高专办之间形成了天然的盟友关系，共同完成了许多被认为不可能完成的任务，为权利持有人的利益史无前例地、成功地加强了人权条约机构体系。[1] 2014年，条约机构首次以一名重要角色的身份登上了国际舞台。[2] 2014年4月9日，联合国大会通过了关于《加强和增进人权条约机构体系有效运作》的第68/268号决议。在此大背景下，缔约国报告制度得以不断强化和优化，其实效性也在不断增强。鉴于民主、法治和人权是人类社会发展不可逆转的大趋势，作为缔约国报告制度的一个重要践行者——中国，理应抓住条约机构加强和增进其有效运作的机遇，全面审视过去三十多年来中国践行缔约国报告制度的实践，深入分析其存在的问题和不足，不断探索践行缔约国报告制度的新模式和新方法，不断增加缔约国报告制度的民主基础和法治水平，以期更大限度地履行核心国际人权条约赋予我国的实体性和程序性义务，整体提升我国的人权保护水平。

---

〔1〕 参见《人权条约机构主席关于第二十六次会议的报告》第5段，联合国文件：A/69/285。

〔2〕 参见《人权条约机构主席关于第二十六次会议的报告》第8段，联合国文件：A/69/285。

第一节　中国践行缔约国报告制度的实践

一、值得肯定的进步和举措

值得肯定的是，中国践行缔约国报告制度取得了长足的进展。1983年2月22日，自中国根据《消除一切形式种族歧视国际公约》向条约机构提交了其第一份缔约国报告以来，中国基本上履行了核心国际人权条约项下的所有缔约国报告义务。中国所提交报告的质量、建设性对话的质量和后续行动的质量也在不断提升。

（一）报告的质量

从报告的撰写质量上看，中国基本上遵从了有关条约机构对缔约国报告的格式、内容和程序方面的要求，并且考虑到了委员会以往的结论意见。从简单宽泛的报告到复杂细致的报告、从提供部类数据到提供详细的分解数据、从没有说明数据来源到注明数据来源和采集方式、从职能部门闭门造车撰写报告到向各相关方面征集意见，都表明中国撰写报告的诚信度、民主程度和技术水准在日益提高。例如，中国于2010年6月30日提交的关于《经济、社会和文化权利国际公约》执行情况的第二次定期报告就是集体智慧的结晶。报告撰写跨部门工作组包括全国人大常委会法制工作委员会、最高人民法院和外交部等26个成员单位；[1] 参与报告征询意见的非政府组织和学术研究机构，包括中国社会科学院、中华全国妇女联合会和中华全国总工会等共计16个组织或

〔1〕 它们是：全国人大常委会法制工作委员会、最高人民法院、外交部、国家发展和改革委员会、教育部、科技部、工业和信息化部、国家民族事务委员会、公安部、民政部、司法部、人力资源和社会保障部、环境保护部、住房和城乡建设部、农业部、商务部、文化部、卫生部、国家人口和计划生育委员会、国家安全生产监督管理总局、国家统计局、国家知识产权局、国务院港澳事务办公室、国务院法制办公室、国务院新闻办公室、国务院扶贫开发领导小组办公室。参见联合国文件：E/C.12/CHN/2，附件一。

机构。[1] 中国构建如此庞大的报告撰写组织，足见缔约国报告涉及事项之广和我国对缔约国报告事宜之重视。

纵览全球，就报告撰写而言，很多国家为准备报告或多或少会向相关非政府组织收集资料，或者邀请这些组织对报告草案加以评论；有些国家将起草报告的任务交给有非政府组织参加的团体；更多国家是将报告和结论性意见等相关文件向大众公布供其评论，这种评论如果中肯、务实、品质高，其功效则类似国际层面的条约机构与国家代表团的建设性对话。也就是说，在国际层面的审议和对话之外，还有国内层面无时不在的大众审议和对话存在，这种双层评估机制能更好地发挥监督、评估、发现人权侵犯和救济、引导政策制定和矫正、完善法律制度和规则、加强政策法律之落实等功能。中国政府一贯“重视履约报告的撰写工作”，努力向各条约机构提交高质量的报告。中国外交部是撰写缔约国报告的协调部门。在需要提交报告的半年甚至一年前，报告撰写工作便开始启动。外交部会牵头成立撰写报告的跨部门工作组，成员单位涵盖主管各具体条约领域的立法、司法和行政部门。在报告撰写过程中，工作组会视情况举办数次会议研讨报告稿，还会征求相关学术机构和非政府组织的意见和建议，并将其反映在报告稿中。以 2010 年中国《作为缔约国报告组成部分的核心文件》和《条约专要文件》的起草工作为例，外交部于 2009 年 10 月牵头成立了跨部门的报告撰写工作组，成员单位包括三十多家立法、司法、行政部门。[2] 在报告撰写过程中，

---

〔1〕 具体包括：中国社会科学院、中华全国妇女联合会、中华全国总工会、中国残疾人联合会、中国人权研究会、中国联合国协会、中国民间组织国际交流促进会、中国红十字会、中国计划生育协会、中国藏学研究中心、中国关爱协会、中国少数民族对外交流协会、中国女企业家协会、中国光彩事业促进会、中国教育国际交流协会、中国西藏文化保护与发展协会。参见联合国文件：E/C. 12/CHN/2，附件一。

〔2〕 具体包括：全国人大常委会法制工作委员会、最高人民法院、外交部、国家发展和改革委员会、教育部、科技部、工业和信息化部、国家民族事务委员会、公安部、民政部、司法部、人力资源和社会保障部、环境保护部、住房和城乡建设部、农业部、商务部、文化部、卫生部、国家人口和计划生育委员会、国家安全生产监督管理总局、国家统计局、国家知识产权局、国务院港澳事务办公室、国务院法制办公室、国务院新闻办公室、国务院扶贫开发领导小组办公室。《作为缔约国报告组成部分的核心文件》（中国）附件一，HRI/CORE/CHN/2010。

工作组征询了近二十家全国性的非政府组织和学术研究机构的意见，[1] 各部门起草其主管领域的材料时，还分别征询了本领域学术研究机构和非政府组织的意见。中国在《作为缔约国报告组成部分的核心文件》中称，报告工作组还通过外交部网站广泛征求了公众的意见。[2] 不过，报告工作组广泛征求了哪些公众的哪些意见并不太明确。与世界上其他国家比较而言，中国缔约国报告无论是起草程序还是内容质量都居世界中上游，美中不足的是数据收集的规范性和科学性有待提高，公众参与度也还有很大的提升空间。

（二）建设性对话的质量

从报告审议的进程来看，中国参与审议的代表团的组成越来越专业、成员级别越来越高、成员构成越来越合理，条约机构和中国代表团之间的互动性对话质量也越来越高，相互之间有关提问与答复的文书往来越来越频繁。[3] 对此，各条约机构表示肯定和赞赏。例如 2006 年，

---

〔1〕 具体包括：中国社会科学院、中华全国妇女联合会、中华全国总工会、中国残疾人联合会、中国人权研究会、中国联合国协会、中国民间组织国际交流促进会、中国红十字会、中国计划生育协会、中国藏学研究中心、中国关爱协会、中国少数民族对外交流协会、中国女企业家协会、中国光彩事业促进会、中国教育国际交流协会、中国西藏文化保护与发展协会。《作为缔约国报告组成部分的核心文件》（中国）附件二，HRI/CORE/CHN/2010。

〔2〕《作为缔约国报告组成部分的核心文件》（中国）第四部分，HRI/CORE/CHN/2010。

〔3〕 参见中国对向经社文权利委员会提交的第二次定期报告有关问题清单的答复（2014 年 3 月 31 日）；中国对向经社文权利委员会提交的第二次定期报告有关问题清单的答复（2014 年 2 月 11 日）；中国政府对《儿童权利公约关于儿童卷入武装冲突问题的任择议定书》执行情况首次报告相关问题清单的答复；中国政府对《儿童权利公约》执行情况第三次、第四次合并报告相关问题清单的答复；中国政府对联合国残疾人权利委员会审议问题单的答复材料；中国政府对联合国消除对妇女歧视委员会就中国执行《消除对妇女一切形式歧视公约》第七次、第八次合并报告所提问题单的答复（2014 年 8 月 15 日）；中国关于联合国消除对妇女歧视委员会就审议中国第五次、第六次合并报告所提问题单的答复；中国根据《消除对妇女一切形式歧视公约》提交的第三次、第四次报告增编（1998 年 9 月 22 日）；中国关于禁止酷刑委员会对中国根据《禁止酷刑和其他残忍、不人道或有辱人格的待遇或处罚公约》提交的第四次和第五次报告的结论意见的回应；禁止酷刑委员会对中国根据《禁止酷刑和其他残忍、不人道或有辱人格的待遇或处罚公约》提交的第四次、第五次报告的结论意见的意见（2008 年 12 月 17 日）（英文）；中国对消除种族歧视委员会审议中国根据《消除一切形式种族歧视国际公约》提交的第十次至第十三次合并报告的结论性意见的反馈（2010 年 9 月 13 日）；中国对消除种族歧视委员会就中国执行《消除一切形式种族歧视国际公约》第十次至第十三次合并报告所提问题单的答复等。详情参见中国人权网 http：//www. humanrights. cn/html/gjrqwj/4，访问时间：2016 年 5 月 10 日。

消除对妇女歧视委员会在给中国的结论意见中赞扬中国参加建设性对话的代表团的级别之高和规模之大。代表团由国务院妇女儿童工作委员会常务副主任为团长，成员包括来自外交部、最高人民法院、国家民族事务委员会、卫生部、教育部、民政部、劳动和社会保障部、人事部、国家人口和计划生育委员会等中央政府部委的专家，还有来自香港特别行政区和澳门特别行政区的专家，委员会还“赞赏代表团与委员会成员之间进行的坦诚和建设性对话”。〔1〕2009 年，消除种族歧视委员会的结论性意见“欢迎报告提供了与缔约国恢复对话的机会”，并对“与其称职的大型代表团进行了建设性对话”和“代表团对问题清单和委员会成员提出的问题作出了全面的书面和口头答复”表示赞赏；〔2〕2014 年，经济、社会和文化权利委员会在关于中国（包括香港特别行政区和澳门特别行政区）第二次定期报告的结论性意见中，明确表示“欢迎与由许多部委的专家，包括中国香港和中国澳门代表组成的缔约国代表团举行的建设性对话”；〔3〕2015 年，在禁止酷刑委员会关于中国第五次定期报告的结论性意见中，“委员会赞赏与缔约国高级别跨部门代表团对话的质量以及对报告审议期间提出的问题和关切所作口头答复的质量”。〔4〕

（三）后续行动的质量

从结论性意见的后续行动来看，条约机构的部分意见已直接被我国相关部门采纳。黄金荣研究员主编的《〈经济、社会、文化权利国际公约〉国内实施读本》一书明确指出，在有关工作权、社会保障权、健康权、住房权和受教育权等方面，中国都有大量新的改革措施出台，“很多经济、社会和文化权利委员会当初提出的意见和建议现在都已经成为或者接近成为现实”。〔5〕又如，2005 年儿童权利委员会在审议中国第二期履约报告后得出的结论性意见中指出：委员会以前的建议中表

〔1〕参见联合国文件：CEDAW/C/CHN/CO/6，第 4 段。

〔2〕参见联合国文件：CERD/C/CHN/CO/10－13，第 2 段。

〔3〕参见联合国文件：E/C. 12/CHN/CO/2，第 2 段。

〔4〕参见联合国文件：CAT/C/CHN/CO/5，第 3 段。

〔5〕黄金荣主编：《〈经济、社会、文化权利国际公约〉国内实施读本》，北京大学出版社 2011 年版，底封。

示关注的问题和提出的建议中有些尚未得到充分处理，中国大陆地区在落实关于不歧视问题（CRC/C/15/Add. 56，第 34 段和第 35 段）的建议方面“取得的进展有限”。委员会建议“缔约国在大陆加紧消除歧视女童、感染艾滋病毒/艾滋病或受其影响的儿童、残疾儿童、藏族、维吾尔族、回族及其他属于民族和宗教上居少数的民族的儿童、境内移徙儿童及其他弱势群体的现象，包括：确保这些儿童能够平等地获得各项基本服务，包括卫生、教育等社会性服务，保障这类儿童的服务机构获得足够的财政和人力资源”。委员会还要求我国“加强与地方政府的合作，确保其获得足够的培训和设备，以便按《公约》（第 3 条）保障儿童最大利益原则落实各种方案和政策”。委员会特别指出“国际收养是另类照料办法的一种非常选择，在作出收养决定时，必须考虑到不歧视和保障儿童最大利益的原则”。[1] 其后，我国在修订《未成年人保护法》时（修正案于 2006 年 12 月 29 日通过，2007 年 6 月 1 日开始施行），就参照了《儿童权利公约》的规定，接受了儿童权利委员会有关禁止歧视、确保儿童参与权和儿童最大利益原则等建议。[2] 上述事实雄辩地说明了，条约机构的监督和反复引导的确能起到促进人权保护的作用。再如 2013 年我国在向禁止酷刑委员会提交的第六次缔约国报告中，其第一部分“中央政府的履约报告”的第二个标题为“对委员会审议中国第四次、第五次报告的结论性建议的补充情况”（第 27 - 30 页，A4 纸张，5 号字），有将近三页内容，专门介绍了我国落实委员会上期结论性建议的情况。[3]

二、亟待解决的问题和不足

当然，中国在践行缔约国报告制度时，也存在如下突出问题和

---

〔1〕 参见联合国文件：CRC/C/CHN/CO/2，第 6a 段、第 30 段、第 32 段、第 53 段、第 69 段。

〔2〕 参见中华人民共和国《未成年人保护法》2006 年修正案第 3 条、第 10 条、第 14 条、第 25 条、第 28 条、第 43 条、第 52 条等条款。

〔3〕 中华人民共和国执行《禁止酷刑和其他残忍、不人道或有辱人格的待遇或处罚公约》的第五次报告（其序言说是第六次报告，相互矛盾。笔者经反复比对时间，确定其应为第六次报告）。缔约国应于 2012 年提交的第五次定期报告，收到日期为 2013 年 6 月 20 日。参见联合国文件：CAT/C/CHN/5。

不足：

（一）迟延和合并提交报告不利于发挥报告制度的履约监督功能

一国批准或加入核心国际人权条约或《儿童权利公约》的两项任择议定书就意味着：该国接受了条约或议定书中所规定的强制性的按时提交履约报告供审议的义务（具体报告类型和周期参见附录），这是条约机构监督缔约国在国内层面实施公约的基本前提和重要信息来源。

第一，迟延提交报告大幅削减缔约国报告制度的履约监督功能。值得国际社会继续忧虑的是：尽管经过反复改革和多方努力后情况稍有好转，但缔约国迟延提交报告仍是缔约国报告制度有效运作的心腹大患。截至2016年1月19日，全世界197个缔约国中仅有25个国家准时提交了其批准或加入的核心国际人权条约或其任择议定书中规定的缔约国报告。[1] 截至2015年2月28日，有309份首次报告、305份定期报告，总计614份报告逾期，相当于所有应提交给条约机构报告的38%都逾期。截至2016年1月19日，有295份首次报告、316份定期报告，总计611份报告逾期，[2] 相当于所有应提交给条约机构报告的37%都逾期。对比2015年和2016年统计数据，报告逾期状况略有好转，总逾期率降低了1%。从条约角度看，报告总逾期率（含首次报告和定期报

---

〔1〕 25个国家中，有20个国家批准或加入的核心国际人权条约或其任择议定书在8项以上，它们是：乌拉圭11项、亚美尼亚10项、阿塞拜疆10项、卢旺达10项、斯洛伐克10项、希腊10项、伊拉克10项、乌克兰10项、意大利10项、立陶宛10项、瑞典9项、丹麦9项、泰国9项、前南斯拉夫马其顿共和国9项、土库曼斯坦9项、英国9项、吉尔吉斯斯坦9项、挪威9项、波兰9项、乌兹别克斯坦8项。另外5个国家批准或加入核心国际人权条约或议定书5项及以下，它们是：梵蒂冈5项、美国5项、不丹4项、南苏丹3项、纽埃1项。对于那20个既承担了更多缔约国报告义务，又能准时提交报告的国家来说，他们的表现的确可圈可点，值得赞赏和效仿。不过，即便是承担缔约国报告义务较少的那5个国家，它们能准时提交报告，在守时方面的诚信度也值得肯定。五大常任理事国中，2015年，无逾期报告的是美国和俄罗斯联邦，时隔一年，无逾期报告的变为英国和美国，俄罗斯联邦榜上无名了。参见联合国文件：HRI/MC/2016/2 和 HRI/MC/2015/5。

〔2〕 截至2016年1月19日，共有172个国家存在逾期提交缔约国报告的情况，其中：1个国家有10份报告逾期、2个国家各有9份报告逾期、7个国家各有8份报告逾期、11个国家各有7份报告逾期、17个国家各有6份报告逾期、17个国家各有5份报告逾期、19个国家各有4份报告逾期、33个国家各有3份报告逾期、34个国家各有2份报告逾期（含中国）、31个国家各有1份报告逾期（含法国、德国和俄罗斯联邦）。参见联合国文件：HRI/MC/2016/2 和 HRI/MC/2015/5。

告逾期率）最高的依次为：《消除一切形式种族歧视国际公约》（56%）；《公民权利和政治权利国际公约》（46%）；《禁止酷刑和其他残忍、不人道或有辱人格的待遇或处罚公约》（44%）；《经济、社会和文化权利国际公约》（42%）。联合国五大常任理事国中，在按时提交缔约国报告排行榜上，中国落到了最后（逾期2份），尽管中国只比法国和俄罗斯联邦多逾期了一份。[1] 纵观整个缔约国报告制度实践，逾期提交缔约国报告成了常态和主流，由于时过境迁，报告逾期部分实际上逃避了条约机构的监督，大幅削减了报告制度的履约监督功能。

第二，合并提交报告不利于发挥缔约国报告制度的履约监督功能。为促进缔约国更好地遵守报告义务，消除积压的报告，联合国大会第68/268号决议[2]邀请缔约国，在征得相关条约机构同意的情况下，酌情将提交合并报告作为一项特殊措施，以此履行该缔约国尚未向条约机构履行的报告义务。实践中，考虑到国家报告负担繁重和自身待审报告积压等因素，大部分条约机构都接受合并报告，如消除种族歧视委员会早在1984年就开始接受合并报告，经济、社会和文化权利委员会自2004年后频繁接受合并报告，消除对妇女歧视委员会、禁止酷刑委员会和儿童权利委员会也接受合并报告。不过，儿童权利委员会将提交合并报告视为一种例外情况。合并提交报告实际上是对迟延提交报告的一种并向默认和妥协，合并提交报告势必让报告的信息量和质量大打折扣。特别是合并报告大大延长了报告周期，时过境迁，很多履约情况没能得到及时的监督、引导和纠正，使得条约机构对相当一部分过去时段的履约监督流于形式、形同虚设。中国合并提交报告的情况比较多，[3] 典型如2008年6月24日中国向消除种族歧视委员会合并提交的第十

---

〔1〕 就初次报告的提交而言，共有123个国家逾期提交298份初次报告。其中，逾期最多的是10个国家，每个国家有高达6份初次报告逾期。法国和俄罗斯联邦各有一份初次报告逾期，中国等其他三个常任理事国没有；就定期报告而言，共有145个国家逾期提交了295份定期报告，其中逾期最严重的有3个国家，分别逾期了6份定期报告。中国逾期2份，其他联合国常任理事国没有。参见联合国文件：HRI/MC/2016/2和HRI/MC/2015/5。

〔2〕 参见联合国文件：A/RES/68/268。

〔3〕 参见联合国文件：中国提交的合并报告主要包括：CEDAW/C/CHN/7-8，CRC/C/CHN/3-4，CERD/C/CHN/10-13，CEDAW/C/CHN/5-6，CEDAW/C/CHN/3-4。

次、第十一次、第十二次和第十三次报告，[1] 它们本应分别于2001年、2003年、2005年和2007年1月28日提交。迟延合并情况严重，导致缔约国报告制度的评估监督功能大打折扣，这种不科学、不合理的实践理应杜绝。

第三，无报告审议才是医治迟延提交报告的良方。依照联合国大会第49/178号决议，条约机构每年都会召开主席会议，审议大会关于《加强和增进人权条约机构体系有效运作》的第68/268号决议的执行情况以及上次主席会议所提建议的后续跟进情况。在条约机构主席第二十五次会议上，各位主席表示关切若干缔约国逾期或未向各条约机构提交报告，并决定将该议题作为年度主席会议议程的常设项目。[2] 人权条约机构主席第二十七次会议特别指出："缔约国逾期报告或不报告严重破坏了条约机构体系的有效性。"[3] 在这方面，有些条约机构在没有收到缔约国报告的情况下对报告长期逾期的缔约国进行审查，实践表明采用这种做法十分有益。通常，缔约国在收到条约机构拟对其进行无报告审议的通知后，一些缔约国要求延长截止日期并提交了报告，未能提交报告的国家一般也会派代表团参加建设性对话。因此，条约机构在缔约国完全缺席的情况下对其进行审议的情形很少，某些条约机构甚至根本不存在这种情况。[4] 实践证明，无报告审议能够起到很好的督促缔约国提交报告和监督缔约国履约功能，建议各条约机构废弃接受合并报告的实践，改为普遍采用无报告审议制度。但与此相关的另一个必备条件是，条约机构必须补充会议资源，联合国需要为其提供足够的审议时间、人员和物质支持。否则条约机构连收到的报告都大量积压、审议不了，更顾不上无报告审议了。

---

〔1〕 参见联合国文件：CERD/C/CHN/10－13。

〔2〕 参见《人权条约机构主席关于第二十七次会议的报告》第27段，联合国文件：A/70/150。

〔3〕 参见《人权条约机构主席关于第二十七次会议的报告》第28段，联合国文件：A/70/150。

〔4〕 参见《人权条约机构主席关于第二十七次会议的报告》第28段，联合国文件：A/70/150。

（二）报告中数据质量不高严重影响条约机构评估和监督功能的实现

随着缔约国报告制度的渐进改革和日趋完善，条约机构对缔约国提交报告所需的数据要求也越来越多，越来越高，具体内容详见由联合国人权事务高级专员办事处制定的人权指标的概念和方法框架（HRI/MC/2008/3）。各缔约国不得不逐渐抛弃高度概括和空泛的报告风格，改为脚踏实地地用数据和事实汇报自己的履约情况。总体而言，缔约国的报告质量由此发生了翻天覆地的变化，中国也不例外。不过，在数据资料的收集、纳入和提交方面，中国还存在数据收集系统不全、分列统计数据缺乏、数据老旧等突出问题，各条约机构也反复强调上述问题存在的严重危害性和改进之必要。

2014 年，经济、社会和文化权利委员会在关于中国（包括香港特别行政区和澳门特别行政区）第二次定期报告的结论性意见中表示遗憾，因为报告中“没有按民族分类的失业统计数据”，这限制了委员会对少数民族享有工作权情况的评估。委员会重申以前的建议（E/C. 12/1/Add. 107，第 67 段），促请中国加强失业数据收集系统，以便更好地评估少数民族的状况并采取相应对策。委员会进一步指出，中国（包括香港特别行政区和澳门特别行政区）尚无可靠统计数据可用以准确评估缔约国履行经济、社会和文化权利的情况。委员会促请中国注意由联合国人权事务高级专员办事处制定的人权指标的概念和方法框架（HRI/MC/2008/3），开始系统收集数据，并以此为基础编制和利用显示人权（包括经济、社会及文化权利）指标的统计数据。委员会要求中国在下次定期报告中列入关于《公约》规定的每项权利享有情况的逐年比较统计数据，并按年龄、性别、族裔、城镇/农村居民身份和其他相关状况分列。[1]

2013 年，儿童权利委员会在关于中国第三次和第四次合并定期报告的结论性意见中特别指出，由于中国大陆实行保守国家机密的法律法规，导致经常无法在中国获得对有效实施和监测《公约》十分关键的重要分类数据，特别是与暴力侵害儿童、杀婴、童工、少年司法、残疾

---

〔1〕 参见联合国文件：E/C. 12/CHN/CO/2，第 17 段、第 61 段。

儿童、受移民影响的儿童有关的信息。[1] 2010 年，中国在向儿童权利委员会提交的第三次和第四次定期报告中，结合委员会上次审议公约报告结论性意见第 23 段以及审议议定书报告结论第 9 段，中国在报告中承认“中国地广人多，涉及儿童工作的主管部门众多，统计工作不仅数量巨大，技术复杂，且中国统计制度和口径与公约报告撰写准则相比存在差异”。[2] 中国管理系统的复杂性和统计机制的独特性，极大妨碍了条约机构对中国履约情况的准确监测和评估。中国大陆地区 2011 年 7 月通过的《中国儿童发展纲要（2011－2020 年）》缺乏国家、省和县级的具体指标、时间表和进展情况监测制度，这会导致执行上的不一致。[3]

2012 年，残疾人权利委员会在就中国初次报告通过的结论性意见中指出，中国有必要“采取全面措施，通过收集对残疾人的剥削、暴力和凌虐行为的普遍程度数据，防止智残人再遭诱拐，并向受害人提供补救”。委员会特别提及，由于 2010 年中国大陆修订了关于保护国家机密的法律法规，因而经常无法得到适当的细分信息，比如中国为使《公约》生效而制定和实施的政策所依据的统计和研究数据。[4]

2009 年，消除种族歧视委员会在对中国的结论性意见中指出，中国的报告“缺少有关少数民族人员、非公民、寻求庇护者和难民的社会经济状况的分列统计数据”。委员会再次强调收集有关人口民族构成情况的最新准确数据的重要性，并请中国在下次定期报告中列入有关人口社会经济状况最新的和详细的统计数据，并按族裔群体和民族分列。[5] 2008 年 6 月 24 日，中国向消除种族歧视委员会合并提交的第十次、第十一次、第十二次和第十三次报告使用的少数民族人口数据仍然是 2000 年全国人口普查数据。尽管是 2008 年的报告，但数据却仍是 2000 年的。条约机构无法依此了解真正的实时数据以实施有效的履约监督。当然，要求中国依缔约国报告要求频繁进行人口普查也是不现实的。在

[1] 参见联合国文件：CRC/C/CHN/CO/3－4，第 8 段、第 15 段、第 16 段。
[2] 参见联合国文件：CRC/C/CHN/3－4，第 21 段。
[3] 参见联合国文件：CRC/C/CHN/CO/3－4，第 8 段、第 15 段、第 16 段。
[4] 参见联合国文件：CRPD/C/CHN/CO/1，第 30 段、第 47 段。
[5] 参见联合国文件：CERD/C/CHN/CO/10－13，第 9 段。

上述报告情况下，报告撰写者可以要求使用公安部门既有的户口或身份证信息，加上估计的未登记的黑户口数目，由此得出相对较新的人口统计数据，而不是停留在八年前的旧数据上。解决这一问题的前提是，报告撰写者能获得进入公安部门人口数据库并进行检索和分析的授权。[1]

2008 年，禁止酷刑委员会在审议中国第四次报告的结论性意见中指出，尽管委员会在先前的结论性意见和建议中反复要求中国提交相关数据和信息（A/55/44, para. 130），但中国的报告仍然缺乏有关公约条款实施的充分的统计数据和事实信息。缺乏有关执法人员实施酷刑和虐待行为的投诉、调查、起诉和定罪案件的综合或分类数据，还有拘禁条件、公务人员虐待、行政拘留、死刑案件、对妇女和民族宗教少数者的暴力方面的数据资料，严重妨碍委员会识别需要引起注意的虐待类型。委员会要求中国汇编并提供上述数据资料，并按性别、族裔、年龄、地域、剥夺自由的类型和地点分列，以期委员会可以真实了解中国在国家层面监督公约实施的全貌。[2]

2006 年，消除对妇女歧视委员会在其对中国的结论意见中遗憾地指出，“报告没有按时提交，也没有说明是否已考虑到委员会的一般性建议”。此外，“报告没有列出按性别、地区和民族分列的充足数据，也没有妇女状况与男子状况相比较的资料”，委员会无法全面了解中国妇女在《公约》所述所有领域的实际状况以及演变趋势。事实上，缺少或无法充分获取上述详细数据，也会阻碍中国制订和实施相关定向政策和方案以及监测其在全国各地的执行情况。委员会促请中国“针对《公约》的每一项规定，研究在收集和广泛提供按性别、地区和民族分列的统计资料方面遇到的阻碍，并促进收集和提供资料的工作，以增强制订和实施旨在促进两性平等和妇女享受人权的定向政策和方案的能力”。委员会进而建议缔约国“加强监测和评估此类政策和方案的影响，并在必要时采取纠正措施”。委员会要求中国在下次定期报告中提供此类统计资料以及演变趋势，以便其深入评估中国在执行《公约》方面取得的进展。委员会特别呼吁中国有系统地汇编关于跨界贩运、国

[1] 参见联合国文件：CERD/C/CHN/10-13，附录一。

[2] 参见联合国文件：CAT/C/CHN/CO/4，第 2 段、第 17 段。

内拐卖与关于一切形式的暴力侵害妇女行为的详细数据，以说明受害人的年龄和族裔背景。委员会要求中国在下次报告中提供全面的上述资料和数据，并说明已采措施所产生的影响和在这方面取得的结果。[1] 2014年，对于与中国第七次和第八次合并定期报告有关的议题和问题清单，中国在其对消除对妇女歧视委员会的答复（增编）中表示，新一期国家人权行动计划制定了一系列指标，包括“加强性别统计工作，完善分性别数据的收集和发布。由五十多个政府部门组成的国家人权行动计划联席会议机制负责对各项指标落实情况的监督和评估，以确保数据的一致性和真实性”。中国有专门的信息收集管理、质量控制和监测评估机制，通过随时收集数据、定期考核和检查等方法监测工作进展。不过，中国在答复中明确表示“没有细分设置家庭暴力指标”，也没有强奸发生率和妇女庇护所数量方面的统计。[2]

迄今，中国已经参加了九项核心国际人权条约中的六项，还有《儿童权利公约》的两项任择议定书，由此也承担了相应的缔约国报告义务。以上我们主要通过各条约机构的结论性意见，概览和分析了中国撰写和提交给条约机构的报告中存在的数据问题。数据问题的普遍性和严重性妨碍了条约机构监督职能的实现，亟待反思和改进。

（三）条约机构的意见/建议实施不力大幅减损报告制度实效

纵观世界各国对核心国际人权条约的适用，条约内容被写进了各国宪法和其他法律法规，条约机构的结论性意见、一般性意见/建议被作为标准运用到审判实践中，被作为指导性意见指导国家大政方针和具体政策的制定。[3] 正如美国学者杰克丹尼所预言，国际人权条约逐渐从宣示型、发展型走向了实施型，而且显示出强制型的端倪。[4] 中国在政府主导和社会各界的不懈努力下，近年越来越重视国际人权条约中的

〔1〕 参见联合国文件：CEDAW/C/CHN/CO/6，第13段、第14段、第20段、第21段、第22段、第28段。

〔2〕 参见联合国文件：CEDAW/C/CHN/Q/7-8/Add.1，第4段、第6段、第8段。

〔3〕 戴瑞君：《国际人权条约的国内适用研究：全球视野》，社会科学文献出版社2013年版，第296-297页。

〔4〕 Jack Donnelly, “International Human Rights: a Regime Analysis”, *International Organization*, Summer (1986), pp. 603-605.

标准和条约机构的意见和建议，许多立法、修法和政策制定都参照、借鉴了条约规范，采纳了条约机构的意见或建议。不过，条约机构的部分建议和意见仍未得到足够的重视和充分的实施。

2014 年，经济、社会和文化权利委员会在对中国的结论性意见中一再重申过去的结论性意见或一般性意见，如委员会提请中国注意委员会关于经济、社会和文化权利方面不歧视的第 20 号一般性意见（2009 年），促请中国采取一切必要措施，根据《公约》第 2 条第 2 款通过全面的反歧视法律。尽管中国宪法和其他法律中纳入了不歧视原则，"但委员会感到遗憾的是，缔约国没有一套完整的反歧视法来保护所有边缘化和弱势个人和群体享有经济、社会和文化权利"。委员会建议中国"加强努力，尤其是在西部省份和地区，打击对少数民族一切形式的歧视，确保他们能享有所有经济、社会和文化权利，包括取得合法工作、社会保障、适足住房、公共卫生保健和教育的权利"；又如，委员会注意到中国的户籍制度、城乡差距、农民工和留守儿童问题（据报道，由于户口制度，农村地区估计有 5500 万至 6000 万留守儿童），委员会重申其以前的建议（E/C. 12/1/Add. 107，第 46 段），"吁请中国加强努力，取消户籍制度，确保所有农民工能够享受与城镇居民同等的工作机会以及社会保障、住房、卫生和教育福利"。委员会继而促请中国"采取一切必要并切实有效的支持家庭的措施，避免儿童脱离家庭环境，确保儿童，尤其是来自农村地区的儿童，能够由父母抚养长大"；再如，委员会根据以前的建议（E/C. 12/1/Add. 107，第 67 段），促请中国"加强失业数据收集系统，以便更好地评估少数民族的状况"。委员会建议中国特别注意少数民族和失业最严重的地区，加强现有方案，采取有效战略以降低失业率。[1]

2013 年，儿童权利委员会在对中国第三次和第四次合并定期报告的结论性意见中指出，委员会遗憾地注意到，有关委员会以前的建议，其中一些"尚未得到充分处理"。委员会建议中国："采取一切必要措施，处理尚未落实或落实不充分的建议"，促请中国"①立即撤销对《公约》第 6 条的保留，以增进和保障每个儿童固有的生命权，并撤销

〔1〕 参见联合国文件：E/C. 12/CHN/CO/2，第 14 段、第 15 段、第 17 段。

香港特别行政区对《公约》第32条（第2款b项）和第37条c款的保留；②进一步加强所有管辖地区内负责执行《公约》方面现有方案、政策和活动落实工作的机关和机构之间的协调；③依法明确禁止家庭、学校、收容机构和其他一切场所，包括刑罚机构中的体罚。”委员会还提请中国注意其第2号一般性意见（2002年），再次建议中国以《巴黎原则》为准则，“立即在内地以及中国香港地区和中国澳门地区设立独立的国家人权机构，对国家和地方层面实施《公约》的进展情况进行系统和独立的监测，并以迅速和体恤儿童的方式，处理儿童的申诉”。此外，委员会赞赏中国大陆在教育方面取得巨大成就的同时，也对某些教育领域的歧视现象表示了特别关切：“在农村地区，儿童以及尤其是少数民族儿童、寻求庇护的儿童和难民儿童、母亲来自朝鲜民主主义人民共和国的儿童和外来务工人员子女获得教育和为之提供的教育方面，差距日益悬殊。”上述现象与《公约》中的不歧视原则根本背离，也与委员会意见和建议中反复强调和重申的要求缔约国消除教育歧视的精神相背离。值得一提的是，委员会也对中国没有充分落实委员会根据《关于买卖儿童、儿童卖淫和儿童色情制品问题的任择议定书》提出的建议〔1〕感到遗憾。委员会特别关切的是，“中国内地和中国澳门地区贩运和剥削儿童的发生率有所上升，尤其是为了劳动和性剥削目的”。“儿童色情旅游仍然是中国澳门地区的一个严重问题，据称政府官员是贩运和性剥削相关罪行的同谋，导致这类犯罪不受处罚。”〔2〕

2009年，消除种族歧视委员会在其对中国的结论性意见中，重申其关切（A/56/18，第241段），即中国“国内法中仍没有一条完全符合《公约》第1条所载定义的种族歧视定义，因为其中没有包含禁止基于世系和民族血统的歧视的规定”。委员会特别提请中国注意其关于对非公民歧视的第30号一般性建议（2004年）。建议中国“通过一项完全符合《公约》第1条第1款规定的全面的种族歧视的定义，禁止基于种族、肤色、世系或民族或人种的歧视”。此外，委员会也重申其对

〔1〕参见联合国文件：CRC/C/OPSC/CHN/CO/1（2005年）。

〔2〕儿童权利委员会第六十四届会议（2013年9月16日至10月4日）通过，参见联合国文件：CRC/C/CHN/CO/3－4，第6段、第7段、第20段、第75段、第87段。

来自朝鲜民主主义人民共和国的寻求庇护者的关切（A/56/18，第246段），他们的庇护请求继续一再遭到拒绝，并被强行驱回。委员会建议中国参照其第30号一般性建议，“尽快通过与难民地位有关的立法”，“采取一切必要的法律和政策措施，确保所有寻求庇护者的个案情况得到独立和公正的主管部门的考虑”。[1]

2006年，消除对妇女歧视委员会在对中国的结论意见中指出，委员会赞扬中国提交的第五次和第六次合并定期报告及增编“遵循了委员会关于编写定期报告的指导原则，并且考虑到了委员会以往的结论意见”。但委员会遗憾地指出，报告没有说明是否已考虑到委员会的一般性建议。委员会表示关注，中国没有根据“委员会一般性建议25，充分利用暂行特别措施，以加快实现在《公约》所规定的一切领域内妇女获得事实上的平等”。[2]

限于篇幅，以上只列举了若干条约机构意见和建议在中国的落实情况。翻阅各个条约机构对中国的结论性意见，会发现许多“重申以前的建议”“回顾以前的建议”这类字眼，足见各委员会以前的意见和建议执行情况不佳，亟待缔约国继续努力跟进，让条约机构的审议成果真正落到实处。当然，中国对结论性意见执行不力，有时可能是因为结论性意见本身歪曲了事实遭到缔约国强烈反对，也有可能是结论性意见本身措辞过于宽泛、概括，不具备可操作性。[3]

（四）报告程序的社会参与不足相当影响报告制度功能的实现

报告制度设置的本意，并非为报告而报告，其基本功能是借国际监督推动国内监督和普世人权之实现。如果报告程序变成了文字游戏，钻进了象牙塔，脱离了广大人民群众的监督和参与，报告制度功能的实现便成了缘木求鱼、南辕北辙。从迄今的实践来看，中国近些年正逐步增加报告程序的社会参与度，但有些方面尚待进一步考量和优化。

---

〔1〕消除种族歧视委员会第七十五届会议（2009年8月3日至28日）通过，参见联合国文件：CERD/C/CHN/CO/10－13，第10段、第16段。

〔2〕消除对妇女歧视委员会第三十六届会议（2006年8月7日至25日）通过。参见联合国文件：CEDAW/C/CHN/CO/6，第2段、第23段。

〔3〕参见戴瑞君：《国际人权条约的国内适用研究：全球视野》，社会科学文献出版社2013年版，第305页。

第一，广大公众基本上被排除在报告程序之外。2008 年 6 月 24 日，中国向消除种族歧视委员会合并提交的第十次、第十一次、第十二次和第十三次报告的第 4 段对参与报告起草的情况作了说明，少数民族知名人士直接参与了报告的撰写，还广泛征求了立法、行政、司法机关，有关非政府组织以及相关领域专家的意见。[1] 2010 年，中国在向儿童权利委员会提交的第三次和第四次定期报告中对报告起草情况作了大致说明，报告的“基本材料由中国与儿童工作有关的各政府部门、非政府组织以及学术机构提供”，在报告起草和修改过程中“广泛征求了立法、行政、司法机关，有关非政府组织以及相关领域专家的意见，并就部分内容听取了儿童意见”。[2] 从上述实例可以看出，中国对参与报告程序者描述得比较宽泛。虽然参与者范围比较大，既有政府参与，也有民间参与，但报告起草主要局限于国家机关、学术机构和少数非政府组织，尚无证据显示我国缔约国报告的起草广泛征集了民间资料和意见，公众参与报告起草过程的程度十分有限。至于到条约机构参加建设性对话的方式，由于路途遥远、耗费巨大、语言障碍等原因，普通民众更是难以参与。

数据难以获取是广大公众参与报告程序的一大障碍。2012 年，残疾人权利委员会在就中国初次报告通过的结论性意见中指出，由于 2010 年中国大陆地区修订了关于保护国家机密的法律法规，因而“经常无法得到适当的细分信息”，包括中国“为使《公约》生效而制定和实施的政策所依据的统计和研究数据”。据此，委员会建议中国大陆地区“对保密法律予以重新审议和适当修订，以使人们能够公开讨论有关实施《公约》方面存在的各种问题的信息，例如绝育残疾妇女的人数和非自愿羁留入院的人数”。委员会提醒中国，“残疾人应当能够获得这些信息”。[3] 2013 年，儿童权利委员会在关于中国第三次和第四次合并定期报告的结论性意见中指出，委员会重申其对中国大陆地区公众获取全面可靠的、《公约》所涉各个领域统计数据的机会有限表示关切

---

〔1〕 参见联合国文件：CERD/C/CHN/10－13，第 4 段。

〔2〕 参见联合国文件：CRC/C/CHN/3－4，第 4 段。

〔3〕 参见联合国文件：CRPD/C/CHN/CO/1，第 47 段、第 48 段。

（CRC/C/CHN/CO/2，第 22 段）。[1] 其他条约机构也有类似表述。此外，在已公开的资料中，有些已公开的文件内容不全面，比如有些缔约国报告的附件缺失，典型如中国人权网上中国向儿童权利委员会提交的第三次和第四次合并报告（CRC/C/CHN/3－4）就没有附件的具体内容。其中包括 2002－2008 年未成年人法律援助发展状况、2004－2005 年度中国 20 岁以下人群分性别死亡率（1/10 万）、残疾儿童教育及康复情况、流浪儿童救助保护中心基本情况、中国儿童卫生健康状况、2002－2008 年学前教育的儿童数、中国教育经费情况、中国学校教育的相关数据、中国少儿图书馆的情况及儿童参观博物馆的情况、破获拐卖儿童案件以及批捕起诉拐卖儿童罪的数据等十七项文件，使得相关数据脱离广大公众的监督和评估。

语言不通是广大公众参与报告程序的另一大障碍。可喜的是，在联合国官网、中国外交部网站、中国人权网等网站，公众均可自由查阅我国提交给条约机构的各期报告，还有条约机构给中国的结论性意见、问题清单及中国的答复等文件。通常，这些文件有中文版本，但部分文件只有英文版本，由此将大部分公众阻挡在知情和参与之外。还有些文件内容不一致，如 2008 年 6 月 24 日中国向消除种族歧视委员会合并提交的第十次、第十一次、第十二次和第十三次报告（CERD/C/CHN/10－13），文件编号中的“CHN”表明该文件是全中文，但下载后发现仅仅封面是中文，里面的内容却全是英文，妨碍公众阅读普及。如果想打开广大公众参与报告程序的大门，就必须解决语言问题，所有相关资讯当中至少有中文版本，理想的话最好有各民族语言版本，这样全国各族人民才能顺利了解相关资料，方便参与其中。

第二，基本上只有在京的非政府组织参与报告进程。2009 年，中国政府在对消除种族歧视委员会国别报告员送交的审议中国第十次至第十三次定期报告的问题清单（CERD/C/CHN/10－13）的答复中，说明了非政府组织参与本期报告撰写准备工作的情况：“政府主管部门通过举办座谈会，走访、书面咨询等方式，广泛征求了非政府组织、研究机构和专家学者的意见，还专门邀请中国民族问题研究中心、中国社会科

[1] 参见联合国文件：CRC/C/CHN/CO/3－4，第 15 段。

学院民族研究所等研究机构以及中央民族大学、北京大学等高校的学者对一些专门事项发表意见和建议；非政府组织和专家学者的意见和建议得到高度重视和认真研究，在报告中得到了反映。"〔1〕就中国2010年提交的关于《经济、社会和文化权利国际公约》执行情况的第二次定期报告而言，参与报告征询意见的非政府组织和学术研究机构包括中国社会科学院、中华全国妇女联合会、中华全国总工会、中国红十字会、中国计划生育协会、中国残疾人联合会、中国人权研究会、中国联合国协会、中国女企业家协会、中国光彩事业促进会、中国民间组织国际交流促进会、中国藏学研究中心、中国关爱协会、中国少数民族对外交流协会、中国教育国际交流协会、中国西藏文化保护与发展协会共计16个组织或机构。〔2〕总之，从中国缔约国报告的撰写情况来看，中国政府征求非政府组织、研究机构和专家学者的意见主要集中在北京，对地方非政府组织、基层科研机构和个人意见的关注比较缺乏。此外，独立的非政府组织和专家参与报告进程可能面临一定的障碍。2013年，儿童权利委员会在关于中国第三次和第四次合并定期报告的结论性意见中指出，委员会感到关切的是，"独立专家和非政府组织对包括《儿童发展纲要》在内的儿童计划和政策的评估和评价工作参与不够"。在中国，"非政府组织面临各种障碍……报道范围有限，特别是对中国大陆侵犯儿童权利行为的报道"。委员会强烈建议中国："①立即采取行动，允许记者、人权维护者和所有非政府组织监测、调查和报道侵犯人权行为，并在不受任何威胁、骚扰或影响的情况下行使言论自由和见解自由权；②立即终止对追究侵犯儿童行为责任的家属和人权维护者子女的一切形式的恐吓和报复；③确保对所报道的恐吓和骚扰主张儿童权利的家属以及人权维护者及其家属的情况迅速开展独立调查，并追究实施这种侵权行为者的责任。"〔3〕2012年，残疾人权利委员会在就中国初次报告通过的结论性意见中，强烈建议中国："修订《残疾人保障法》第8条，允许除中国残疾人联合会之外的非政府组织在缔约国代表残疾人的

〔1〕参见联合国文件：CERD/C/CHN/Q/10－13/Add. 1，第2段。

〔2〕参见联合国文件：E/C. 12/CHN/2，附件一。

〔3〕儿童权利委员会第六十四届会议（2013年9月16日至10月4日）通过，参见联合国文件：CRC/C/CHN/CO/3－4，第8段、第21段、第22段。

利益，并参与到监测进程中。”委员会大力鼓励中国吸收民间社会组织（特别是残疾人组织）参与编写其第二次定期报告。委员会进一步建议，按照促进和保护人权的国家机构地位的巴黎原则，设立一个独立的国家监测机制。[1] 条约机构获取信息的途径很广，不仅来自缔约国，还有相当部分来自其他国际组织和民间社会。多途径获取信息量的一个必然结果是鱼龙混杂难以甄别。条约机构对中国的结论性意见大部分是中肯务实的，但也有少部分是基于无中生有的、扭曲的或部分的事实，应理性加以甄别。对于事实方面的误解，中国政府方面要坚决地予以澄清和反击，绝对不姑息、不妥协。

第三，以便于获取的方式广泛宣传报告制度是公众广泛参与的基本前提。正如2013年儿童权利委员会在对中国第三次和第四次合并定期报告的结论性意见中所建议的，以缔约国各种语言，通过（但不限于）互联网等方式，向广大公众、民间社会组织、媒体、青年团体、专业团体和儿童广泛传播缔约国提交的报告和书面答复以及委员会通过的相关建议（结论性意见），以促进对《公约》及其执行和监测工作的讨论和认识。[2] 2014年，经济、社会和文化权利委员会在关于中国（包括香港特别行政区和澳门特别行政区）第二次定期报告的结论性意见中，鼓励中国在提交下次定期报告之前，“吸收所有相关行为方，包括非政府组织和民间社会其他成员参加国家一级讨论本结论性意见执行情况的进程，并为其参与提供便利”。[3] 2012年，残疾人权利委员会在就中国初次报告通过的结论性意见中，促请中国“以便于获取的方式广泛宣传”结论性意见，“包括向非政府组织和残疾人代表组织及残疾人本人及其家人宣传”。[4] 条约机构的上述表述呈现给我们一种大势所趋的履约方式，所有缔约国都应“以便于获取的方式广泛宣传”报告制度相关资讯，以方便广大公众广泛参与报告进程。而且，有多少公众参与、

---

〔1〕 残疾人权利委员会第八届会议（2012年9月17日至28日）通过，参见联合国文件：CRPD/C/CHN/CO/1，第50段、第99段。

〔2〕 参见联合国文件：CRC/C/CHN/CO/3－4，第101段。

〔3〕 参见联合国文件：E/C.12/CHN/CO/2，第65段。

〔4〕 残疾人权利委员会第八届会议（2012年9月17日至28日）通过，参见联合国文件：CRPD/C/CHN/CO/1，第100段。

如何参与以及其建议和意见如何均应公示于众，方便政府部门和公众做进一步的深入探讨，也方便条约机构和其他公众的监督。

第二节　中国践行缔约国报告制度模式的不断完善

从中国践行缔约国报告制度的实践可以看出，在中国改革开放的大背景下，在中国政府和条约机构的互动合作中，中国一直在不断思考和调整自己践行缔约国报告制度的模式。从最初的被动姿态到积极应对，直至近些年的积极参与，中国一直都在摸索自己践行缔约国报告制度的模式，中国践行报告制度的模式一直处于不断调整和完善之中。笔者认为中国今后应在积极参与报告程序的前提下，逐步增加在条约机构的影响力和引导力。

一、中国践行缔约国报告制度模式不断完善的雄厚基础

（一）雄厚的思想政治基础

新中国成立以来，我国对人权和人权国际保护的态度越来越开放和积极，中国政府对缔约国报告制度的目的和作用的认识日渐正确、深入，以及中国善意履行国际义务的强烈政治意愿，构成中国践行缔约国报告制度模式不断完善的雄厚的思想政治基础。

事实上，新中国成立之初，我国并未接受以自然人为主体的西方人权概念。“文化大革命”时期更是风声鹤唳，无人问津人权问题。这一局面直至1978年5月，《实践是检验真理的唯一标准》一文开启了思想解放的大门。随后，《光明日报》刊发了“文革”后第一篇讨论人权问题的文章《论“人权”与“公民权”》;[1] 吴大英、刘瀚撰写了《对人权要做历史的具体的分析》[2]一文，指出人权也具有合理成分，因为“人权是作为神权和君主权的对立物提出来的”，最初被用作反封建的口号。自此，我国学术界从理论上探讨人权的禁区被正式破除。

我国对联合国人权条约体系的参与始于其初创时期，但20世纪80

---

〔1〕 徐炳:《论“人权”与“公民权”》，载《光明日报》1978年6月19日，第3版。

〔2〕 吴大英、刘瀚:《对人权要做历史的具体的分析》，载《法学研究》1979年第4期。

年代初，中国才开始正式接受国际人权条约。不过，我国当时强调的依然是集体人权、人民的人权，而不是个人人权。经过十年“文革”，加上人权本身是个外来词汇，整个理论界在20世纪80年代极少探讨人权问题。1991年11月，中国政府发表了首份《中国的人权状况》白皮书，公开阐明了中国对于人权保护的基本立场，由此也打破了人权问题在理论上的沉寂。从内容上看，该白皮书特别强调一国的“历史”“国情”，强调人权的特殊性，认为人权是具体的、历史的，而不是抽象的，认为各国不同的国情决定了其人权观念和人权保护方法的差异性，这时中国政府对人权的国际保护持谨慎的尊重态度。[1]

1995年11月，中国发布《中国人权事业的进展》，认为人权的实现依托于世界和平与发展，依托于和平安定的国际环境和公正、合理的国际经济秩序。该文件反映出，当时的中国政府已经开始认可人权的普遍性，无论是人权主体，还是人权内容，均具有普遍性。2001年4月，中国发布《2000年中国人权事业的进展》，其中进一步发展了中国政府对待人权国际保护的立场，认为“人权的普遍性原则和基本自由”应予尊重，世界的多样性和人权实现途径的多样性也必须得到尊重，求同存异才能搞好人权方面的国际合作。此外，中国表明为“增进有关公约机构和国际社会对中国人权状况的了解”，中国政府递交了有关人权条约履约情况的国家报告。该文件反映出：一方面，中国对人权的理解和对国际合作保护人权的态度兼顾了普遍性和特殊性，并试图在两者之间寻求平衡；另一方面，中国对接受国际社会人权监督基本上持排斥态度，因为提交报告只是为了让国际社会“了解”中国，而非接受国际监督和参照国际标准进行自我调整，说明中国政府在世纪之交对缔约国报告制度的真正目的和作用暂时还没有真正理解。

2004年3月，中国发布的《2003年中国人权事业的进展》中，中国政府表示要“加强人权领域的国际合作”，特别提到要“充分考虑和利用”联合国现有的人权文书和监督机制。这里，中国提交报告参与国际监督程序不再局限于展示自己、让外界了解中国的目的，而是考虑到要“充分考虑和利用”监督机制，表明中国已经全面深入理解国际人

---

[1] 中华人民共和国国务院新闻办公室：《中国的人权状况》，1991年11月。

权监督机制。2005 年 4 月，中国发布的《2004 年中国人权事业的进展》更进一步，明确表示要“重视国际人权文书在促进和保护人权方面发挥的重要作用”，呼吁采取系列措施履行国际人权条约义务，包括及时提交缔约国报告接受条约机构审议的义务。该文件表明，2004 年中国对缔约国报告制度的目的和作用基本上有了全面的、正确的认识，并初步具备了真正履行报告义务的政治意愿和思想基础。2008 年，中国政府在其发表的《中国的法治建设》[1]中表示，要“认真履行所承担的相关义务，积极提交履约报告，充分发挥国际人权公约在促进和保护本国人权方面的积极作用”，表明此时中国政府对缔约国报告制度的目的和作用已经有了全面深入的认识，并已完全具备真正履行报告义务的政治意愿和思想基础。

2009 年 4 月 13 日，中国政府发布了《国家人权行动计划（2009 - 2010 年）》，2012 年 6 月 11 日，又发布了《国家人权行动计划（2012 - 2015 年）》，上述计划都得到了相当好的实施，说明中国政府的政治意愿和政治表态不仅停留于口头及文字上，而是在诸多领域和部门采取了一系列切实有效的措施，将自己在国际人权条约项下承担的义务真正落到实处，不仅停留于履行程序性的报告义务。

综上所述，中国政府对人权的态度、对缔约国报告制度等国际人权监督的态度，都经由了一个不了解到逐步了解和慢慢接受再到完全接受和参与其中，最后深刻理解并积极利用的过程。迄今，我国政府对缔约国报告制度等国际监督机制的理解已经相当成熟、全面和深入，对报告程序的参与也相当积极、主动和富有创造性。中国政府对人权和人权国际保护态度的逐步转变，构成了我国践行缔约国报告制度模式不断演化和完善的雄厚的思想政治基础。

（二）雄厚的理论实践基础

条约机构和各核心国际人权条约缔约国都有着或长或短的践行缔约国报告制度的历史，其间积累了不少经验教训，也沉淀发展出不少理论。其中，条约机构是参与报告程序的核心主体，在整个报告程序中发

---

〔1〕 参见中华人民共和国国务院新闻办公室：《中国的法治建设》，2008 年 2 月，第三部分。

挥着积极的引导功能，由此也具备了独一无二的全球视野、思辨体验和理论沉淀。在审议缔约国报告和处理个人来文的基础上，条约机构的人权专家们已经发展出丰富的人权法理学（详见第四章），为条约机构进一步调整和增加报告制度实效，以及为缔约国更好地践行报告制度和优化其践行模式奠定了坚实的理论和实践基础。特别是其对缔约国报告形式和内容的标准化要求，可以说是条约机构从多年审议实践中提炼出的精髓。《包括共同核心文件和条约专要文件准则在内的根据国际人权条约提交报告的协调准则》[1]不仅对各国报告的形式和内容作了统一规定，更引人注目的是其对数据资料的要求非常细致、具体，通过这些数据资料可以非常量化、直观地评估报告国的人权保护水平。比如关于缔约国编写报告的程序方面，《协调准则》要求缔约国提供如下资讯：负责条约报告的全国协调机构；中央、地区和地方各级政府（部分情况是联邦和省级政府）的各部门、机构和官员的参与情况；向条约机构提交报告之前，是否发给国内法机构或由其审查；非政府组织或实体，包括最受条约相关规定影响的人员和群体，在报告编写过程或其后续工作的各阶段的参与性质和情况；在报告期内举行过的各种活动，诸如：议会辩论、政府会议、讲习班、研讨会、电台或电视广播以及解释本报告的出版物或任何其他类似活动。此外，《协调准则》还对报告编写机构框架、报告数据收集方法、报告时间统筹安排等问题进行了细致明确的规定。《协调准则》要求各缔约国“考虑搭建一个适当的报告编写机构框架，这种机构可包括一个部际起草委员会，并（或）在每个相关国家部委内设立一个报告编写联络点”，用以支持该国根据国际人权文书、国际劳工组织和联合国教科文组织各项公约所承担的全部报告义务，并“负责协调条约机构结论性意见的后续工作”。该机构也可以支持国家履行其他报告义务，比如开展国际会议和高峰会议的后续工作、监测《千年发展目标》的实现等。这种机构“应设法拟出一套高效、全面和不断（从有关部委和政府统计局）收集一切涉及人权落实工作的统计

---

〔1〕 联合国文件：HRI/MC/2006/3，2006 年 5 月 10 日发布，参见联合国秘书长报告：《国际人权条约缔约国提交报告的形式和内容准则汇编》，载 http：//www. ohchr. org/EN/HR-Bodies/Pages/TreatyBodies. aspx，访问时间：2015 年 12 月 9 日。

数据及其他数据的方法”，如有技术障碍，各国可以从联合国人权事务高级专员办事处和其他有关联合国专门机构获得技术援助。为尽量减轻缔约国和条约机构的工作负担和资源消耗，缔约国可同有关的条约机构磋商，统筹安排其提交报告和接受审议的时间。[1]

条约机构践行缔约国报告制度的理论和实践为中国不断优化相关实践奠定了坚实的理论和实践基础，中国自己在践行缔约国报告制度的三十余年里，也积累了不少实践方面的经验教训。不少学者对报告制度等国际人权监督机制展开了比较深入的理论研究，对中国践行缔约国报告制度存在的主要问题、障碍和解决之道等都有比较明确的认识。如戴瑞君博士在其专著《国际人权条约的国内适用研究：全球视野》一书中，详细分析了中国目前于适用国际人权条约方面存在的问题，实际上也是缔约国报告制度真正落实面临的问题，因为报告制度表面来看是要撰写报告接受条约机构审议，而实质上是要求缔约国真正履行人权条约义务。戴瑞君博士从宏观上将制约中国对国际人权条约有效适用的问题和缺陷概括为如下五点：一是国际人权条约在中国法律体系中的地位不明；二是中国人权权利体系与人权国际义务差距很大；三是中国对人权的司法救济不到位；四是国家人权机构缺失；五是执法人员人权意识淡薄。与上述问题和缺陷对应，戴博士认为中国应从以下方面着手完善中国的人权保障制度：一是在宪法中明确条约与国内法的关系；二是比照国际人权条约完善保障人权的国内法律体系；三是建立专门的国家人权机构；四是要着力加强人权宣传教育。[2] 类似的理论成果不胜枚举，限于篇幅，在此不赘述。不过有一点是明确的，即我国学者对国际人权条约和国际人权监督的研究越全面、越深入，我国践行缔约国报告制度的理论根基就越扎实，我国践行报告制度模式的不断优化和完善也有更好的理论根基和智慧储备。

笔者坚信，随着我国人权观念的日益开放和发展，随着条约机构和

---

〔1〕 联合国文件：HRI/MC/2006/3，2006 年 5 月 10 日发布，参见联合国秘书长报告：《国际人权条约缔约国提交报告的形式和内容准则汇编》第 13 – 15 段、第 17 段、第 45 段，载 http://www.ohchr.org/EN/HRBodies/Pages/TreatyBodies.aspx，访问时间：2015 年 12 月 9 日。

〔2〕 戴瑞君：《国际人权条约的国内适用研究：全球视野》，社会科学文献出版社 2013 年版，第 286 – 295 页。

我国践行缔约国报告制度的理论和实践的不断丰富，我国践行缔约国报告制度模式也会日渐优化，国际人权条约义务的履行越来越全面、彻底，我国人权保护水平也会进一步提高。

二、中国践行缔约国报告制度模式不断完善的几点建议

鉴于中国践行缔约国报告制度尚有缺陷和不足，参照国际人权条约和条约机构设定的相关国际标准，笔者认为，在目前中国尚未设立专门的国家人权机构的大背景下，可以先从以下方面对现行践行模式予以完善。

（一）中国亟待建立常态化的国内人权评估机制

第一，建立全面的、常态化的国内人权评估机制的主要原因。首先，许多国际人权监督机制都要求国家对自己的所有人权状况或部分人权状况有一个自我评估，这是中国必须履行的国际法律义务。典型如九大核心国际人权条约规定的缔约国报告制度，其他如国际劳工组织和联合国教科文组织的缔约国报告制度。在国际审议报告之前，必然是缔约国评估自己的人权状况并撰写报告。又如人权理事会开展的普遍定期审议，审议之前也要求被审议国提交国家报告。所以，为履行相关人权条约国际义务，为正常接受普遍定期审议，中国都有自我评估人权状况之义务、之必需。其次是全面性的、常态化的国内人权评估机制的建立，可以避免为应对诸多人权监督机制的自我评估要求，缔约国反复自我评估造成的人力、物力和资源浪费。如果有全面性的、常态化的国内人权评估机制存在，国家撰写任何人权报告只需在该机制常设的、经常更新的数据库中选取自己需要的资讯即可，避免反复，何况这些评估往往大同小异，交叉重叠的部分较多。再次是国内人权评估机制可以更好地考虑人权的特殊性，以达到人权普遍性和特殊性的平衡。国际人权监督机制往往更强调国际人权标准的实施和落实，强调的是人权的普遍性一面，而人权的特殊性一面却需要缔约国自己来考量、主张和保护，这一点放在国内人权评估机制内完成再合适不过了。最后，有全面性的、常态化的国内人权评估机制存在，中国准备各类人权报告的负累将大幅降低。每次准备人权报告，特定人权专家或专家小组只需在现有的国家人权资料库中选取相关资料，稍加整理和文字润色即可。

第二，全面的、常态化的国内人权评估机制的主要职能。该机制通过梳理中国政府承担的所有与人权有关的国际义务，特别是其中的具体要求和量化标准，由此汇总一份国内人权评估的国际人权标准大全。当然，该标准在中国批准或加入新的国际人权条约或条约机构等国际机构有新的要求时需及时更新。国际人权标准大全中应区分义务性标准和建议性标准，对于前者中国必须履行，而后者仅供中国参考和自主决定是否采用。标准大全完成后，我国应将其中的具体要求和量化标准，特别是数据和事实信息收集方面的要求分发到各部委和其他相关部门，要求他们真正将国际人权标准落到实处，并在日常工作中积累和统计相关数据与事实信息，每年至少安排一次所有数据和信息的汇总和评估工作，并由专门的人权专家对所有资讯进行专业分析并提出意见和建议。这种国内人权评估和专家分析可以采用保密、部分保密或公开方式进行。究竟选择哪种方式，国家安全是一个重要的衡量标准。

第三，承担常态化的国内人权评估的机构——专家委员会加部际委员会模式。条约机构建议每个缔约国依照《巴黎原则》[1]建立统一的国家人权机构，专门负责整个国家的人权事务。纵观世界各国实践，缔约国设立的国家人权机构主要有如下模式：人权研究中心类（如丹麦）、咨询和协商类（如法国）、人权委员会类（如韩国）、监察员类（如瑞典）。也就是说，只要设立的国家人权机构遵循了《巴黎原则》并能真正发挥其应有的职能，缔约国对其所设立的国家人权机构的模式有选择权，也可以发挥创造性。在现行报告编写机构框架基础上，笔者建议我国的国家人权机构采用专家委员会加部际委员会模式。专家委员会由若干人权专家组成，这些专家必须在人权的某个领域有至少 5 年以上的研究经历并有相关专著出版或正待出版，最好一项核心国际人权条约就有一名专家，普遍定期审议、国际劳工组织条约、联合国教科文组织报告义务方面至少各有一名专家，这些专家组成专家委员会，专门负责研究国际人权标准、汇编和发放国际人权标准、分析和研究中国人权状况、提供专业咨询意见、撰写人权报告等事务。特别重要的是，这一

---

〔1〕 参见联合国文件：《有关国家人权机构地位的原则》（简称《巴黎原则》），A/RES/48/134，E/1992/22。

专家委员会应具有绝对的独立性，其人事任免和福利待遇直属中央，在工作上直接向中共中央负责，可以直接向国家主席请示汇报。当然，该委员会和其他部委之间的关系是平等协商型的，人权专家委员会负责向国家部委及其他相关机构分发具体可行的量化国际人权标准，提供相关咨询，就相关问题进行协商，并根据各部委及其他相关机构所收集的数据和资料进行分析和研究，提供适当建议。人权专家委员会之外，笔者建议保留现行撰写缔约国报告的国家部际委员会，但该委员会每年至少召开一次常会，没有特殊情况时部委领导都得参加，专门用于反馈上一年度人权标准执行情况、人权专家汇报最新国际人权标准以便各部委制定新的人权行动计划并监督其实施等。我国专家委员会加部际委员会模式国家人权机构在北京应设立一个常设机构，专家们定期召开专题会议，平时主要是网上办公、电话办公，这样所需经费和资源并不多。这一模式在原有机制和人员的基础上稍加调整和优化便可成型，既可以传承现有经验和格局，又可以增加评估机制之实效。其主要目的是自我评估、自我促进，次要目的是履行国际人权条约规定的报告义务和普遍定期审议中的报告义务等类似的报告义务。

（二）中国亟待建立统一的国家人权统计数据库

第一，中国践行缔约国报告制度的实践，凸显数据缺乏问题的严重性。缔约国报告中缺乏相关数据是一个普遍性的世界难题，数据问题的普遍性和严重性严重妨碍条约机构监督职能的实现，亟待反思和改进。中国践行缔约国报告制度的实践表明，确实存在数据收集系统不全、分列统计数据缺乏、数据老旧等问题，各条约机构在对中国的结论性意见中反复强调数据问题存在的严重性和危害性，并强烈要求中国采取相应措施加以改进。例如2013年，儿童权利委员会在关于中国的结论性意见中特别指出，报告显示中国缺乏系统收集儿童相关信息的机制，已收集到的信息又受内地保守国家机密的法律法规的限制，致使委员会经常无法获得对有效实施和监测《公约》十分关键的重要分类数据，诸如残疾儿童、受移民影响的儿童、童工、少年司法、暴力侵害儿童、杀婴等方面的数据和事实信息。鉴于此，委员会建议“中国内地设立一个独立的国家机密分类审查机制”，确保委员会能获取尽可能全面细致的相关数据和资讯。此外，委员会认为缔约国在国内公布相关信息并展开讨论也是十分重要的，这构成制定有关儿童权利的切实可行的政策和计划的必要基础。在该结论性意见中，委员会也再次指出中国“香港澳门地区仍然没有全面可靠的数据收集系统，儿童数据分散于不同部门”，特别是在《公约》所涉及的一些领域缺乏18岁以下儿童的分类数据。委员会要求中国收集数据时“应该按性别、年龄、地理位置、族裔和社会经济背景进行分类”，并对诸如有证或无证的流动儿童、残疾儿童、少数民族儿童、难民儿童和寻求庇护的儿童这些特别脆弱的群体给予特别注意。[1] 又如，2015年，禁止酷刑委员会在对中国的结论性意见中特别重申[2]报告缺乏数据和国家机密条款之间的关联性，认为中国“利用国家保密条款避开提供有关酷刑、刑事司法和相关问题的资料”。尽管中国政府认同涉及酷刑的信息不属于国家秘密范围这一观点，但并未提供“委员会在问题清单中和对话期间所要求提供的大量数据”。“委员会吁请对有关酷刑的资料解密”，特别是关于酷刑和虐待的指控及其调查和解决情况、被拘留者的下落和健康状况、羁押中死亡情况、登记在册的被拘留者的数量和情况、行政拘留的数量和情况、死刑案件数量和情况的资料。[3] 毋庸置疑，没有全面具体的数据信息，条约机构无法依照人权条约的规定全面评估中国的履约情况，百姓也无法对此予以监督、讨论和建言。

第二，中国亟待建立统一的国家人权统计数据库。且先不谈相关数据是否应该保密这一问题，条约机构指出的中国在数据收集方面存在的问题无疑是中肯、务实的。主要是我国尚无一个统一的、全面可靠的数据收集系统，每次撰写报告都得向各有关部门提取数据资料，各种数据资料分散于不同部门领域，统计方法和路径也无统一规范。在收集到的数据中，许多分列统计数据缺乏，比如没有按性别、年龄、地理位置、族裔和社会经济背景进行分类，又如对社会上最弱势群体的统计数据缺乏。此外，数据资料统计没有定期和及时更新也是一个问题。而事实上，全面系统、真实可靠、不断更新的整体和分列数据是准确评估一国

---

〔1〕 参见联合国文件：CRC/C/CHN/CO/3－4，第17段、第18段。

〔2〕 参见委员会的前一期建议：CAT/C/CHN/CO/4，第16段和第17段。

〔3〕 参见联合国文件：CAT/C/CHN/CO/5，第30段、第31段。

人权状况必不可少的信息基础，也是我国建立常态化的国内人权评估机制不可或缺的一部分。我国制定全面履行自己承担的国际人权义务的方针政策、行动计划和具体措施离不开对目前国内人权状况的准确评估，而国内人权状况的评估质量又直接取决于相关数据资料的收集、比对和分析。2009 年，中国在对禁止酷刑委员会的结论和建议（CAT/C/CHN/CO/4）的评论[1]中指出，委员会在结论意见中“要求提供的统计数据十分详细、复杂，对中国这样一个有着复杂国情的发展中大国来说，完成这些统计工作需要付出巨大的成本，短期内难以实现”。不过中国政府会高度重视委员会的意见和建议，将努力加强调查禁止酷刑和虐待领域的数据和资料。事隔六七年，中国的人权观念和刑事政策发生了很大的变化和进步，在禁止酷刑和虐待领域建立全面细致的数据收集系统应该不再有太大难度。可以先构建信息收集标准和信息收集机制，慢慢先做起来，不断总结经验教训，不断优化信息收集机制。笔者建议，先由承担常态化的国内人权评估的机构——专家委员会加部际委员会模式中的专家委员会拟定需要收集的数据清单及其细目（包括收集数据的具体要求和方法等），分发至各部委及相关机构，并随时提供技术咨询。而各部委及相关机构负责在各自领域内，依据上述国际人权标准和数据收集任务，制定具体的实施计划和方案，有时甚至要设立专门的机构，添置专门的设备，设置特定的岗位，切实完成相关指标和任务。各部委及相关机构收集到的数据资料通过内部网络系统自动汇总到国家统一的人权统计数据库，该数据库是国内人权评估机制不可或缺的一部分，专供专家委员会专家分析、研究和评估中国人权状况之用，也供专家委员会和部际委员会联席会议全面评估国内人权评估之用，构成我国设计和制定履行相关人权条约义务或其他人权承诺的政策、措施和行动计划的坚实基础。

第三，统一的国家人权统计数据库需要设置保密级别。任何国家都需要保护其国家安全，国家安全可以说是每个国家最大的集体性人权。国之不存，人将焉附？国家之间有和平友好的一面，也有惨绝人寰的生存竞争。每个国家对关系到国家生死存亡的关键性的、敏感信息予以保

[1] 参见联合国文件：CAT/C/CHN/CO/4/Add. 2.

密也在情理之中，这是国际社会通行的政治实践。为此，世界上很多国家颁布了相应的法律法规，详细规定国家秘密的定义、内容、范围、识别、保护和救济等，如我国就出台了《保守国家秘密法》。该法第 2 条规定，国家秘密指关系国家的安全和利益，依照法定程序确定，在一定时间内只限一定范围的人员知悉的事项。该法第 8 条对国家秘密的具体内容作了进一步的规定。现在的问题是，国际人权标准和条约机构要求提供的数据和信息中哪些属于我国《保守国家秘密法》中所规定的国家秘密？其保密的范围和时限如何？从迄今中国践行缔约国报告制度的实践来看，条约机构和我国政府对国家秘密的理解有相当差距，特别是禁止酷刑和虐待以及刑事司法方面的数据资料。笔者建议，专家委员会汇编出需要收集的数据清单及其细目后，应提交我国保密行政管理部门的专家进行审核，挑出需要保密的内容，并详细注明保密级别和时限，这样在各部委和相关机构收集涉密信息时就要注意保密，当所有信息汇集到统一的国家人权统计数据库后，保密专家需要对其进行进一步的分析和审核，再次确定需保密信息的范围和程度。建议将需要保密的信息涂红，并且只限于专家委员会的专家分析、研究和评估之用，禁止将保密信息公之于众或用于缔约国向国际人权监督机制提交的各种报告中，有违反者按相关法律法规严惩。

综上所述，为了全面、准确地评估本国人权状况，为了更好地制定本国政策、计划和履行国际人权义务，也为了避免条约机构在得不到相关数据信息时偏听偏信其他渠道的资讯，[1] 笔者建议中国政府应提供更多技术、财政和人力资源方面的支持，尽快建立起统一的国家人权统计数据库，并在实践中不断完善和优化。在数据收集方面，我国政府应该根据国际标准不断改进数据的范围、质量和分类，提高数据的科学性和真实性，并确保非保密数据的透明度和公开审查。对于数据保密范围方面的分歧，一方面我国要把握好自己的安全利益底线，坚守自己的国家安全利益，另一方面也可以与条约机构对有分歧的问题进行探讨，甚

---

〔1〕 条约机构享有收集、接收和审查缔约国有关人权方面信息的法律授权。这些信息包括缔约国提交的报告，也包括其他利益攸关方提供的数据和信息。参见联合国文件：《人权条约机构主席关于第二十七次会议的报告》附件一：《条约机构主席关于人权与 2015 年后发展议程的联合声明》，2015 年 6 月 26 日，A/70/150。

至可以要求条约机构对传统的缔约国报告制度进行改革，即新增全新的保密信息审议板块，对报告审议中的某些敏感数据和信息加以保密，由此平衡条约机构的审议职能和国家主权安全之间的关系，也可增加中国在缔约国报告制度改革中的贡献度。

（三）中国应密切关注人权条约机构体系的改革进程

中国应继续关注人权条约机构体系改革。如前所述，人权条约机构体系的改革一直没停歇过。2009 年，联合国人权高专办启动了加强人权条约机构的进程，世界各国积极响应，在不同场合发表了不少建议。中国政府赞赏并积极支持这一进程，不过强调这一进程的进行必须建立在与众多缔约国平等对话和协商的基础之上。中国还对条约机构在实践工作中有不断寻求扩大其职能的倾向表示忧虑，建议对条约机构成员制定行为守则。[1] 不过，条约机构的工作方法和议事规则日趋精简、统一和协调是不争的事实。各条约机构对缔约国报告的要求和审议也日趋统一和协调，条约机构发表的结论意见、一般性意见或一般性建议也日趋统一、协调，各缔约国履行人权条约义务的方式方法和采取的措施也以前所未有的速度趋同化。在此大背景下，中国践行报告制度时应高度关注条约机构体系的改革进程。主要原因有二：一是积极参与改革进程，让自己的利益、主张和声音反映其中，否则我国政府对条约机构体系改革进程会完全失去影响力和引导力，那些主张肆意扩充条约机构职能的势力便会得逞，这于我国的大国地位和国家利益不利；二是顺应条约机构体系改革不可逆转的大趋势，既有利于树立我国开明、务实和善意履行国际义务的大国形象，又有利于减轻我国践行缔约国报告制度的沉重负担和技术难度，帮助我国更好、更便捷地在国内实施国际人权条约。事实上，中国一直关注着条约机构体系的改革，在不违背国际法基本原则和中国重大利益的情况下，也一直顺应和追随着条约机构的改革步伐和与时俱进的新标准、新要求。比如中国按《协调准则》提交了

---

〔1〕 参见中国常驻联合国副代表刘振民大使在第六十一届联大三委关于“人权文书的执行”（议题 66a）的发言（2006 年 10 月 17 日），载 http：//www.humanrights.cn/html/2014/3_0611/320.html；中国常驻联合国副代表刘振民大使在第六十三届联大三委关于执行人权文书问题的发言（2008 年 10 月 21 日），载 http：//www.humanrights.cn/html/2014/3_0611/346.html，访问时间：2016 年 7 月 5 日。

共同核心文件，并按各条约机构要求提交了条约专要文件，又如还对条约机构改革积极地建言献策等。

条约机构简化和协调报告程序的改革与中国紧密相关。近些年来，条约机构一直致力于简化和协调报告程序，主要包括：简化报告程序；统一与缔约国的建设性对话方法；为结论性意见统一格式；通过简短、集中和具体的结论性意见等。[1] 条约机构的工作方法和议事规则在不断合理化和高效化。其中，简化报告程序和统一建设性对话与缔约国报告模式最为相关。联合国人权高专和条约机构都很重视报告程序简化，秘书处还专门汇编了关于简化报告程序的说明（HRI/MC/2014/4），该背景文件不仅介绍了已经采用简化报告程序的条约机构的现行做法，而且积极倡导简化报告程序的统一和推广。条约机构的各位主席赞成缔约国在履行定期报告义务时使用简化报告程序，但大多数主席强调缔约国的初步报告最好根据标准报告程序提交。此外，条约机构在缔约国报告之前提出的问题清单应当简洁和突出重点，对提出问题的数量各条约机构实践不一。条约机构还出台了简化报告程序下问题清单的共同格式草案（HRI/MC/2014/4），作为条约机构的审议指南。当然，每个条约机构可以根据他们自己的要求和被审议对象的实际情况，自主调整问题清单的结构。[2] 笔者建议中国政府尽量采用简化报告程序撰写和提交缔约国报告，这样既精简省力，又能产出简明、具体、重点突出的缔约国报告。此外，条约机构也一直在探讨和摸索统一条约机构与缔约国建设性对话的方法。为此，秘书处专门汇编了关于条约机构与缔约国之间建设性对话的说明（HRI/MC/2014/3）。该背景文件对比分析了各条约机构在建设性对话方面现有的做法，并试图在关注上期建设性对话期间的结论性意见、条约机构成员和缔约国之间公平分配时间、国家特别工作组、按主题分类的问题集、书面指导等方面提供可行性建议。为最大限度利用有限的对话时间，为使建设性对话互动性更强、更有成效，条约机构特别强调缔约国代表团组成成员的官方身份和专业技能的重要性。

---

〔1〕 参见联合国文件：《人权条约机构主席关于第二十七次会议的报告》第9段，A/70/150。

〔2〕 参见联合国文件：《人权条约机构主席关于第二十六次会议的报告》，A/69/285，第28－46段。

它鼓励缔约国代表团由一名负责执行各人权条约的国家高级官员率领，并尽可能囊括来自负责相关条约执行工作的重要行政和其他主管部门的具有相关专门知识的代表，还要考虑到专门知识和性别方面的平衡。当然，缔约国代表团也可以包括其他相关机构或实体的代表。[1] 笔者建议中国政府进一步优化参与建设性对话的代表团的成员结构，尽可能多地派遣具体负责实施国际人权条约和履行人权承诺的高级别官员和专家参加对话，还要注意地域、性别和专业方面的平衡。只有这样，才能最大限度地发挥建设性对话的监督力和引导力，更大限度地推动人权条约义务在中国的切实履行，更大限度地全面实现普遍人权。

（四）中国应进一步拓展参与报告程序的主体和深度

一方面，中国应清除所有人权利益攸关方参与条约机构活动的障碍。条约机构也经由建设性对话或结论性意见等途径将此种信息转告中国，并提出相应的改进措施和完善建议。[2] 近几年来，反恐吓和反报复人权活动者是联合国条约机构关注和工作的重点，为此，2015 年第二十七次人权条约机构主席会议一致批准了《反对恐吓或报复准则》（又称“圣何塞准则”）。该准则对其出台的背景及必要性、目的和范围、基本原则、操作法、监督准则的执行和传播准则做了详细规定。条约机构强烈谴责人权活动者遭遇的恐吓或报复行为，强调一国批准或加入某项国际人权条约，即承诺与条约机构真诚合作，并有义务恪尽职守保护个人和群体。“恐吓或报复可能由国家和非国家行为体的作为或不作为所致”，如果是在官员或以官方身份行事的其他人同意或默许的情况下，此种针对任何寻求、正在或曾经与某条约机构合作的个人或群体的作为或不作为应归咎于国家。[3] 我国应该高度重视人权保护领域的恐吓和报复行为。对于条约机构反馈的上述信息，首先要展开仔细、深

---

〔1〕 参见联合国文件：《人权条约机构主席关于第二十六次会议的报告》附件一：《为缔约国准备的关于与人权条约机构开展建设性对话的指导说明》，A/69/285，第 28 –46 段。

〔2〕 儿童权利委员会第六十四届会议（2013 年 9 月 16 日至 10 月 4 日）通过，参见联合国文件：CRC/C/CHN/CO/3 –4，第 8 段、第 21 段、第 22 段。

〔3〕 参见联合国文件：HRI/MC/2015/6；《人权条约机构主席关于第二十七次会议的报告》A/70/150，第 36 段；《秘书处关于在联合国人权机制背景下的报复行为的说明》，HRI/MC/2015/3。

入、全面的调查，切莫偏听偏信。既有可能是确有此事，肇事者可能是国家公务员或其授意的人所从事的职务行为，也可能纯粹是民间个人。如果是前者，此类事件正好暴露出某些国家公务员人权意识淡薄和习惯性地滥用职权，对此政府要采取惩戒肇事者、教育公务员和补偿受害者等措施予以解决。如果纯属私人行为，政府应依法惩戒肇事者、补偿受害者，并加大人权普法宣传和教育，普遍提高民众的人权意识。此外，对于人权条约机构，我国政府可以据实以报，说明事实及妥善处理情况，条约机构定会赞赏。任何国家都有人权问题，只要妥善加以处理和救济，国家就不会一直被受害者和条约机构指责和批评，更不会被其他国家一直盯着某件事横加干涉。当然，中国政府经过全面、深入和仔细的调查，也可能发现条约机构收到的揭露中国存在迫害人权活动者的情况纯属虚构或诬陷，对此，中国也要向条约机构澄清事实，并可公示此种事实供知情人士评论和证实，或提供相关通讯方式供条约机构核实，还可邀请条约机构专家实地调查和核实，以正视听。对于国内外反华势力故意制造的此种污蔑，我国政府要在政治外交平台上坚决予以回击。总体来说，国际人权保护发展到今天，我国政府完全没有必要对自己的人权问题不透明，因为世界上没有哪个国家没有人权问题，包括唯一的超级大国美国也有世人皆知的严重的种族歧视和频发的校园枪击事件。一旦侵犯人权的事件发生或可能发生，政府只要依法定程序调查取证，妥善救济和处理即可。如果有反华势力或别的国家对此不依不饶地横加指责，中国政府完全可以坦然面对，原因有二：一是我国已经对侵犯人权事件加以妥善处理；二是即便超级大国美国也有层出不穷的人权问题亟待解决。如果某些国家或个人为中国已经妥善处理过的一点人权问题大惊小怪、不依不饶，显然是别有用心，根本不值得条约机构和公众信赖。

另一方面，中国应有更多专家直接或间接参与人权条约机构的工作。实践表明，中国一直积极推荐专家参与人权条约机构的工作。长期以来，在消除种族歧视委员会、消除对妇女歧视委员会、禁止酷刑委员会等一些条约机构中都有中国专家出任委员。如 2009 年，中国九三学社社员、中国科学院研究生院教授杨佳当选首届联合国残疾人权利委员会副主席，2011 年，杨佳再次当选联合国残疾人权利委员会副主席；[1] 2013 年，禁止酷刑委员会半数委员改选在日内瓦举行，来自中国的国际人权法专家张克宁成功当选（任期：2014 年 1 月 1 日至 2017 年 12 月 31 日）；[2] 2015 年，中国籍候选人李燕端大使在消除种族歧视委员会委员选举中高票胜出（任期：2016 年 1 月 20 日至 2020 年 1 月 19 日），[3] 成为中国黄永安大使（任期：2008 年 1 月 20 日至 2016 年 1 月 19 日）之后又一名中国籍的消除种族歧视委员会委员；2012 年，在《消除对妇女一切形式歧视公约》第十七次缔约国大会上，我国候选人邹晓巧高票成功竞选了消除对妇女歧视委员会委员，任期为 2013 年至 2016 年。邹晓巧女士自 2005 年起担任该委员会委员，其再次连任表明邹女士的工作得到了多方肯定和认可。[4] 不过，在其他人权条约机构中国人的参与度和影响力是不够的。笔者建议中国政府多培养人权方面的顶级专家，全面、深入地参与所有条约机构和其他人权国际监督机制的工作。除直接参与外，人权方面的研究也要进一步加强。比如说，前文已述及条约机构所发表的一般性意见或一般性建议具有重要的条约解释功能和辅助造法功能。为增加此种意见或建议的民主性、科学性和被广泛接纳度，条约机构近年来推出了一项新举措，即在此种意见正式发表前，先将一般性意见/建议草案的高级版本在联合国人权高专办网站上公布，方便并鼓励各缔约国和广大利益攸关方查阅，欢迎提出意见、评论或反馈。其后，条约机构将组织对所有相关意见、评论或反馈进行磋商，最后才就一般性意见/建议的内容及通过做出决定。[5] 对此，我国政府和人权学术界应加以高度重视，积极参加编写一般性意见/建议

---

〔1〕 参见《杨佳再次当选联合国残疾人权利委员会副主席》，载 http：//politics. gmw. cn/2011 -04/18/content_ 1844920. htm，访问时间：2016 年 3 月 14 日。

〔2〕 参见《中国籍候选人张克宁当选禁止酷刑委员会委员》，载 http：//www. chinanews. com/gn/2013/10 -01/5343057. shtml ，访问时间：2016 年 3 月 14 日。

〔3〕 参见《中国籍候选人李燕端大使当选消除种族歧视委员会委员》，载 http：//www. fmprc. gov. cn/web/wjb_ 673085/zzjg_ 673183/tyfls_ 674667/xwlb_ 674669/t1276270. shtml，访问时间：2016 年 3 月 14 日。

〔4〕 参见《中国成功竞选连任联合国消除对妇女歧视委员会》，载 http：//www. fmprc. gov. cn/ce/ceun/chn/hyyfy/t945782. htm，访问时间：2016 年 3 月 14 日。

〔5〕 参见联合国文件：《人权条约机构主席关于第二十七次会议的报告》第 90 -91 段："推广编写一般性评论的磋商流程"，A/70/150。

的磋商流程，及时查阅一般性意见/建议草案的高级版本，积极组织研讨，并提出自己的意见、评论或反馈。因为，从至今的实践来看，这种参与几乎等同于参加国际立法。条约机构的一般性意见或一般性建议正式发布后，往往被国际社会广泛接受，视为国际人权标准的一部分，条约机构审议缔约国报告和处理个人来文等都会参照它来解释核心国际人权条约。

第三节 中国践行缔约国报告制度的作用和影响

1989 年，经济、社会和文化权利委员会发表了第 1 号一般性意见，开篇特别强调“报告义务的主要目的是帮助每个缔约国履行其《公约》义务”，而不是一项纯粹的各缔约国向有关国际监督机构提交报告的程序性义务。意见接着详细阐明了报告制度的 7 项目的：①初次报告确保全面审查缔约国立法、行政规定、程序和惯例；②确保缔约国定期监督有关每项权利的实现情况；③据以拟定审慎地提出了指标的明确政策；④促进民主参与政策监督；⑤提供有效评价履行《公约》所载义务进度的具体指标；⑥用数据说明一定时期内缔约国在有效实现有关权利方面所得到的进展，使缔约国更好地理解妨碍权利充分实现的因素和困难；⑦促进国际交流和采取适宜措施应对共同问题。[1] 尽管《经济、社会和文化权利国际公约》中的权利具有明显的渐进性等特点，但经济、社会和文化权利委员会关于缔约国报告制度目的的论述却是目前为止条约机构对此问题颇具代表性的一般性论述。梁晓晖博士根据上述 7 项目的，将报告制度的基本作用高度概括为五点：国际监督作用、公众审查功能、政策规划作用、双重评价作用、信息交流作用。[2]《包括共同核心文件和条约专要文件准则在内的根据国际人权条约提交报告的协调准则》指出，报告制度不仅检查人权在国家一级的落实情况，也构成国际级建设性对话的基础，报告程序是缔约国“持续不断承诺致力于尊重、

〔1〕 经济、社会和文化权利委员会第三届会议通过的第 1 号一般性意见：缔约国的报告，参见联合国文件：E/1989/22 号文件，HRI/GEN/1/Rev. 9（Vol. Ⅱ）.

〔2〕 黄金荣主编：《〈经济、社会、文化权利国际公约〉国内实施读本》，北京大学出版社 2011 年版，第 179 – 180 页。

保护和落实其加入的条约所规定的各项权利过程中的一项关键内容”。[1] 足见报告制度之目的绝非局限于履行报告义务本身，而在于监督和帮助缔约国持续尊重、保护和落实其加入的人权条约所规定的各项权利。以下将结合中国践行缔约国报告制度的实践，具体分析该制度的作用和影响。

一、人权条约实施方面

在践行缔约国报告制度过程中，中国批准和加入的人权条约得以更好地实施，具体表现为中国在立法、行政和司法三大领域举措频繁，共同推动条约规定的落实和公约规定权利的实现。

（一）人权条约的立法实施

自1980年开始，中国陆续批准和加入了《消除对妇女一切形式歧视公约》等六项核心国际人权条约和《儿童权利公约》的两项任择议定书，由此也承担了公约项下包括缔约国报告义务在内的许多尊重、保护和实现人权的义务。“国内法与人权条约保持最低限度的一致性是国际人权条约能够在各国得到适用的重要前提。”[2] 为切实履行人权条约义务，与中国践行缔约国报告制度不断反思和矫正自己履约行为如影随形的是：中国的宪法和其他法律法规不断得以修改和完善，业已形成一套比较完善的人权保障法律体系。[3]

一方面是中国宪法原则、结构和内容的划时代变革。从结构来说，1982年宪法将“公民的基本权利和义务”安排在“国家结构”之前，

---

〔1〕 参见联合国文件：HRI/MC/2006/3，第8-11段，联合国秘书长的报告《国际人权条约缔约国提交报告的形式和内容准则汇编》，载 http：//www. ohchr. org/EN/HRBodies/Pages/TreatyBodies. aspx，访问时间：2015年12月9日。

〔2〕 戴瑞君：《国际人权条约的国内适用研究：全球视野》，社会科学文献出版社2013年版，第301页。

〔3〕 以宪法为根本依据，中国制定和完善了一系列保障人权的法律法规。截至2009年底，全国人民代表大会及其常务委员会制定了将近250项保护人权的法律。目前，中国已形成以《宪法》为核心，主要包括《立法法》《刑法》《刑事诉讼法》《国家赔偿法》《行政诉讼法》《行政复议法》《法官法》《检察官法》《人民警察法》《律师法》《物权法》《劳动法》《义务教育法》《民族区域自治法》《妇女权益保障法》《残疾人保障法》《未成年人保护法》《安全生产法》在内的较为完备的人权保障法律体系。参见联合国文件：《作为缔约国报告组成部分的核心文件》（中国）第二部分，HRI/CORE/CHN/2010。

凸显了公民权利的重要性。较新中国成立以来的1954年、1975年和1978年宪法，其权利内容得以拓展，权利保障也相对完善。其后，1982年宪法已经历四次修订，每次修订都将基本权利的保障制度向前推进一步。1988年第一次修订确认了私营经济的存在，为保护私有财产权奠定了制度基础；1993年第二次修订确立了市场经济的经济制度，为提高公民的权利意识、逐步培养人权观念奠定了制度基础；1999年第三次修订确立了“依法治国”、建设法治国家的治国方略，为人权实现铺设了法治基石；2004年第四次修订新增了“国家尊重和保障人权”这项宪法原则，“人权”字眼第一次出现在中国根本大法中，举世瞩目，意义重大。此次修订拓展了人权主体的范围，过去人权主体局限于公民，现在发展到一切人作为人权主体的普遍人权。修正案第二章“公民的基本权利和义务”详细列举了公民权利和政治权利，还有经济、社会和文化权利，另外对妇女、儿童、残疾人、少数民族等弱势群体的权利保护加以特别规定，对处于中国境内的外国人和寻求庇护的外国人的权利也囊括其中。总体看来，该宪法修正案的基本权利体系逐渐拓展和完善，日趋接近中国已经参加的国际人权条约的规定。新中国宪法的演进史，实际上就是一部人权保护不断受到重视、人权条约主要内容日益内化于中国宪法的历程。美中不足的是，我国现行宪法（1982年宪法第四次修正案）第41条做出了保障和救济公民基本权利的规定，但宪法并未详细规定权利保障和救济的具体机构、程序等，所以对于基本权利的保护和救济，还得依靠相关法律、法规和政策的制定和实施。

另一方面是中国与人权相关的法律法规作了大规模调整。2001年《作为签约国报告组成部分的核心文件》（中国）第一部分介绍了“人权文件如何成为国家法律体系一部分”。

为使中国国内法律体系和国际人权公约的规定保持一致，首先是中国在参加国际条约时，往往要考虑到国际条约与国内法的协调问题，如果拟参加的国际条约不与国内法发生原则性冲突，中国才会参加，这为条约和国内法的一致性以及条约在国内的顺利实施作了前期审查和铺垫。其次是“中国在履行国际条约义务时，如果国际条约与国内法在某些具体规定上存在差异，除中国在批准或加入时声明保留的条款外，以国际条约的规定优先”。再次是“对于国际人权公约没有规定的具体处罚规定，则援引与公约宗旨相符的国内法规定，以保障人权公约内容得以落实”。虽然中国《宪法》第67条规定，“中国加入国际人权公约需经全国人民代表大会常务委员会批准，公约一经批准即对中国具有法律约束力，中国即依公约规定承担相应的义务，而不必再专门为此制订相应的法律将之转化为国内法”。[1] 但迄今为止的实践表明，中国参加的国际人权条约并不能被直接纳入国内法体系，也不能直接适用。在中国参加人权条约的前前后后，实际上进行了大量的转化工作。例如：在《儿童权利公约》1992年4月1日正式对中国生效前，1991年9月《中华人民共和国未成年人保护法》在全国人大常委会通过，未成年人/儿童的权利保护走上了法制化和国际化的轨道。此后，结合儿童权利委员会有关禁止歧视、确保儿童参与权和儿童最大利益原则等意见和建议，我国又对《中华人民共和国未成年人保护法》中未达到公约标准的地方进行了修订（修正案于2006年12月29日通过，2007年6月1日施行）。[2] 为了实施我国1980年11月4日加入的《消除对妇女一切形式歧视公约》，中国于1992年颁布实施了《中华人民共和国妇女权益保障法》，其后结合消除对妇女歧视委员会对中国提出的建议和意见，2001年修订后的《婚姻法》在禁止家庭暴力、夫妻财产和家庭成员关系等方面做出了新规定；2002年颁布的《农村土地承包法》规定已婚、离异和丧偶妇女也有土地分配权；2005年修订的《妇女权益保障法》第11条规定了暂行特别措施，第40条规定了禁止性骚扰，第46条规定了禁止家庭暴力等。同样，中国1988年正式加入《禁止酷刑和其他残忍、不人道或有辱人格的待遇或处罚公约》后，在禁止酷刑委员会结论性意见的推动下，1996年我国修订的《刑事诉讼法》对被告人、犯罪嫌疑人的权利加以拓展并强加保护；1997年《刑法》修订版新增了诸如非法拘禁罪、非法搜查罪、刑讯逼供罪、暴力取证罪等涉及酷刑的犯罪；2005年新的《治安管理处罚法》重申禁止刑讯逼供，并以法律形式确认了非法证据排除规则；2012年《刑事诉讼法》修正案进一步强化和

〔1〕 参见联合国文件：HRI/CORE/1/Add. 21/Rev. 2，第51－53段。

〔2〕 参见中华人民共和国《未成年人保护法》2006年修正案第3条、第10条、第14条、第25条、第28条、第43条、第52条等条款。

完善了被告人和犯罪嫌疑人的人权保护，使其规定更加贴近国际人权条约和条约机构的标准和要求。类似例子不胜枚举，总的来说，在中国与人权相关的国内法大幅废、改、立的浪潮中，国际人权条约发挥了很重要的指导作用，条约机构对中国提出的结论性意见和建议极大促进了中国人权保障法律体系的进步。

（二）人权条约的行政实施

行政领域也是实施人权条约的主战场。中国在践行缔约国报告制度的同时，逐步认识到自己的行政理念、行政措施、行政方法和手段与国际人权条约规定存在不一致的地方，在条约机构建设性对话的敦促启发下，在条约机构所发表的意见、建议的指引下，中国在行政领域完善了实施人权条约的机构，出台了比较全面深入的政策、措施，建立了比较完善的行政救济体系。

1. 中国保护和促进人权的主要行政机构

中国目前尚未依据巴黎原则成立条约机构大力推崇的国家人权机构，但国内许多部门承担着类似于国家人权机构的职责，主要包括国务院和地方各级政府，特别是其公安机关、司法行政机关和检察机关。这些机关在行政执法过程中，以国际人权条约和条约机构的意见/建议为指导，以保障人权的国内法律法规为直接依据，在千姿百态的社会生活现实中实行对普世人权的日常保护。此外，2000 年成立的国家信访局是新中国成立后第一个负责信访工作的国家级行政机构，根据《信访条例》接受并处理人民群众来信来访，调查侵犯人权事件，监督和促进相关政府部门依法行政，保障公民的参与权、表达权、监督权和其他人权；国务院妇女儿童工作委员会由副总理或国务委员担任主任，是国务院专门负责妇女儿童工作的协调议事机构，负责协调和推动政府有关部门执行妇女儿童的各项法律法规和政策措施，全面保障妇女儿童各项权利的实现；国务院残疾人工作委员会是国务院负责残疾人工作的议事协调机构，负责综合协调有关残疾人事业方针、政策、法规、规划、计划的制定与实施，全面保护残疾人权利的切实实现；成立于 1949 年的国家民族事务委员会是新中国最早成立的国家部委之一，是主管国家民族事务的国务院组成部门，主要负责综合协调有关少数民族事务的方针、政策、法规、规划、计划的制定与实施，全面保护少数民族权利的切实实现；全国老龄工作委员会是国务院主管中国老龄工作的议事协调机构，主要负责老龄人权利保护的落实事宜。上述行政机关的多方举措，对于保护弱势群体的人权意义重大。

2. 中国保护和促进人权的综合性人权政策

为响应联合国关于制定国家人权行动计划的倡议，根据《维也纳宣言和行动纲领》的要求，中国制定了《国家人权行动计划（2009－2010年）》（2009年4月公布），这是中国政府制定的第一个以人权为主题的国家规划，包括公民权利、政治权利、经济权利、社会权利和文化权利各领域，明确了2009－2010年中国政府在促进和保护人权方面的工作目标和具体措施。纲领中所包含的权利范围相当广泛，与核心国际人权条约界定的权利范围基本一致，对于我国尚未批准和承担法律义务的《公民权利和政治权利国际公约》中的权利也囊括其中，超越了我国现行宪法和法律法规所保障的权利范围，足见我国以更加开明和开放的姿态接纳人权条约标准和条约机构的意见和建议，以更积极的举措履行我国所承担的或将承担的人权条约义务。2011年7月14日，国务院发布了《〈国家人权行动计划（2009－2010）〉评估报告》，评估结论是我国"如期完成了《行动计划》规定的目标任务"。在此胜利成果的基础上，《国家人权行动计划（2012－2015年）》于2012年6月11日正式发布。与前期行动计划相比，这一期计划更加完善，在措辞上、内容上和方式方法上更加靠近国际人权条约标准，也更大程度上考虑和接受了条约机构的历次意见和建议。该计划明确规定其基本原则之一是"遵循《世界人权宣言》和有关国际人权公约的基本精神，从立法、行政和司法各个环节完善尊重和保障人权的法律法规和实施机制"。该计划特别关注热点问题和民生实际，指标具体，可操作性强，还新增了"实施和监督"一章，强调和欢迎非政府机构、个人和媒体在人权保障中发挥参与、实施和监督功能。除上述全国性的、综合性的国家人权行动计划外，1995年世界妇女大会后中国制定的《中国妇女发展纲要（1995－2000年）》《中国妇女发展纲要（2001－2010年）》，1990年世界儿童问题首脑会议之后中国制定的《九十年代中国儿童发展规划纲要》和《中国儿童发展纲要（2001－2010年）》等切实推进了中国妇女儿童权利的保护和实现，相关人权条约经由行政机关的大规模、长时期的行政举措得以进一步的实施。

3. 中国遏制行政权力侵犯人权的行政救济措施

当个人认为其法定权利受到行政权力的侵犯时，在向司法机构提起行政诉讼之前，也可以通过行政措施予以救济。中国目前的主要行政救济措施有二：行政复议和信访。行政复议是指公民、法人或者其他组织不服行政机关作出的具体行政行为，认为行政机关的具体行政行为侵犯了其合法权益，依法向法定的行政复议机关提出复议申请，行政复议机关依法对该具体行政行为进行合法性、适当性审查，并作出行政复议决定的行政行为。信访是指公民、法人或者其他组织采用书信、电子邮件、传真、电话、走访等形式，向各级人民政府、县级以上人民政府工作部门反映情况，提出建议、意见或者投诉请求，依法由有关行政机关处理的活动。〔1〕为了保持各级人民政府同人民群众的密切联系，保护信访人的合法权益，维护信访秩序，2005 年 1 月 5 日国务院通过了《信访条例》。申请行政复议和信访权是由公民的申诉、控告、检举等基本权利派生出的具体权利，特别是信访制度很有中国特色，对于及时从内部发现、纠正并救济侵犯个人或组织权利的行政行为提供了制度上的安排和保障。即便通过行政复议和信访两个途径，特定的行政争议尚未得到解决，权利人还可以通过司法途径获取最终的救济。随着人权保障机制的日渐完善和人民权利意识的逐步增强，人民法院受理的行政案件日趋增多，原告胜诉率也日渐上升。据统计，1989 – 1999 年十年间，人民法院共受理行政案件460 308件，平均每年 46 031 件。〔2〕截至 2007 年，全国每年大约受理一审行政诉讼案件和行政赔偿案件近 10 万件，原告胜诉率一般为 30% 至 40%，在某些地方原告胜诉率高达 60% 以上。〔3〕2010 年 3 月 11 日最高人民法院在第十一届全国人民代表大会第三次会议上的工作报告显示，2009 年全国法院共审结一审行政案件 12.1 万件，同比上升 10.5%，审结国家赔偿案件 1531 件，同比下降了 6.3%。国家赔偿案件数量下降直接表明我国行政机关依法行政水平逐渐提高，

〔1〕 参见中国 2005 年《信访条例》第 2 条。

〔2〕 姜明安：《行政诉讼与法治环境》，载《行政法学研究》1994 年第 4 期。

〔3〕 江必新：《机遇与挑战——论加入 WTO 与我国的行政审判工作》，载《人民法院报》2000 年 11 月 16 日，第 5 版。

行政执法中人权保护意识越来越强，人权条约所规定的权利在中国得到进一步保护和更大程度的实现。

（三）人权条约的司法实施

2006年，条约机构发布的《包括共同核心文件和条约专要文件准则在内的根据国际人权条约提交报告的协调准则》是规范和指导缔约国践行报告制度的纲领性文件，其第42段明确要求报告国阐明其国内保护人权的具体法律环境，其中包括报告国必须提供资料说明：哪些司法部门对人权事项拥有管辖权，以及这种管辖权的范围；在法院或其他法庭上，或在行政当局面前能否援引或强制执行我国参加的人权文书的条款规定，举例说明；声称权利受到侵犯的个人，能诉诸何种机制，请求何种补救措施，受害人赔偿、补偿和康复制度是否存在及其实际运行情况；以及"是否有任何机构或国家机关负责监测人权的落实情况"等。〔1〕在条约机构的监督和引导下，中国在践行缔约国报告制度过程中，不断调整和完善自己的司法机制，不断增强司法机制对中国所参加的国际人权条约项下权利的保护和救济，中国司法机关〔2〕的运作也越来越法治化和人本化。在中国，每个人根据中国所参加的人权条约所享有的人权的司法保障是通过人民法院的审判活动来进行的。国际条约的规定转化为国内法律法规前已述及的，当个人由中国法律和法规保护的权利受到侵犯时，他们有到人民法院提起民事诉讼、行政诉讼甚至刑事诉讼的权利，人民法院依法做出公正判决，对当事人的权利予以救济。随着中国践行缔约国报告制度程度的加深，我国对司法活动中诉讼参与人基本人权的保护越来越全面、越来越深入，严格控制和慎用死刑、禁止刑讯逼供、强化无罪推定、保障犯罪嫌疑人和被告人的辩护权、保障律师的执业权、限制适用羁押措施和保护被羁押人合法权利、加强司法程序中未成年人权利保护、为弱势诉讼参与人提供法律援助、建立社区矫正制度、帮扶刑满释放人员、建立刑事被害人救助制度等举措，从方

---

〔1〕联合国文件：HRI/MC/2006/3，2006年5月10日发布，参见联合国秘书长的报告：《国际人权条约缔约国提交报告的形式和内容准则汇编》，载 http：//www. ohchr. org/EN/HR-Bodies/Pages/TreatyBodies. aspx，访问时间：2015年12月9日。

〔2〕中国的司法机关包括法院、检察院。此外，公安机关、国家安全机关、司法行政机关，虽然属于行政机关，但也承担着部分司法职能。

方面面落实我国参加的人权条约中所规定的权利。此外，如果个人的基本权利受到国家机关及其工作人员职务行为的侵犯，个人可以通过请求国家赔偿获得救济。我国《宪法》第 41 条和《行政诉讼法》第 2 条、第 67 - 69 条都为个人请求国际赔偿提供了明确的法律依据。自 1995 年 1 月 1 日起，《中华人民共和国国家赔偿法》开始施行，2010 年 4 月 29 日其修订版得以通过，进一步完善了我国国家赔偿制度。其中既包括行政赔偿，也包括刑事赔偿和非刑事司法赔偿，全面涵盖了个人可能受到国家机关及其工作人员职务行为侵犯的方方面面，为个人对抗公权力、实现个人在公权力面前的司法救济提供了充分的实体方面和程序方面的保证。据统计，中国国家赔偿案件逐年增加，结案率不断提高。1995 至 2009 年，人民法院共办理了 27 614 件国家赔偿案件，年均递增 31.09%。[1] 国家赔偿典型案例如 1999 年赵作海故意杀人案，因遭受刑讯逼供，赵作海先后 9 次作了有罪供述，后被人民法院判处死刑，缓期二年执行，剥夺政治权利终身。2010 年 4 月 30 日，被赵作海“杀害”的被害人赵振晌突然回到赵楼村。2010 年 5 月 5 日，河南省高级人民法院启动再审程序裁定撤销原判决，宣告赵作海无罪。2010 年 5 月 13 日，赵作海获得国家赔偿金 50 万元人民币和生活困难补助费 15 万元人民币。同时，河南省开封市龙亭区人民检察院对在该案中组织、实施刑讯逼供的 6 名公安人员提起公诉，后被判决构成刑讯逼供罪并处以相应刑罚。[2] 最高人民法院 2011 年 2 月颁布《关于适用〈中华人民共和国国家赔偿法〉若干问题的解释（一）》、2011 年 3 月颁布《关于人民法院赔偿委员会审理国家赔偿案件程序的规定》、2012 年 1 月颁布《关于国家赔偿案件立案工作的规定》，详细规定了人民法院依法受理的国家赔偿案件的立案条件、程序等问题。另外，最高人民法院每年都根据国家统计局等部门的统计，调整国家赔偿计算标准，如 2012 年最高人民法院明确规定各级人民法院在计算国家赔偿数额时，对侵犯公民人身自由权每日

---

〔1〕 李君如主编：《中国人权事业发展报告（2011）》，社会科学文献出版社 2011 年版，第 311 页。

〔2〕 参见中华人民共和国执行《禁止酷刑和其他残忍、不人道或有辱人格的待遇或处罚公约》第六次报告第 85 段、第 93 段，联合国文件：CAT/C/CHN/5。

的赔偿金提高到162.65元人民币。[1]

值得特别注意的是，中国批准和加入的国际人权条约对中国有法律约束力，但这并不意味着条约在中国国内有直接效力，可以直接适用。北京市朝阳区人民法院受理的“徐高诉北京燕莎中心有限公司”案就是典型的例子，原告以中国加入的《消除一切形式种族歧视国际公约》为法律依据，起诉北京燕莎中心有限公司对其实施了种族歧视行为，要求法院予以确认和救济。结果人民法院仍以中国国内法为依据做出了判决。[2] 这充分说明，即便中国境内个人直接援引人权条约规定主张自己的权利，中国的司法机关也不会直接援引人权条约来判决案件。由此我们可以推断说，人权条约在中国司法体系中不具备直接效力，不可以直接适用。事实上，到目前为止，中国批准的25项国际人权条约没有一项被援用到我国司法实践中。[3] 此外，在中国，宪法的可诉性也一直是个问题。宪法是我国根本大法，个人的基本权利和相关保护、救济制度都囊括其中，其他法律法规的制定也都以此为依据，可宪法却不是审判案件的依据。尽管2001年山东省高级人民法院受理的齐玉苓诉陈晓琪冒名顶替到录取其的中专就读侵犯其姓名权、受教育权的损害赔偿案开了先河，法院以《宪法》第46条为依据，判定原告（上诉人）关于其受教育权受到侵犯的主张成立。其后，这一判决得到了最高人民法院的肯定，[4] 宪法的可诉性问题似乎有了明确的答案。但2008年12月8日最高人民法院发布的《关于废止2007年底以前发布的有关司法解释（第七批）的决定》又废弃了其对齐玉苓案件依据宪法做出判决的肯定，由此又关上了宪法可诉性的大门。不过，笔者认为，尽管国际人权条约在中国不能直接适用，中国宪法也暂无可诉性，但如果中国其他法律法规和我国加入的国际人权条约及宪法保持高度一致而且得以切

[1] 参见2012年最高人民法院颁布的《关于2012年作出的国家赔偿决定涉及侵犯公民人身自由权计算标准的通知》。

[2] 北京市朝阳区人民法院（2000）朝民初字第120号徐高诉北京燕莎中心有限公司侵犯人格权案。

[3] 戴瑞君：《国际人权条约的国内适用研究：全球视野》，社会科学文献出版社2013年版，第269页。

[4] 参见2001年6月28日最高人民法院法释［2001］25号《最高人民法院关于以侵犯姓名权的手段侵犯宪法保护的公民受教育权的基本权利是否应承担民事责任的批复》。

实实施，国际人权条约实际上也据此切实实施了。所以，履行国际人权条约义务的路径和方法不一定要强求一致，每个主权国家可以有自己的独特选择。

迄今，经过多年的实践和演化，核心国际人权条约的缔约国报告制度，不仅监督、引导和助力缔约国诚实履行条约义务，还起到了整合千差万别的国内人权保护和国际人权保护、整合碎片化的条约机构和人权条约、促进国际法和国内法在人权领域趋同化的作用，中国践行缔约国报告制度的历程正好见证了这一切。

二、缔约国人权法制建设方面

随着核心国际人权条约缔约国的日益普遍，承担公约中规定的人权保护义务的国家也越来越多。缔约国报告义务，是各项核心国际人权条约诸多人权保护义务中普遍的、强制性义务，包括中国在内的缔约国通过长期践行缔约国报告制度，极大推动了国内的人权法制建设。

（一）中国在人权方面的政治承诺愈发坚定务实

对于新中国来说，人权是一个外来概念，从最初的拒绝、怀疑和排斥，到现在的接纳、认同和大规模融入，经历了一个漫长的历史过程。其间，中国经历了两次大的转折：一是 1997 年中国共产党的十五大把“国家尊重和保护人权”写入了党代会的报告；二是 2004 年第十届全国人民代表大会把“尊重和保障人权”写入了《中华人民共和国宪法》，标志我国执政党和政府已经明确将“尊重和保障人权”作为我国的基本治国理念和重要任务。上述转变和发展，一方面是我国经济迅猛发展、政治日趋成熟的表现和必然结果，另一方面也是以联合国为首的国际社会对人权保护事业大力推动的直接结果。中国参加国际人权条约、承担国际人权义务和践行缔约国报告制度推动中国治国理念、政治方略和外交举措的逐步调整，中国在国际上作出的有关推动和保护人权的政治承诺也越来越多；而中国在国际关系中政治姿态与时俱进的调整又极大推动着中国国际义务在国内的履行，提升了报告制度的成效。

为了争取和实现人的各项权利和基本自由，包括中国在内的世界各国人民世世代代都在进行着不懈的努力。2002 年 4 月 2 日，时任我国外交部副部长的王光亚在联合国第五十八届人权会上发表了题为《携手合作促进人权事业健康发展》的讲话，指出中国古圣先贤早在两千多年前就提出了“天地之间，莫贵于人”的理念，世间万物，人才是最宝贵的；明确表明“促进人的发展，保护人的一切应有权利，是全人类的共同追求，也是人类文明不断发展和进步的标志”。[1] 近二三十年以来，在拥有广泛会员国的联合国这一高端人权舞台上，中国对人权文书和人权义务的政治承诺是肯定的、明确的。比如：2001 年 4 月，中国代表团顾问任义生在联合国第五十七届人权会上发言时开门见山地指出，“中国政府一贯重视国际人权文书在促进和保护人权领域的重要作用”，特别提及国际人权条约中规定的缔约国报告和审议制度，既“有助于国际社会了解各缔约国的履约情况，也有助于人权法律文书的有效执行”。强调“中国致力于促进和保护人权，积极开展人权领域国际合作”的一贯原则立场。[2] 2001 年 4 月 2 日，中国代表团副代表沈永祥在第五十七届人权会上发言阐明中国致力于促进和保护人权，积极开展人权领域国际合作的一贯原则立场，表明中国政府在促进和保护人权方面将作出进一步努力。[3] 2006 年 10 月 17 日，中国常驻联合国副代表刘振民大使在第六十一届联大三委的发言中肯定“国际人权文书对于促进和保护人权发挥了积极作用”，重申中国政府“一贯高度重视国际人权文书对促进和保护人权的作用”。中国代表团认为认真准备执行有关人权条约的报告具有双重功效，借此良好机会，既可以总结和评估中国政府促进人权的活动，又可以接受咨询并改进我们促进人权的工作。因此，中国政府高度评价与各个人权条约机构的合作。[4] 中国政府已经注意到

---

〔1〕 中国外交部副部长王光亚在联合国第五十八届人权大会上的讲话：《携手合作促进人权事业健康发展》(2002 年 4 月 2 日)，载 http://www.humanrights.cn/html/2014/2_0723/1518.html，访问时间：2016 年 7 月 5 日。

〔2〕 中国代表团顾问任义生在联合国第五十七届人权大会上关于人权机制的有效运作（议题 18）的发言（2001 年 4 月），载 http://www.humanrights.cn/html/2014/2_0723/1514.html，访问时间：2016 年 7 月 5 日。

〔3〕 中国代表团副代表沈永祥在第五十七届人权大会上关于经济、社会和文化权利议题（议题 10）的发言（2001 年 4 月 2 日），载 http://www.humanrights.cn/html/2014/2_0723/1509.html，访问时间：2016 年 7 月 5 日。

〔4〕 中国常驻联合国副代表刘振民大使在第六十一届联大三委关于“人权文书的执行”（议题 66a）的发言（2006 年 10 月 17 日），载 http://www.humanrights.cn/html/2014/3_0611/320.html，访问时间：2016 年 7 月 5 日。

建立“统一的人权条约机构”等改革建议，并对这些改革努力表示赞赏，认为“不断改进人权条约机构的工作程序和提高其效率既是各个条约机构自身的责任，也是各成员国政府的职责”。中国政府愿意和其他缔约国为此携手努力。2008年10月21日，中国常驻联合国副代表刘振民大使在第六十三届联大三委关于执行人权文书问题的发言中强调，中国政府“一贯高度重视国际人权文书对促进和保护人权的作用”，“对于已参加的国际人权文书，中国政府认真履行条约义务”。中国政府与人权条约机构一直保持良好的对话与沟通。中国注重与委员会建立良好互动的建设性对话关系，同时“充分考虑委员会提出的意见并结合中国国情予以采纳和落实”。中国对人权高专办及有关方面为条约机构改革做出的努力表示赞赏，但认为“改革应以简化报告机制和提高效率为目标”，切实减轻缔约国负担。中国还特别指出，各条约机构应该“严格遵守条约的授权以及议事规则”，对缔约国报告及其审议内容的要求不应超出条约规定的范畴，在与缔约国的沟通和对话中“恪守公正、客观和中立的原则”，谨慎分析和采纳来自各种渠道的未经证实的信息。中国政府还表示“将继续支持人权条约机构及条约报告制度的改革”，但希望此种改革经由人权高专办和各条约机构加强与缔约国的交流和对话，通过广泛征求意见达成协商一致来进行。[1] 2009年10月20日，中国常驻联合国副代表刘振民大使在第六十四届联大三委的发言中重申“中国一贯高度重视国际人权文书在促进和保护人权方面的重要作用”。中国“赞赏人权条约机构为促进和保护人权所发挥的积极作用，支持各条约机构基于形势变化进行必要改革”，特别是通过简化程序、统一工作方法提高效率方面的改革，表明将一如既往地继续支持人权条约机构和缔约国报告制度根据形势需要进行的改革。[2] 2015年11月5日，中国代表团梁恒在第七十届联大三委发言时表示，中国政府赞赏各条约机

---

〔1〕 中国常驻联合国副代表刘振民大使在第六十三届联大三委关于执行人权文书问题的发言（2008年10月21日），载 http://www.humanrights.cn/html/2014/3_0611/346.html，访问时间：2016年7月5日。

〔2〕 中国常驻联合国副代表刘振民大使在第六十四届联大三委关于执行人权文书（议题69A）的发言（2009年10月20日），载 http://www.humanrights.cn/html/2014/3_0611/363.html，访问时间：2016年7月5日。

构自第六十八届联大通过"加强人权条约机构有效运作"的决议以来审议缔约国落实人权文书所做的工作，认为条约机构对"推进国际人权文书的执行"功不可没，同时也提出了不少建议。[1] 自践行缔约国报告制度以来，中国政府在人权保护方面的政治表态和政治承诺越来越明确、坚定，越来越开明并富有个性。中国政府一贯重视人权的普遍性原则，认为贫穷是充分享有人权的主要障碍，呼吁国际社会高度重视经济、社会、文化权利和发展权。经过长期探索和不懈努力，中国政府已经找到了一条符合中国国情的履行人权条约义务、促进公约权利全面实现的正确道路。[2]

（二）中国对人权公约的理解愈来愈接近国际标准

条约机构和各缔约国对核心国际人权条约的理解是一个相对稳定而又不断发展的动态过程。条约机构在审议缔约国报告、处理个人来文的过程中，会不断发现有关公约术语、条款内容、公约适用范围、条约义务范围的疑问，需要对公约意涵做进一步的探索和澄清。为统一解决公约的理解问题和理解分歧，条约机构在实践中逐步发展出发表一般性意见或一般性建议，同时在审议缔约国报告后发表国别结论性意见或结论性建议，以便引导所有缔约国对相关条款或术语有统一的理解和适用。基于此，条约机构对公约的理解越来越细化、深化和具体化，各缔约国在与条约机构建设性对话或其他互动环节中对公约的理解也会逐渐细化、深化、具体化和统一化。这里以禁止酷刑委员会为例，具体分析一下作为《禁止酷刑和其他残忍、不人道或有辱人格的待遇或处罚公约》缔约国的中国，如何在缔约国报告程序中与禁止酷刑委员会互动合作，不断探讨、优化和发展对公约的理解。

一方面是禁止酷刑委员会对公约的理解在逐步优化。委员会在审议

〔1〕 参见中国代表梁恒在第七十届联大三委人权文书执行议题下的发言（2015 年 11 月 5 日），载 http：//www. humanrights. cn/html/2015/4_ 1106/11537. html，访问时间：2016 年 7 月 5 日。

〔2〕 参见中国代表团副代表沈永祥在第五十七届人权大会上关于经济、社会和文化权利议题（议题 10）的发言（2001 年 4 月 2 日），载 http：//www. humanrights. cn/html/2014/2_ 0723/1509. html，访问时间：2016 年 7 月 5 日。外交部副部长王光亚在联合国第五十八届人权大会上的讲话：《携手合作促进人权事业健康发展》（2002 年 4 月 2 日），载 http：//www. humanrights. cn/html/2014/2_ 0723/1518. html，访问时间：2016 年 7 月 5 日。

缔约国报告和处理缔约国个人来文过程中，不断发现突出的公约理解问题，经过反复探讨、协商甚至矛盾斗争后，截至2015年4月11日，委员会共发表了3项一般性意见应对公约解释分歧问题，它们是：其一，鉴于禁止酷刑委员会不断收到涉及驱逐出境、遣返回国或引渡令的案件，相关个人称如果他们被驱逐出境、回国或被引渡，都有可能遭受酷刑。为指导各缔约国和个人来文者正确理解公约，1997年11月21日，禁止酷刑委员会通过了关于执行《公约》第3条（遣回与来文）的第1号一般性意见，[1] 该意见指出第3条“仅适用于有充足理由认为撰文人可能遭受《公约》第1条定义的酷刑的案件”，并对第3条中的“另一国家”“一贯严重、公然、大规模侵犯人权情况”作出了详细解释，还对案件受理标准，特别是事实依据做了十分详细的解读。在该一般性意见结尾，委员会特别强调，“禁止酷刑委员会不是一个上诉机构、准司法机构或行政机构，而是由缔约国自己设立的仅享有确认法律关系权力的监测机构”，所以，委员会在行使公约所赋予的管辖权时，将“极其重视所涉缔约国机关的调查结论”，但“不受这种结论的约束”，而是“有权依据每个案件的全部案情自由评估事实真相”。委员会对自身职权和法律地位的定位根基于其对公约相关规定准确、深刻的理解。其二，鉴于条约机构在工作实践中发现《公约》有关禁止酷刑的第2条在适用过程中容易引起分歧，2007年，委员会发表了题为“缔约国执行第2条”的第2号一般性意见，[2] 其中特别对缔约国义务的性质、适用范围、具体内容等事项作了详细的解释，方便各缔约国参照解释和执行。意见中特别指出，禁止施行酷刑义务是绝对的、不可克减的。缔约国不得援引“任何特殊情况”，包括国际性或非国际性的武装冲突、战争状态、战争威胁、任何恐怖主义行为或暴力犯罪的威胁、国内政局动荡或任何其他社会紧急状态作为在其管辖的任何领土内施行酷刑的理由。委员会也反对用任何宗教或传统理由、实行特赦或采取其他阻挠办法违反绝对禁止施行酷刑或虐待的规定。委员会还分析了虐待与酷刑之间的关系，认为它们之间“往往没有明确的界限”，因为“经验表明，

[1] 参见联合国文件：A/53/44，第258段。

[2] 参见联合国文件：CAT/C/GC/2。

发生虐待的情况往往也会助长酷刑的发生"，所以"必须采取那些为防止酷刑所必须采取的措施来防止虐待的发生"，"《公约》禁止虐待的规定同样是不可克减的"。其三，鉴于公约实施中缔约各国对第14条"救济"等关键术语的理解五花八门，2012年委员会又发布了题为"缔约国对第14条的执行"的第3号一般性意见，[1] 意在向缔约国解释和澄清《公约》第14条所规定义务的内容和范围。委员会认为，第14条中的"救济"一词包含"有效补救办法"和"赔偿"概念，强调每一缔约国须"在其法律体制内确保酷刑受害者得到补偿，并享有获得公平和充分赔偿的强制执行权利，其中包括尽量使其完全复原"，而且第14条需不加任何形式歧视地适用于酷刑和残忍、不人道或有辱人格的待遇或处罚（下文简称"虐待"）行为的所有受害人。通过禁止酷刑委员会发表一般性意见的历程可以看出，缔约国践行报告制度的履约实践强力推动条约机构深入探讨公约的解释和适用问题，条约机构本身对公约的理解在逐步深入、细化和优化。

另一方面是中国在接受禁止酷刑委员会审议的互动过程中，对公约的理解也在逐步深入、细化和优化。例如中国在最近提交的缔约国报告中介绍了自己执行公约的新举措和新进展，我国采取了总计33项之多的防止酷刑的立法、行政及司法措施，包括：2007年12月29日通过的《中华人民共和国禁毒法》规定强制隔离戒毒场所管理人员不得体罚、虐待或者侮辱戒毒人员。对有严重残疾或者疾病的、患有传染病的、有可能发生自伤自残等情形的戒毒人员，戒毒所均应采用一系列具体的保护措施；2011年6月30日通过的《中华人民共和国行政强制法》规定，依照法律规定实施限制公民人身自由的行政强制措施应当场告知或者实施行政强制措施后立即通知当事人家属实施行政强制措施的行政机关、地点和期限，而且不得超过法定期限。被采取强制措施者享有陈述权、申辩权、申请行政复议或提起行政诉讼以及要求赔偿的权利；2012年3月14日通过的《关于修改〈中华人民共和国刑事诉讼法〉的决定》决定将尊重和保障人权的宪法原则写入《刑事诉讼法》。为使我国《刑事诉讼法》更好地符合公约精神和规定，从制度上进一步防止刑事

[1] 参见联合国文件：CAT/C/GC/3。

诉讼活动中出现的酷刑和虐待情形，决定明确要求贯彻不得强迫自证其罪原则、完善非法证据排除制度和辩护制度、规范强制措施和侦查措施的程序、强化人民检察院的法律监督等。与此配套，结合公约规定和委员会的结论性意见，我国对《监狱法》《律师法》《国家赔偿法》《人民警察法》《未成年人保护法》《预防未成年人犯罪法》《治安管理处罚法》七部法律的个别条款也做出了相应修改等。[1] 此外，中国十分重视禁止酷刑的宣传普及和观念嬗变工作，采取了一系列措施，经常性地、制度化地对国家公职人员，特别是法院、检察、公安和司法行政部门的执法人员进行有关禁止酷刑的教育和宣传。[2] 上述举措得以实施，根植于中国对公约理解的变化和发展。对此，禁止酷刑委员会在审议中国报告期间与中国的建设性对话及其针对中国发表的结论性意见起了关键性的推动作用。2015 年，在禁止酷刑委员会关于中国第五次定期报告的结论性意见中，委员会首先对中国为落实公约规定采取的系列措施表示欢迎和赞赏，如中国 2012 年修正了《刑事诉讼法》，规定严禁在诉讼中使用以刑讯逼供获得的证词作为证据，还要求对重大犯罪案件的讯问过程进行录音或录像，又如 2012 年通过的《出境入境管理法》包含了有关难民待遇的条款，再如 2013 年修正后的《国家赔偿法》允许对精神损害支付抚慰金，还如最高人民法院对《刑事诉讼法》的司法解释将使人在精神上遭受痛苦也认定为刑讯逼供以及 2014 年我国废除行政拘留的“劳动教养”制度等。当然，委员会也在结论意见中大篇幅地表达了对中国禁止酷刑和虐待行为的关切和建议，如部分上次结论性意见尚未落实、对酷刑的定义、审前长期羁押、对接触律师和羁押通知权利的限制等方面，尚有履约实践和公约规定及条约机构对公约的理解不一致之处，亟待进一步平等协商和后续跟进。相信中国会一如既往地慎重考虑委员会的建议，不断更新和优化自己对公约的理解，不断提升自己的履约水平和履约效果。[3]

---

〔1〕 中国向禁止酷刑委员会提交的第五次定期报告（收到日期：2013 年 6 月 20 日），参见联合国文件：CAT/C/CHN/5，第 2 条。

〔2〕 中国向禁止酷刑委员会提交的第五次定期报告（收到日期：2013 年 6 月 20 日），参见联合国文件：CAT/C/CHN/5，第 10 条。

〔3〕 参见联合国文件：CAT/C/CHN/CO/5。

综上所述，在践行缔约国报告制度过程中，关于公约的理解有两大特点：一是条约机构和缔约国对公约的理解是一个相互协商的多方互动过程，呈不断优化之趋势；二是条约机构在报告程序中往往处于一种中心和引领地位，这是由其审议缔约国报告、监督国际人权条约实施的法律职能所决定的。条约机构对公约术语和条款的解释，某些时候是与缔约国互动的结果，某些时候可能是条约机构专家的创造性智力成果，不断推动国际社会对人权条约的演化性解释。若这种解释被广泛接受，就很大程度上等同或类似于微观立法，条约机构专家由此具有一定程度上的、在人权领域辅助国际社会造法的功能。

（三）报告程序民主化推动公众人权意识的提高

公众人权意识的提高主要依赖于人权宣传和教育。普世人权之实现离不开普世人权意识的提高，无论政府官员、执法人员，还是普通大众，没有人权意识，就会不知道自己的权利，也不知道如何保护自己的权利以及应该如何争取自己的权利；没有人权意识，政府官员和执法人员在实践工作中就会偏离法律法规的应有之义，自由裁量，肆意扭曲既定制度。在人权保护全球化的大浪潮下，不少国家虽然将人权保护写入了宪法、法律或制定进国家政策，实践中却成了一纸空文，主要是由于包括人权意识在内的人权文化背景薄弱所致。无数事实表明，不被一个社会内在接受的法律或规定是无法真正实施的。人权的普遍实现，必然根基于公众普遍而强烈的人权意识。而公众人权意识的培养和提升，又主要依赖于人权宣传和教育。

人权条约缔约国承担着不可推卸的人权教育义务。“受教育本身就是一项人权”，特别是人权教育，构成其他人权实现的不可或缺的直接手段和思想基础。[1] 1994 年，联合国大会第四十九届会议以协商一致的方式通过了《联合国人权教育十年行动计划》，由此号召世界各国开展广泛、深入和系统的人权教育。为帮助各国有效开展人权教育活动，人权事务高级专员办事处编写了《人权教育国家行动计划指南》，教科文组织编写了《国际教育课程设置和教科书编写指南》（ED/ECS/HCI）

---

〔1〕 经济、社会和文化权利委员会 1999 年发表的第 13 号一般性意见，关于《公约》第 13 条受教育的权利，参见联合国文件：E/C. 12/1999/10。

等。联合国认为人权教育可以激励人民采取行动保护自己的人权，还可以推动全社会对人权的尊重和认同。[1]《世界人权宣言》《经济、社会和文化权利公约》《儿童权利公约》都明确地将尊重人权和基本自由作为教育的重要目的之一。[2] 条约机构在审议缔约国报告的工作实践中，也不断强调人权教育的重要性。以经济、社会和文化权利委员会通过的一般性意见为例，其2000年题为"享有能达到的最高健康标准的权利(第12条)"的第14号一般性意见第44段明确要求"为卫生工作人员提供适当的培训，包括卫生和人权教育"；其2005年题为"男女在享受一切经济、社会及文化权利方面的平等权利（第3条)"的第16号一般性意见第21段明文要求缔约国"为法官和公共官员举办人权教育和培训方案"；其题为"经济、社会和文化权利方面不歧视"的第20号一般性意见第38段特别强调缔约国"应对政府官员进行人权教育和培训，并使法官和司法职务候选人也能受到这种培训"。其他条约机构的结论性意见/建议和一般性意见/建议也有许多相同或类似的表述，限于篇幅，在此不赘述。此外，《国际人权条约缔约国提交报告的形式和内容准则汇编》中，无论是对缔约国准备共同核心文件的要求，还是各条约机构对缔约国准备专要文件的要求，都包括要求缔约国提供如何宣传国际人权条约、开展人权教育，特别是对政府官员和具体执法人员人权培训的资料和信息。[3]综上所述，国际人权条约、联合国和条约机构对人权教育都特别强调和重视：一方面说明人权条约缔约国承担着不可推卸的人权教育义务，缔约国不仅有义务开展人权教育活动，而且有义务向条约机构汇报相关情况；另一方面也反映出人权教育对于人权条约义务的履行和普世人权的最终实现具有根基性的作用。

缔约国报告程序是一种实践型的人权宣传教育模式。接受条约机构审议，一方面是缔约国承担的普遍强制义务，另一方面发挥着人权宣传

---

〔1〕 参见联合国文件：A/49/184 号和 A/51/506/Add. 1，附录。

〔2〕 参见《世界人权宣言》第26条第2款、《经济、社会和文化权利公约》第13条第1款和《儿童权利公约》第29条第1款。

〔3〕 联合国文件：HRI/MC/2006/3，2006年5月10日发布，参见联合国秘书长报告：《国际人权条约缔约国提交报告的形式和内容准则汇编》，载 http：//www. ohchr. org/EN/HR-Bodies/Pages/TreatyBodies. aspx，访问时间：2015年12月9日。

和教育功能。特别是包括条约机构在内的国际组织的运作日益民主化和开放化以来，报告制度的这一人权宣传和教育功能显著增强。条约机构要求对报告的撰写、建设性对话、实施结论性意见的后续行动加以广泛宣传，让广大民众知悉并最大限度地参与。有关报告审议的所有文件资料至少都在联合国官网长期公之于众，有专门的数据资料库[1]欢迎公众随时查找和下载。中国也在外交部网站、中国人权网等网站有越来越多审议资讯的公布。条约机构现在连一般性意见/建议的起草和出台都会将草稿公之于众，欢迎所有利益攸关方和广大公众自由提交评论和建议，以备条约机构进一步完善该意见或建议。此外，条约机构还在尝试对报告程序中的建设性对话进行网络视频直播，方便广大公众更直观地了解和参与报告程序的运作，事实上也是置政府行为于广大公众监督之下。当然，长远看来，联合国条约机构若能建立有关建设性对话和其他相关会议的长期性的音像数据库随时备查，其监督人权条约实施的效果必然更佳。在报告程序的监督和引导下，中国政府越来越鼓励和支持民间社会参与报告程序，监督中国政府依法行政和保护人权。在此大背景下，中国的非政府组织迅速发展。2009 年底，依法登记在册的中国非政府组织共有 43.1 万个，在 1988 年的基础上增加了 96 倍。他们活跃在人权保护的各个领域，成为参与缔约国报告程序、监督和推动人权条约在中国履行的重要力量。其中，中华全国妇女联合会、中国残疾人联合会、中华全国总工会等在报告程序和人权保护中更加活跃。截至 2008 年底，中国大陆共有中国人权研究会、中国残疾人联合会、中华全国妇女联合会、中国民间组织国际交流促进会、联合国协会等 25 个非政府组织获得联合国经社会咨商地位。中国各类学术和教育机构在人权教育、人权知识普及、人权研究、人权保护和参与报告程序方面也功不可没。与中国非政府组织越来越多参与到缔约国报告程序的同时，中国政府自 1986 年起开始实施全民性的“五年普法教育规划”。我国积极依托现有的义务教育、中等教育、职业教育、高等教育体系和国家机关内的培训机构，借助广播、电视、报刊、网络等多种媒体，长期有计划

---

〔1〕 世界各国参与报告程序的所有相关资料均可在此数据库找到，具体网址为 http: //tbinternet. ohchr. org/_ layouts/treatybodyexternal/TBSearch. aspx? Lang = en。

地开展形式多样的人权教育，帮助公众通过了解人权条约和国内人权法知晓自己的权利及其救济方式，鼓励公众积极参与人权保护活动和人权监督程序，以更大限度地实现自己的人权。20 世纪 90 年代初以来，中国逐步将法制和人权教育纳入学校教育。目前，中国大陆地区大多数中、小学均设有法制教育课程，有 30 所大学的法律院系开设专门的人权法课程，20 多所高校和科研机构设立人权研究中心。此外，我国政府还有重点地开展针对公职人员的人权教育培训，特别是针对公安、检察院、法院、监狱、行政执法机构等机构和人员的人权教育培训，不断推动人权知识教育的常态化和制度化，整体提升我国以人为本的执法理念和能力。[1] 中国在践行缔约国报告制度的过程中，公众人权教育逐步常态化、制度化，公众参与人权保护程序日趋增多，公众的人权意识明显提高，为公众人权的普遍实现奠定了坚实的思想理论和文化基础。

综上所述，本节结合中国实践，对中国践行缔约国报告制度的作用和影响从人权条约实施和缔约国人权法制建设两大方面进行了分析。当然，这只是一种微观视角的考察，对报告程序作用和影响的评价不能脱离整个国际关系和国际人权机制。加拿大法学教授伯恩斯指出，只有将国际人权机制放到整个国际关系体制的更大范畴中来考察，才能对其有效性作出中肯的评价。我们必须认识到，在众多保护和促进人权的国际和国内机制中，报告制度仅是其中一种。如果不用全局眼光和思路思考问题，我们对报告制度的作用和影响的评价也势必有所偏移，[2] 我们对缔约国报告制度的期待就会过高。就其价值而言，缔约国报告制度主要是一种制定战略发展计划的有力工具，而不仅仅是一项遵循机制。[3] 报告制度的作用远非局限于缔约国履行报告义务本身，而是人权条约义务的全面履行和普遍人权的真正实现。

---

〔1〕《作为缔约国报告组成部分的核心文件》（中国），参见联合国文件：HRI/CORE/CHN/2010。

〔2〕 Burns, P. & Okafor, "How It Is Still Better to Light a Candle than to Curse the Darkness", *Otago Law Review*, 2 (1998).

〔3〕 Annemarie Devereux, Catherine Anderson, "Reporting Under International Human Rights Treaties: Perspectives from Timor Leste's Experience of the Reformed Process", *Human Rights Law Review*, 8 (2008).

结　论

人权是全人类共同的价值标准，当今世界没有哪个国家可以游离于国际人权监督之外。深度探索其实质、特点、存在的问题和发展趋势，有利于我国更好地融入和利用国际人权监督为人民谋福祉和为自己的国家利益服务，有利于我国制定理性务实的政策、方针、法律和法规，在人权事务处理上举措适度，树立良好的大国形象。

二战后，全球和区域层面的国际人权监督迅猛地发展起来，其最大结构性问题是碎片化，以及由碎片化导致的各种不平衡和矛盾冲突，不过人权条约监督机构发挥的统一人权法理学功能有助于缓解这一困局。迄今，国际人权监督的实质是有选择的正义，并非所有国家发生的任何人权侵犯都能得到惩治和救济。即便最严重、系统的人权侵犯，也难逃选择性正义之选择。不过，人类社会已经由零正义、点状正义发展到面状正义，现在正一步一步、脚踏实地地向普遍正义前进。

对比全球和区域层面的各种人权监督机制，可以发现它们之间出现越来越多和越来越频繁的良性互动，各种机制互相借力，互相加强和携手共进的趋势比较明显。具体而言，当代国际人权监督的发展主要有如下特征：其一，人权监督机制的演化是一个循序渐进的过程。如今美洲人权法院的个人申诉制度实际上停留于1998年前欧洲人权法院的个人申诉水平，人权监督机制的演化取决于其所适用的社会一体化程度的高低。其二，经济、社会和文化权利是人权监督的薄弱领域。即便在人权保护处于先锋地位的欧洲和美洲也是如此，这主要是由第二代人权产生较晚及其权利特点所决定的。其三，人权监督逐渐延伸至各种人权条约的非缔约国。马顿斯条款赋予非缔约国战时保护平民和战斗员的义务，国际劳工组织要求非缔约国提交报告，人权理事会的普遍定期审议涵盖非缔约国的人权承诺等都表明了这一发展趋势。其四，区域人权监督机制突破区域范围辐射全球。欧盟在其对外关系中一直发挥着重要的全球性人权监督功能，它与其他国家签订的双边和多边经贸合作等条约都明确规定以对方尊重和保护人权为前提，一旦对方国内发生严重的人权侵犯，欧盟可以单方面解除或中止条约。欧盟的上述政策和做法始终如一（不像美国常因国家利益“丢弃”或“拥抱”人权），大大提升了其广泛合作方的人权保护意识。此外，欧洲理事会部分人权条约的开放性设计也具有人权辐射功能。如1995年《欧洲保护少数民族框架公约》开放给部长理事会邀请的任何其他国家。其五，国际人权监督机制从事后惩罚走向事前预防。为改善战俘待遇和促进国际人道法的实施，红十字国际委员会首创了访问拘禁场所战俘的预防性制度。1989年欧洲理事会效仿设立了预防性访问制度，防止被剥夺自由的人受到酷刑和不人道或有辱人格的待遇或惩罚。2002年《联合国禁止酷刑公约任择议定书》得以通过，各缔约国选举产生了禁止酷刑委员会的防范小组委员会，该委员会和国内类似委员会相结合，通过没有事先通知的、预防性的定期查访拘留地点行动预防在拘禁场所发生酷刑和虐待行为。截至2016年9月4日，该议定书已有81个缔约国，大部分欧洲和拉美国家都置身其中，澳大利亚等17国也签署了议定书。预防性监督机制首先在拘禁场所和禁止酷刑领域大面积铺开，传统人权保护靠事后惩治捎带预防功能的局面正在改变。其六，国际人权监督中采用多重标准是基于现实的理性选择。世界是多元的、高度差异性的。国际社会建立了统一的人权标准，但在冷酷的国际现实面前却无法统一实施。为此，国际人权监督不得不针对不同国家采用不同的实施标准，逐渐推进人权保护目标之实现。联合国条约机构推行简化报告程序便是典型的例证，缔约国不再撰写统一格式的报告，改为答复对其量身拟定的议题清单。欧洲人权法院也不得不采用双重人权标准，这样才不至于降低老成员国的人权标准，或在中东欧执行不切实际的人权标准。

缔约国报告制度是核心国际人权条约中普遍规定的、唯一强制性的监督程序。因为它有利于人的全面发展，所以具有光明的发展前景。根据英国学者威廉姆森的制度理论，浅层次的缔约国报告制度的改革受制于深层次的嵌入制度——社会和文化的基础，任何与深层次制度矛盾冲突的浅层次的制度都很难顺利实施。条约机构和报告制度的改革是一项系统工程，不可能一蹴而就，只能在遵循文化嬗变规律的前提下循序渐进地推进。在各种人权制度的博弈中，特别是在职能高度重合的人权理事会普遍定期审议的挑战下，长期低效的缔约国报告制度不仅没有被取缔，反而得以进一步扩散和加强。普遍定期审议在缔约国报告审议的基础上进行补充，而不是重复条约机构的工作，两者互相借力，携手前行。

在联合国系统日益重视人权保护的大背景下，缔约国报告制度必将突破低效困境，老而弥坚。主要原因有三：一是联合国条约机构的系列改革和加强进程全方位提升缔约国报告、建设性对话、结论性意见和后续行动程序的质量，切实增强报告制度的实效。二是报告制度具有独特的人权法理学功能，它可以化解由碎片化导致的人权保护方面的矛盾和冲突，使国际、区域和国内人权法的理论和实践更加协调和统一，这一独特的法理学功能为报告制度赢得了充分的生存空间。迄今，条约机构通过发表一般性意见/建议等途径，已经发展出内容十分丰富的人权法理学。尽管没有明确的法律约束力，但它们被认为是核心国际人权条约的权威解释，对适用和实施上述条约具有普遍的指导意义。条约机构委员以其高度的专业性、独立性和国际视野保证上述人权法理学的持续产出。三是条约机构已在尝试将人权条约的报告准则多样化，这在很大程度上能破解核心国际人权条约的实施难题。以九大核心国际人权条约为载体的国际人权标准充满了欧美文化霸权和理想主义色彩，只有将缔约国报告准则及其实施标准多样化，核心国际人权条约才有可能真正得到普遍的、逐步的实施。

中国践行缔约国报告制度的实践凸显了如下问题：迟延和合并提交报告不利于报告制度履约监督功能的发挥；报告中数据质量不高严重影响条约机构监督功能的实现；条约机构的意见/建议实施不力大幅削减报告制度的实效；报告程序的民众参与不足严重减损其监督功能。针对上述问题，笔者认为中国践行缔约国报告制度的模式有待全面优化：

第一，创建常态化的国内人权评估机制。为顺应“民主、法治和人权”的历史发展潮流，应对各条约机构、国际劳工组织和普遍定期审议等国际人权监督机制的自我评估要求，中国亟待建立全面的、常态化的国内人权评估机制。该机制由专家委员会加部际委员会主导，其主要任务是进行国内人权保护的自我评估、自我促进，这种国内评估可以更好地考虑人权的特殊性，平衡欧美国家对人权普遍性的过度强调；次要任务是履行我国承担的各种报告义务，国家撰写任何人权报告只需在该机制常设的、经常更新的数据库中选取自己需要的资讯即可，减少反复自我评估造成人力、物力和资源浪费。

第二，创建统一的国家人权统计数据库。我国制定人权保护方面的方针政策、法律法规、行动计划和具体措施离不开对国内人权现状的准确评估，而国内人权评估是否准确直接依赖于相关数据资料收集的数量和质量，数据资料收集这一基础性工作十分关键。缔约国报告中缺乏相关数据是一个普遍性的世界难题，严重妨碍条约机构监督职能的实现。笔者建议先由专家委员会拟定需要收集的数据清单及其细目（包括收集数据的具体要求和方法等），分发至各部委及相关机构，并随时提供技术咨询。而各部委及相关机构负责在各自领域内完成具体的数据收集任务，并将收集到的数据资料通过内部网络系统自动汇总到国家统一的人权统计数据库。该数据库是国内人权评估机制不可或缺的一部分，专供专家委员会的专家分析、研究和评估中国人权状况之用，也供专家委员会和部际委员会联席会议全面评估国内人权状况之用。结合通行的国际政治和法律实践，中国的人权统计数据库需要设置保密级别，对关系国家安全和重大利益的数据资料依法保密，确保非保密数据资料的透明度和公开审查。若条约机构对保密范围有异议，中国可建议条约机构新增保密信息审议板块，这样可以平衡条约机构的监督职能和国家主权安全这一对矛盾。

第三，积极参与条约机构体系的改革。中国应积极参与条约机构改革进程，让自己的利益、主张和声音反映其中，更大限度地发挥自己的影响力和引导力，否则那些主张肆意扩张条约机构职能的势力便会得逞，这于整个国际社会格局和中国国家利益十分不利。积极参与条约机构体系的改革不仅有利于树立我国开明、务实和善意履行国际义务的大国形象，又有利于适度减轻我国践行缔约国报告制度的繁重负担和技术难度，帮助我国更好、更便捷地在国内实施国际人权条约。

第四，拓展参与报告程序的主体和深度。一方面，中国应清除所有人权利益攸关方参与条约机构活动的障碍。对此，中国政府要展开全面、细致、深入的调查，切莫偏听偏信。若确有此事，如果肇事者是国家公务员或其授意的人，此类事件正好暴露出我国某些国家公务员人权意识淡薄这一问题，对此政府要采取惩戒肇事者、教育公务员和补偿受害者等措施予以解决。如果纯属私人行为，我国政府应依法惩戒肇事者、补偿受害者，并加大人权普法宣传和教育，提高普通民众的人权意识。此外，对人权条约机构，我国政府可以据实以报，说明事实及妥善处理情况，条约机构定会赞赏。任何国家都有人权问题，只要妥善加以处理和救济，就值得鼓励和肯定。如果某些国家或个人对此大惊小怪、不依不饶，显然是别有用心，根本不值得条约机构和社会公众信赖。当然，中国政府经过调查，也可能发现条约机构收到的信息纯属虚构或诬陷，对此，中国也要向条约机构和国际社会澄清事实，并提供有力的证据和可供核实的途径，以正视听。对于国内外反华势力故意制造的此种污蔑，我国政府还要在政治外交平台上坚决予以回击。

另一方面，中国应有更多专家直接或间接参与人权条约机构的工作。中国一直积极推荐专家参与人权条约机构的工作，在消除种族歧视委员会、消除对妇女歧视委员会、禁止酷刑委员会等条约机构中都有中国专家出任委员，但在其他人权条约机构中国人的参与度和影响力是不够的，这和中国的大国身份极不相称，也不利于中国的文化安全和国家利益。笔者建议政府多培养人权方面的顶级专家，全面、深入地参与所有条约机构和其他国际人权监督机制的工作。除直接参与外，人权方面的研究和间接参与国际人权监督机制也要进一步加强。特别是，条约机构发表的一般性意见或一般性建议具有重要的条约解释功能和辅助造法功能。为增加此种意见或建议的民主性、科学性和被广泛接纳度，条约机构近年来推出了一项新举措，即在此种意见正式发表前，先将一般性意见/建议草案在联合国人权高专办网站上公布，方便并鼓励各缔约国和广大的利益攸关方提出意见、评论或反馈。其后，条约机构将组织对所有相关意见、评论或反馈的磋商，最后才就一般性意见/建议的内容及是否通过做出决定。对此，我国政府和人权学术界应加以高度重视，积极参加编写一般性意见/建议的磋商流程，及时查阅一般性意见/建议草案，积极组织研讨，并提出自己的意见、评论或反馈。因为，迄今的实践表明，这种参与几乎等同于参加国际立法。条约机构的一般性意见或一般性建议正式发布后，往往被国际社会广泛接受，视为国际人权标准的一部分，遍布世界各地的缔约国履行核心国际人权条约义务都不得不以此为指导和标准，条约机构也以此为标准监督和指导各缔约国的履约实践。所以，如果有反对或不同意见不及时提出，便会错失制定国际规则的良机，将自己置于十分被动的全盘接受欧美人权标准的地位。

本课题弥补了缔约国报告制度专题研究的空白，[1] 梳理了国际人权监督和缔约国报告制度的最新动态和发展趋势，为中国更好履行国际人权义务和提高国内人权保护水平提出了切实可行的建议。

---

〔1〕 迄今，国内外有关报告制度的专著仅两本，即彭锡华：《缔约国报告制度——人权事务委员会的理论与实践》，吉林人民出版社 2005 年版；Boerefijn，Ineke，*the Reporting Procedure under the Covenant on Civil and Political Rights*：*Practice and Procedure of the Human Rights Committee*，Intersentia，1999。上述研究至少发表于十年前，而且局限于“公民权利和政治权利国际公约”的缔约国报告制度方面的研究。

附录一：核心国际人权条约信息表[1]

条约名称	条约通过及生效日期	缔约国数目（截至2015年4月11日）	条约机构名称	缔约国报告制度的法律渊源	中国参加情况
《消除一切形式种族歧视国际公约》（ICERD）	1965-12-21/1969-01-04	177	消除种族歧视委员会（CERD）	公约第9条	1981年12月29日加入
《公民权利与政治权利国际公约》（ICCPR）	1966-12-16/1976-03-23	168	人权事务委员会（CCPR）	公约第40条	1998年10月5日签署，尚待批准
《经济、社会、文化权利国际公约》（ICESCR）	1966-12-16/1976-01-03	164	经济、社会和文化权利委员会（CESCR）	公约第16条、第17条	2001年3月27日批准
《消除对妇女一切形式歧视国际公约》（CEDAW）	1979-12-18/1981-09-03	188	消除对妇女歧视委员会（CEDAW）	公约第18条	1980年11月4日批准
《禁止酷刑和其他残忍、不人道或有辱人格的待遇或处罚公约》（CAT）	1984-12-10/1987-06-26	157	禁止酷刑委员会（CAT）	公约第19条	1988年10月4日批准

[1] 本表由作者收集联合国官网信息翻译、整理和汇总而成。

续表

条约名称	条约通过及生效日期	缔约国数目（截至2015年4月11日）	条约机构名称	缔约国报告制度的法律渊源	中国参加情况
《儿童权利公约》（CRC）[1]	1989-11-20/1990-09-02	194	儿童权利委员会（CRC）	公约第44条	1992年3月2日批准
《保护所有移徙工人及其家庭成员权利国际公约》（ICMW）	1990-12-18/2003-07-01	47	保护所有移徙工人及其家庭成员权利委员会（CMW）	公约第73条	未签署未批准
《残疾人权利公约》（CRPD）	2006-12-13/2008-05-03	153	残疾人权利委员会（CRPD）	公约第35条	2008年8月1日批准
《保护所有人免受强迫失踪国际公约》（CPED）	2006-12-20/2010-12-23	46	强迫失踪问题委员会（CED）	公约第29条	未签署未批准

〔1〕《儿童权利公约》的两个任择议定书也规定了缔约国向儿童权利委员会提交报告供审议的义务：《儿童权利公约关于儿童卷入武装冲突问题的任择议定书》（CRC－OPAC）（2000年5月25日通过，2002年2月12日生效，截至2012年5月1日有147个缔约国，中国于2008年2月19日交存批准书，2008年3月20日对中国生效）；《儿童权利公约关于买卖儿童、儿童卖淫和儿童色情制品问题的任择议定书》（CRC－OPSC）（2000年5月25日通过，2002年1月18日生效，截至2012年5月1日有156个缔约国，中国于2002年12月3日交存批准书，2003年1月3日对中国生效）。上述两个任择议定书共有303个批准文书，使得儿童权利委员会审议报告的工作量大大增加。

附录二：核心国际人权条约监督机制一览表〔1〕

条约名称	缔约国报告制度	国家间指控制度	个人申诉制度	调查程序	新机制
《消除一切形式种族歧视国际公约》〔2〕	第9条强制性	第11-13条强制性	第14条任择性		1. 2002年通过的《禁止酷刑公约任择议定书》规定了预防性监所访问制度；2. 2006年通过的《保护所有人免受强迫失踪国际公约》规定了委员会工作评估机制（第27条）、合法利益人紧急请求查找失踪者机制（第30条）、
《公民权利与政治权利国际公约》	第40条强制性	第41条、第42条任择性	任择议定书任择性		
《经济、社会、文化权利国际公约》	第16条、第17条强制性	任择议定书任择性	任择议定书任择强制性	任择议定书任择性	
《消除对妇女一切形式歧视国际公约》	第18条强制性		任择议定书任择性	任择议定书强制性可以选择不接受	
《禁止酷刑和其他残忍、不人道或有辱人格的待遇或处罚公约》	第19条强制性	第21条任择性	第22条任择性	第20条、第28条强制性可以选择不接受	

〔1〕 本表由作者收集相关信息，整理和汇总而成。资料主要来源于联合国人权高专办网站 www.ohchr.org，访问时间：2013年12月14日。

〔2〕 还有早期预警和紧急程序未写入表格中。

续表

条约名称	缔约国报告制度	国家间指控制度	个人申诉制度	调查程序	新机制
《儿童权利公约》	第44条强制性				就系统性强迫失踪行为向联大紧急报告机制（第34条）、鼓励发挥作为非政府组织的红十字国际委员会的监督职能（第43条）[1]
《保护所有移徙工人及其家庭成员权利国际公约》	第73条强制性	第76条任择性	第77条任择性		
《残疾人权利公约》	第35条强制性		任择议定书任择强制性	任择议定书任择性	
《保护所有人免受强迫失踪国际公约》	第29条强制性	第32条任择性	第31条任择性	第33条可不接受某一调查	

〔1〕 张爱宁：《国际人权保护实施监督机制的新动向》，载《法学》2010年第1期；另参见2006年《保护所有人免受强迫失踪国际公约》第27条、第30条、第34条。

附录三：核心国际人权条约缔约国报告周期一览表[1]

条约名称	初次报告到期日（批准后）	定期报告到期日（初次报告到期日后）
《消除一切形式种族歧视国际公约》（ICERD）	1年以内	每2年（两次报告可以合二为一，事实上是每4年报告一次）
《经济、社会和文化权利国际公约》（ICESCR）	2年以内	每5年（无具体规定，但第17条赋权经社理事会决定定期报告周期）
《公民权利与政治权利国际公约》（ICCPR）	1年以内	每3－6年（依具体情况而定）（无具体规定，但第40条赋权人权事务委员会决定定期报告周期）
《消除对妇女一切形式歧视国际公约》（CEDAW）	1年以内	每4年
《禁止酷刑和其他残忍、不人道或有辱人格的待遇或处罚公约》（CAT）	1年以内	每4年
《儿童权利公约》（CRC）	2年以内	每5年

〔1〕本表格内容来自联合国官网文件：HRI/MC/2016/2，HRI/MC/2015/5，由笔者翻译整理而成。

续表

条约名称	初次报告到期日（批准后）	定期报告到期日（初次报告到期日后）
《保护所有移徙工人及其家庭成员权利国际公约》（ICMW）	1 年以内	每 5 年
《儿童权利公约关于买卖儿童、儿童卖淫和儿童色情制品问题的任择议定书》（CRC－OPSC）	2 年以内	与向儿童权利委员会提交的下次《儿童权利公约》履约报告一并或非《儿童权利公约》缔约国批准议定书后每 5 年
《儿童权利公约关于儿童卷入武装冲突问题的任择议定书》（CRC－OPAC）	2 年以内	与向儿童权利委员会提交的下次《儿童权利公约》履约报告一并或非《儿童权利公约》缔约国批准议定书后每 5 年
《残疾人权利公约》（CRPD）	2 年以内	每 4 年
《保护所有人免受强迫失踪国际公约》（ICED）	2 年以内	强迫失踪问题委员会要求时（参见《保护所有人免受强迫失踪国际公约》第 29 条第 4 款）

附录四：无逾期报告的缔约国一览表（截至2016年1月19日）[1]

缔约国	批准或加入的有报告程序的国际人权条约和任择议定书的数目	缔约国	批准或加入的有报告程序的国际人权条约和任择议定书的数目
亚美尼亚	10	卢旺达	10
阿塞拜疆	10	斯洛伐克	10
不丹	4	瑞典	9
丹麦	9	泰国	9
希腊	10	前南斯拉夫马其顿共和国	9
梵蒂冈	5	土库曼斯坦	9
伊拉克	10	乌克兰	10
意大利	10	大不列颠及北爱尔兰联合王国	9
吉尔吉斯斯坦	9	美国	5
立陶宛	10	乌拉圭	11

〔1〕 本表信息来自联合国官方文件：Reporting Compliance by States Parties to the Treaty Bodies：Timely，Late and Non－reporting by States Parties to the Human Rights Treaty Bodies，See Table 2 of HRI/MC/2016/2，由笔者翻译整理而成。

续表

缔约国	批准或加入的有报告程序的国际人权条约和任择议定书的数目	缔约国	批准或加入的有报告程序的国际人权条约和任择议定书的数目
纽埃	1	乌兹别克斯坦	8
挪威	9	南苏丹	3
波兰	9		

附录五：缔约国逾期报告数目表（截至 2016 年 1 月 19 日）[1]

逾期报告份数	逾期缔约国名单及数目
10	莱索托（共 1 个缔约国）
9	马里、尼日利亚（共 2 个缔约国）
8	伯利兹、佛得角、利比亚、巴拿马、圣文森特和格林纳丁斯、圣马力诺、斯威士兰（共 7 个缔约国）
7	阿富汗、玻利维亚、博茨瓦纳、象牙海岸、吉布提、多米尼加、几内亚比绍、毛里求斯、尼加拉瓜、阿拉伯叙利亚共和国、赞比亚（共 11 个缔约国）
6	阿尔及利亚、巴林、贝宁、巴西、乍得、厄立特里亚、圭亚那、刚果、匈牙利、印度尼西亚、老挝人民民主共和国、莫桑比克民主共和国、巴布亚新几内亚、罗马尼亚、塞内加尔、塞舌尔、津巴布韦（共 17 个缔约国）
5	孟加拉国、柬埔寨、刚果、埃及、赤道几内亚、格鲁吉亚、格林纳达、几内亚、利比里亚、马来西亚、马尔代夫、马耳他、毛里塔尼亚、尼日尔、突尼斯、乌干达、瓦努阿图（共 17 个缔约国）

〔1〕 本表信息来自联合国官方文件：Reporting Compliance by States Parties to the Treaty Bodies: Timely, Late and Non – reporting by States Parties to the Human Rights Treaty Bodies, See Table 3 of HRI/MC/2016/2，由笔者翻译整理而成。

续表

逾期报告份数	逾期缔约国名单及数目
4	安提瓜巴布达岛、澳大利亚、巴哈马、巴巴多斯、布隆迪、中非共和国、朝鲜民主主义人民共和国、埃塞俄比亚、加纳、牙买加、列支敦士登、马拉维、摩洛哥、索马里、巴勒斯坦国、东帝汶、特立尼达、多巴哥、也门（共19个缔约国）
3	阿尔巴尼亚、安哥拉、科摩罗、克罗地亚、萨尔瓦多、加蓬、冈比亚、印度、伊朗（伊斯兰共和国）、约旦、肯尼亚、基里巴斯、拉脱维亚、黎巴嫩、卢森堡、马达加斯加、摩纳哥、纳米比亚、瑙鲁、尼泊尔、巴基斯坦、韩国、摩尔多瓦共和国、圣基茨和尼维斯、圣露西亚、塞拉利昂、所罗门群岛、南非、斯里兰卡、塔吉克斯坦、苏里南、多哥、坦桑尼亚联合共和国（共33个缔约国）
2	安道尔、阿根廷、奥地利、白俄罗斯、保加利亚、布基纳法索、喀麦隆、智利、中国、哥伦比亚、哥斯达黎加、古巴、多明尼加共和国、厄瓜多尔、塞浦路斯、爱沙尼亚、海地、洪都拉斯、冰岛、以色列、马绍尔群岛、墨西哥、密克罗尼西亚、黑山、荷兰、帕劳、萨摩亚、塞尔维亚、西班牙、苏丹、瑞士、汤加、阿联酋、越南（共34个缔约国）
1	比利时、波黑、文莱、加拿大、库克群岛、捷克共和国、斐济、芬兰、法国、德国、危地马拉、爱尔兰、日本、哈萨克斯坦、科威特、蒙古、缅甸、新西兰、阿曼、巴拉圭、秘鲁、菲律宾、葡萄牙、卡塔尔、俄罗斯联邦、圣多美和普林西比、新加坡、斯洛文尼亚、土耳其、图瓦卢、委内瑞拉（玻利瓦尔共和国）（共31个缔约国）

附录六：缔约国初次报告逾期数目表（截至2016年1月19日）[1]

初次报告逾期份数	逾期缔约国名单及数目
6	佛得角、多米尼加、厄立特里亚、几内亚比绍、莱索托、马里、尼日利亚、圣文森特和格林纳丁斯、圣马力诺、斯威士兰（共10个缔约国）
5	巴林、伯利兹、格林纳达、利比里亚（共4个缔约国）
4	贝宁、玻利维亚、科特迪瓦、吉布提、赤道几内亚、印度尼西亚、牙买加、老挝人民民主共和国、马拉维、莫桑比克、尼日尔、塞舌尔、巴勒斯坦国、东帝汶、瓦努阿图（共15个缔约国）
3	阿富汗、孟加拉国、博茨瓦纳、刚果、圭亚那、利比亚、新几内亚、马来西亚、马尔代夫、毛里塔尼亚、纳米比亚、瑙鲁、巴基斯坦、巴拿马、巴布亚新几内亚、罗马尼亚、索马里、津巴布韦（共18个缔约国）
2	阿尔及利亚、安道尔、安哥拉、安提瓜、巴哈马、巴西、布隆迪、柬埔寨、中非共和国、乍得、科摩罗、塞浦路斯、多明尼加共和国、格鲁吉亚、加纳、洪都拉斯、基里巴斯、黎巴嫩、毛里求斯、摩纳哥、圣露西亚、萨摩亚、沙乌地阿拉伯、塞内加尔、塞拉利昂、塔吉克斯坦、多哥、赞比亚（共28个缔约国）

〔1〕本表信息来自联合国官方文件：Reporting Compliance by States Parties to the Treaty Bodies：Timely，Late and Non－reporting by States Parties to the Human Rights Treaty Bodies，See Table 4 of HRI/MC/2016/2，由笔者翻译整理而成。

续表

初次报告逾期份数	逾期缔约国名单及数目
1	阿尔巴尼亚、奥地利、巴巴多斯、文莱、布基纳法索、喀麦隆、智利、哥斯达黎加、克罗地亚、古巴、捷克共和国、刚果、爱沙尼亚、芬兰、埃及、法国、加蓬、冈比亚、海地民主共和国、伊朗（伊斯兰共和国）、以色列、日本、肯尼亚、列支敦士登、马耳他、马绍尔群岛、密克罗尼西亚、摩洛哥、缅甸、尼加拉瓜、帕劳、秘鲁、俄罗斯联邦、圣基茨和尼维斯、圣多美和普林西比、新加坡、南非、斯里兰卡、苏丹、苏里南、阿拉伯叙利亚共和国、汤加、突尼斯、土耳其、图瓦卢、阿联酋、坦桑尼亚联合共和国、也门（共48个缔约国）

附录七：缔约国定期报告逾期数目表（截至2016年1月19日）[1]

逾期定期报告份数	逾期缔约国名单及数目
6	匈牙利、尼加拉瓜、阿拉伯叙利亚共和国（共3个缔约国）
5	刚果民主共和国、利比亚、毛里求斯、巴拿马、乌干达民主共和国、赞比亚（共6个缔约国）
4	阿富汗、阿尔及利亚、澳大利亚、博茨瓦纳、巴西、乍得、朝鲜民主主义人民共和国、埃及、埃塞俄比亚、莱索托、马耳他、塞内加尔、特立尼达和多巴哥、突尼斯（共14个缔约国）
3	玻利维亚、柬埔寨、科特迪瓦、吉布提、萨尔瓦多、格鲁吉亚、圭亚那、印度、巴巴多斯、伯利兹、约旦、拉脱维亚、列支敦士登、卢森堡、马达加斯加、马里、摩洛哥、尼泊尔、尼日利亚、巴布亚新几内亚、韩国、摩尔多瓦、罗马尼亚、所罗门群岛、也门共和国、津巴布韦（共26个缔约国）

〔1〕本表信息来自联合国官方文件：Reporting Compliance by States Parties to the Treaty Bodies：Timely，Late and Non－reporting by States Parties to the Human Rights Treaty Bodies，See Table 5 of HRI/MC/2016/2，由笔者翻译整理而成。

续表

逾期定期报告份数	逾期缔约国名单及数目
2	阿尔巴尼亚、安提瓜、巴布达岛、阿根廷、巴哈马、白俄罗斯、贝宁、保加利亚、布隆迪、佛得角、中非共和国、中国、哥伦比亚、刚果、克罗地亚、厄瓜多尔、加蓬、冈比亚、加纳、几内亚、冰岛、印度尼西亚、伊朗（伊斯兰共和国）、肯尼亚、老挝人民民主共和国、马来西亚、马尔代夫、毛里塔尼亚、墨西哥、黑山、莫桑比克、荷兰、圣文森特和格林纳丁斯、圣马力诺、沙乌地阿拉伯、塞尔维亚、塞舌尔、南非、西班牙、斯里兰卡、苏里南、斯威士兰、瑞士、坦桑尼亚、越南（共45个缔约国）
1	安哥拉、奥地利、巴林、孟加拉、比利时、波斯尼亚和黑塞哥维那、布基纳法索、喀麦隆、加拿大、智利、科摩罗群岛、库克群岛、哥斯达黎加、古巴、多米尼加、赤道几内亚、爱沙尼亚、斐济、德国、危地马拉、海地、爱尔兰、新几内亚比绍、以色列、哈萨克斯坦、基里巴斯、科威特、黎巴嫩、马绍尔群岛、密克罗尼西亚、摩纳哥、蒙古、新西兰、尼日尔、阿曼、帕劳、巴拉圭、菲律宾、葡萄牙、卡塔尔、圣露西亚、塞拉利昂、斯洛文尼亚、索马里、苏丹、塔吉克斯坦、多哥、汤加、阿联酋、瓦努阿图、委内瑞拉（玻利瓦尔共和国）（共51个缔约国）

附录八：各条约逾期报告统计表（截至2016年1月19日）[1]

条约名称	缔约国数目(a)	初次报告逾期		定期报告逾期		逾期报告总数(比例)
		逾期数(b)	逾期比例(b)÷(a)	逾期数(c)	逾期比例(c)÷(a)	
《公民权利与政治权利国际公约》	168	19	11%	58	35%	77（46%）
《经济、社会和文化权利国际公约》	164	29	18%	39	24%	68（42%）
《消除一切形式种族歧视国际公约》	177	16	9%	84	47%	100（56%）
《禁止酷刑和其他残忍、不人道或有辱人格的待遇或处罚公约》	158	28	18%	41	26%	69（44%）

〔1〕本表信息来自联合国官方文件：Reporting Compliance by States Parties to the Treaty Bodies: Timely, Late and Non－reporting by States Parties to the Human Rights Treaty Bodies, See Table 6 of HRI/MC/2016/2，由笔者翻译整理而成。

续表

条约名称	缔约国数目(a)	初次报告逾期		定期报告逾期		逾期报告总数(比例)
		逾期数(b)	逾期比例(b)÷(a)	逾期数(c)	逾期比例(c)÷(a)	
《消除对妇女一切形式歧视国际公约》	189	7	4%	44	23%	51(27%)
《儿童权利公约》	196	1	1%	44	22%	45(23%)
《儿童权利公约关于买卖儿童、儿童卖淫和儿童色情制品问题的任择议定书》	171	70	41%	—	—	70(41%)
《儿童权利公约关于儿童卷入武装冲突问题的任择议定书》	162	48	30%	—	—	48(30%)
《保护所有移徙工人及其家庭成员权利国际公约》	48	13	27%	6	13%	19(40%)
《残疾人权利公约》	161	47	29%	0	0%	47(29%)
《保护所有人免受强迫失踪国际公约》	51	17	33%	—	—	17(33%)
总计	1645	295	18%	316	19%	611(37%)

注:本表数据基于条约机构规定的最初到期日,未考虑简易报告程序中指定的新到期日。

附录九：各条约初次报告逾期时长统计表（截至2016年1月19日）[1]

条约名称	初次报告逾期份数	逾期时长和比例		
		逾期5年以下的报告数目（比例）	逾期5－10年的报告数目（比例）	逾期10年以上的报告数目（比例）
《公民权利与政治权利国际公约》	20	2（10%）	7（35%）	11（55%）
《经济、社会和文化权利国际公约》	29	2（7%）	7（24%）	20（69%）
《消除一切形式种族歧视国际公约》	16	4（25%）	2（12%）	10（63%）
《禁止酷刑和其他残忍、不人道或有辱人格的待遇或处罚公约》	28	8（29%）	1（3%）	19（68%）
《消除对妇女一切形式歧视国际公约》	7	1（14%）	2（28%）	4（58%）
《儿童权利公约》	1	0	0	1（100%）

〔1〕本表信息来自联合国官方文件：Reporting Compliance by States Parties to the Treaty Bodies：Timely，Late and Non－reporting by States Parties to the Human Rights Treaty Bodies，See Table 7 of HRI/MC/2016/2，由笔者翻译整理而成。

续表

条约名称	初次报告逾期份数	逾期时长和比例		
		逾期5年以下的报告数目（比例）	逾期5–10年的报告数目（比例）	逾期10年以上的报告数目（比例）
《儿童权利公约关于买卖儿童、儿童卖淫和儿童色情制品问题的任择议定书》	70	29（42%）	20（28%）	21（30%）
《儿童权利公约关于儿童卷入武装冲突问题的任择议定书》	48	22（46%）	13（27%）	13（27%）
《保护所有移徙工人及其家庭成员权利国际公约》	13	4（31%）	4（31%）	5（38%）
《残疾人权利公约》	47	40（85%）	7（15%）	0
《保护所有人免受强迫失踪国际公约》	17	17（100%）	0	0
总计	296	129（44%）	63（21%）	104（35%）

附录十：各条约定期报告逾期时长统计表（截至 2016 年 1 月 19 日）[1]

条约名称	逾期定期报告份数	逾期时长和比例		
		逾期 5 年以下的报告数目（比例）	逾期 5－10 年的报告数目（比例）	逾期 10 年以上的报告数目（比例）
《公民权利与政治权利国际公约》	58	26（45%）	11（19%）	21（36%）
《经济、社会和文化权利国际公约》	39	17（44%）	14（36%）	8（20%）
《消除一切形式种族歧视国际公约》	84	39（46%）	22（26%）	23（28%）
《禁止酷刑和其他残忍、不人道或有辱人格的待遇或处罚公约》	41	28（68%）	6（15%）	7（17%）
《消除对妇女一切形式歧视国际公约》	44	35（80%）	7（16%）	2（4%）
《儿童权利公约》	44	26（59%）	10（23%）	8（18%）

［1］ 本表信息来自联合国官方文件：Reporting Compliance by States Parties to the Treaty Bodies：Timely，Late and Non－reporting by States Parties to the Human Rights Treaty Bodies，See Table 8 of HRI/MC/2016/2，由笔者翻译整理而成。

续表

条约名称	逾期定期报告份数	逾期时长和比例		
		逾期5年以下的报告数目（比例）	逾期5－10年的报告数目（比例）	逾期10年以上的报告数目（比例）
《儿童权利公约关于儿童卷入武装冲突问题的任择议定书》	—	—	—	—
《儿童权利公约关于买卖儿童、儿童卖淫和儿童色情制品问题的任择议定书》	—	—	—	—
《保护所有移徙工人及其家庭成员权利国际公约》	6	5（83%）	1（17%）	0
《残疾人权利公约》	0	0	0	0
《保护所有人免受强迫失踪国际公约》	—	—	—	—
总计	316	176（56%）	71（22%）	69（22%）

附录十一：禁止酷刑委员会报告前的问题列表框架[1]

实施公约第 1－16 条，包括委员会先前建议相关部分的具体信息

分条款或分类提问

第 1 条、第 4 条

第 2 条

第 3 条

第 5－9 条

第 10 条

第 11 条

第 12 条、第 13 条

第 14 条

第 15 条

第 16 条

其他问题

国家人权状况的一般信息（包括有关实施公约的新措施和新发展）

请提供自上次实施公约条款或委员会建议的报告审议以来，缔约国所采取的任何有关立法、行政、司法或其他措施的详细信息，可能包括机构发展、计划或项目等，包括资源配置和统计数据，或者缔约国认为相关的任何其他信息。

---

〔1〕 资料来源于联合国文件：HRI/MC/2014/4，由笔者翻译而成。

附录十二：人权事务委员会报告前的问题列表框架[1]

国家人权状况的一般信息

请提供在促进和保护人权的国内法律和制度框架内，自上次定期报告以来发生的任何有意义的发展的详细信息，包括任何相关的案例法。也请提供为在法官、律师和检察官中传播该公约所采取措施的信息。

请提供自上次根据公约提交促进和保护人权的报告以来所采取的有意义的政治和行政措施方面的信息，以及为此分配的资源，其目标、途径和结果。

请提供任何其他有关传播和实施委员会先前建议所采取措施的信息，包括任何必需的统计数据。

实施公约第1-27条，包括委员会先前建议相关部分的具体信息

分条款或分类提问

公约实施的宪法和法律框架，有效救济权（第2条）；

反恐措施和尊重公约所保障的权利（第2条、第7条、第9条、第14条、第26条）；

平等和不歧视（第2条、第26条）；

对妇女的暴力（第2条、第3条、第7条、第26条）；

生命权，禁止酷刑和其他残忍、不人道或有辱人格的待遇或处罚，非公民权利（第3条、第6条、第7条、第9条、第13条）；

废除奴隶制和奴役（第8条）；

被剥夺自由者的待遇，司法独立和公正审判（第2条、第9条、第

[1] 资料来源于联合国文件：HRI/MC/2014/4，由笔者翻译而成。

10 条、第 14 条）；

保护儿童的权利（第 7 条、第 24 条）；

歧视和煽动歧视、敌视或暴力（第 20 条、第 26 条）；

平等和不歧视，参与公共生活权和保护少数者的权利（第 2 条、第 25 条、第 26 条、第 27 条）。

附录十三：缔约国报告前的问题列表的共同格式草案[1]

A. 实施上期结论性意见中委员会建议的具体信息

（a）实施包含在第X段中的建议所采取的措施（如第12段）；
（b）实施包含在第X段中的建议所采取的措施（如第13段）；
（c）实施包含在第X段中的建议所采取的措施（如第14段）；
（d）实施包含在第X段中的建议所采取的措施（如第15段）；
（e）实施包含在第X段中的建议所采取的措施（如第16段）；
（f）实施包含在第X段中的建议所采取的措施（如第17段）等。
注：包括结论性意见中的所有建议

B. 实施公约条款的具体信息

除以上部分内容外，请提供实施公约条款的任何有关立法、行政、司法或其他措施的详细信息，可能包括机构发展、计划或项目等，以及资源配置和统计数据，或任何其他缔约国认为相关的其他信息。

C. 有关缔约国人权状况或实施公约的其他/新措施和发展的一般信息

除前述两部分内容外，请提供所采取的任何其他相关措施的详细信息，可以包括缔约国认为相关的任何其他信息。

〔1〕资料来源于联合国文件：HRI/MC/2014/4，由笔者翻译而成。

参考文献

一、书籍类

1. ［德］马克思、恩格斯：《马克思恩格斯全集》（第 4 卷），人民出版社 1958 年版。
2. 周鲠生主编：《国际法》，商务印书馆 1981 年版。
3. 许崇德、张正钊主编：《人权思想与人权立法》，中国人民大学出版社 1992 年版。
4. ［英］詹宁斯、瓦茨修订：《奥本海国际法》，王铁崖等译，中国大百科全书出版社 1995 年版。
5. ［德］马克思、恩格斯：《马克思恩格斯选集》（第 1、3 卷），人民出版社 1995 年版。
6. 刘楠来等主编：《人权的普遍性和特殊性》，社会科学文献出版社 1996 年版。
7. ［美］路易斯·亨金：《权利的时代》，信春鹰、吴玉章、李林译，知识出版社 1997 年版。
8. ［英］R. J. 文森特：《人权与国际关系》，凌迪、黄列、朱晓青译，知识出版社 1998 年版。
9. 王铁崖：《国际法引论》，北京大学出版社 1998 年版。
10. 《国际法律问题研究》编写组：《国际法律问题研究》，中国政法大学出版社 1999 年版。
11. 赵建文主编：《国际法新论》，法律出版社 2000 年版。
12. 朱晓青、黄列主编：《国际条约与国内法的关系》，世界知识出版社 2000 年版。
13. 刘杰：《国际人权体制——历史的逻辑与比较》，上海社会科学出版社 2000 年版。
14. ［美］杰克·唐纳利：《普遍人权的理论与实践》，王浦劬等译，中国社会科学出版社 2001 年版。
15. 邵沙平、余敏友主编：《国际法问题专论》，武汉大学出版社 2002 年版。
16. 国际人权法教程项目组编写：《国际人权法教程》，中国政法大学出版社 2002

年版。

17. 李浩培：《条约法概论》（第2版），法律出版社2003年版。
18. 朱晓青、柳华文：《〈公民权利和政治权利国际公约〉及其实施机制》，中国社会科学出版社2003年版。
19. ［英］伊恩·布朗利：《国际公法原理》，曾令良、余敏友等译，法律出版社2003年版。
20. ［挪威］艾德等：《经济、社会和文化的权利》，黄列译，中国社会科学出版社2003年版。
21. ［美］罗伯特·吉尔平：《全球政治经济学：解读国际经济秩序》，杨宇光、杨炯译，上海人民出版社2003年版。
22. ［美］阿维纳什·K. 迪克西特：《经济政策的制定：交易成本政治学的视角》，中国人民大学出版社2004年版。
23. 徐显明主编：《国际人权法》，法律出版社2004年版。
24. ［美］路易斯·亨金：《国际法：政治与价值》，张乃根等译，中国政法大学出版社2005年版。
25. ［英］安托尼·奥斯特：《现代条约法与实践》，江国青译，中国人民大学出版社2005年版。
26. 李步云主编：《人权法学》，高等教育出版社2005年版。
27. 彭锡华：《缔约国报告制度——人权事务委员会的理论与实践》，吉林人民出版社2005年版。
28. 莫纪宏：《国际人权公约与中国》，世界知识出版社2005年版。
29. ［英］克莱尔·奥维、罗宾·怀特：《欧洲人权法：原则与判例》（第3版），何志鹏、孙璐译，北京大学出版社2006年版。
30. 谭世贵主编：《国际人权公约与中国法制建设》，武汉大学出版社2007年版。
31. 谷盛开：《国际人权法：美洲区域的理论与实践》，山东人民出版社2007年版。
32. 杨泽伟：《国际法析论》，中国人民大学出版社2007年版。
33. 邵沙平主编：《国际法》，中国人民大学出版社2007年版。
34. ［奥］曼弗雷德·诺瓦克：《〈公民权利和政治权利国际公约〉评注》（修订第2版），孙世彦、毕小青译，生活·读书·新知三联书店2008年版。
35. 莫纪宏等：《人权法的新发展》，中国社会科学出版社2008年版。
36. ［奥］曼弗雷德·诺瓦克：《国际人权制度导论》，柳华文译，北京大学出版社2010年版。
37. 刘志云：《当代国际法的发展：一种从国际关系理论视角的分析》，法律出版社2010年版。

38. 张华:《欧洲联盟对外关系法中的〈人权条款〉问题研究》,法律出版社 2010 年版。

39. 王勇民:《儿童权利保护的国际法研究》,法律出版社 2010 年版。

40. 李君如主编:《中国人权事业发展报告(2011)》,社会科学文献出版社 2011 年版。

41. 段洁龙主编:《中国国际法实践与案例》,法律出版社 2011 年版。

42. 余民才:《国际法的当代实践》,中国人民大学出版社 2011 年版。

43. 张文显:《法学的理论与方法》,法律出版社 2011 年版。

44. [美] 曼瑟尔·奥尔森:《集体行动的逻辑》,陈郁、郭宇峰、李崇新译,格致出版社·上海三联书店·上海人民出版社 2011 年版。

45. 黄金荣主编:《〈经济、社会、文化权利国际公约〉国内实施读本》,北京大学出版社 2011 年版。

46. 韩大元:《生命权的宪法逻辑》,译林出版社 2012 年版。

47. 孙世彦:《〈公民权利和政治权利国际公约〉缔约国的义务》,社会科学文献出版社 2012 年版。

48. [美] 塞缪尔·亨廷顿:《文明的冲突》,周琪译,新华出版社 2013 年版。

49. 戴瑞君:《国际人权条约的国内适用研究:全球视野》,社会科学文献出版社 2013 年版。

50. 杨春福等:《经济、社会和文化权利的法理学研究》,法律出版社 2014 年版。

51. Mark W. Janis, Richard S. Kay, *European Human Rights Law*, Connecticut: Connecticut Press, 1990.

52. Louis Henkin, *The Age of Rights*, New York: Columbia University Press, 1990.

53. Hannum, Hurst, and Dana D. Fischer ed., *U. S. Ratification of the International Covenants on Human Rights*, Transnational Publishers, 1993.

54. Dominic McGoldrick, *The Human Rights Committee: It's Role in the Development of the International Covenant on Civil and Political Rights*, Oxford: Clarendon Press, 1994.

55. Scott Davidson, *The Inter - American Human Rights System*, Hanover: Dartmouth Press, 1997.

56. HR/PUB/91/1 (Rev. 1), *Manual on Human Rights Reporting*, United Nations Publications, 1997.

57. Yuji Iwasawa, *International Law, Human Rights, and Japanese Law*, Oxford: Clarendon Press, 1998.

58. Boerefijn, Ineke, *The Reporting Procedure under the Covenant on Civil and Political Rights: Practice and Procedure of the Human Rights Committee*, Cambridge: Intersen-

tia, 1999.

59. Philip Alston & James Crawford ed. , *The Future of UN Human Rights Treaty Monitoring*, Cambridge : Cambridge University Press, 2000.

60. Theodore S. Orlin, Allan Rosas, Martin Scheinin ed. , *The Jurisprudence of Human Rights Law: A Comparative Interpretive Approach*, New York: Syracuse Univ. Press, 2000.

61. Rachel Brett, *Role of NGOs – An Overview*, *International Human Rights Monitoring Mechanisms*, Leiden: Martinus Nijhoff Publishers, 2001.

62. Gudmundur Alfredsson, Jonas Grimhcdcn, Bertram G. Ramcharan and Alfred de Zayas, *International Human Rights Monitoring Mechanisms*, Leiden: Martinus Nijhoff Publishers, 2001.

63. David Barnhizer ed. , *Effective Strategies for Protecting Human Rights: Economic Sanctions, Use of National Courts and International Power*, Hanover: Dartmouth Publishing Company, 2001.

64. Nihal Jayawickrama, *The Judicial Application of Human Rights Law: National, Regional and International Jurisprudence*, Cambridge: Cambridge University Press, 2002.

65. Jo M. Pasqualucci, *The Practice and Procedure of the Inter – American Court of Human Rights*, Cambridge : Cambridge University Press, 2003.

66. Janusz Symonides ed. , *Human Rights: International Protection, Monitoring, Enforcement*, Ashagate: UNESCO Publishing, 2003.

67. Manfred Norwark, *Inrtoduction to the International Human Rights Regime*, Leiden: Martinus Nijhoff Publishers, 2003.

68. Sarah Joseph, Jenny Schultz and Melissa Castan, *The International Covenant on Civil and Political Rights: Cases, Materials and Commentary*, Oxford: Oxford University Press, 2nd edition, 2004.

69. Manfred Nowak, *CCPR Commentary – UN Covenant on Civil and Political Rights*, N. P. Engel Publisher, 2nd revised edition, 2005.

70. Lillich, Richard B. , et al. , *International Human Rights: Problems of Law, Policy and Practice*, Aspen Publishers, 4th edition, 2006.

71. Brian Burdekin & Jason Naum, *National Human Rights Institutions in the Asia – Pacific Region*, Leiden: Martinus Nijhoff Publishers, 2007.

72. Alex Conte and Richard Burchill, *Defining Civil and Political Rights: The Jurisprudence of the United Nations Human Rights Committee*, Ashgate: UNESCO Publishing, 2009.

73. Tyagi, Yogesh, *The UN Human Rights Committee: Practice and Procedure*, Cambridge: Cambridge University Press, 2011.

二、论文类

1. 徐炳:《论“人权”与“公民权”》，载《光明日报》1978 年 6 月 19 日。
2. 吴大英、刘瀚:《对人权要做历史的具体的分析》，载《法学研究》1979 年第 4 期。
3. 谷春德、吕世伦、刘新:《论人治和法治》，载《法学研究》1979 年第 5 期。
4. 徐显明:《人权主体之争引出的几个理论问题》，载《中国法学》1992 年第 5 期。
5. 姜明安:《行政诉讼与法治环境》，载《行政法学研究》1994 年第 4 期。
6. 李步云、王修经:《人权国际保护与国家主权》，载《法学研究》1995 年第 4 期。
7. 万鄂湘、陈建德:《论国际人权条约的准司法监督机制》，载《武汉大学学报(哲学社会科学版)》1997 年第 6 期。
8. 杨成铭:《简评区域性人权机构与世界人权机构的关系》，载《法学评论》1999 年第 4 期。
9. 吴慧:《国际条约在我国国内法上的地位及与国内法冲突的预防和解决》，载《国际关系学院学报》2000 年第 2 期。
10. 陈寒枫、周卫国、蒋豪:《国际条约与国内法的关系及中国的实践》，载《政法论坛》2000 年第 2 期。
11. 杨泽伟:《人道主义干涉在国际法中的地位》，载《法学研究》2000 年第 4 期。
12. 莫纪宏:《论人权的司法救济》，载《法商研究》2000 年第 5 期。
13. 江必新:《机遇与挑战——论加入 WTO 与我国的行政审判工作》，载《人民法院报》2000 年 11 月 16 日。
14. 孙世彦:《国际人权条约的形式分析》，载《现代法学》2001 年第 1 期。
15. 孙世彦:《论国际人权法下国家的义务》，载《法学评论》2001 年第 2 期。
16. 莫纪宏:《论国际法与国内法关系的新动向》，载《世界经济与政治》2001 年第 4 期。
17. 彭锡华:《国际人权条约实施的国际监督制度》，载《西南民族学院学报（哲学社会科学版)》2001 年第 10 期。
18. 齐延平:《论普遍人权》，载《法学评论》2002 年第 3 期。
19. 贺鉴:《论区域性人权保护与人权的国际保护》，载《世界经济与政治》2003 年第 4 期。
20. 郝丽洁:《法治国家中法律监督的地位及其实现途径》，载《前沿》2004 年第

1 期。
21. 何志鹏：《人权国际化基本理论研究》，吉林大学 2004 年博士学位论文。
22. 彭锡华：《非政府组织对国际人权的保护》，载《法学》2006 年第 6 期。
23. ［美］道格拉斯·C. 诺思：《制度》，李志宏译，载《新华文摘》2006 年第 20 期。
24. 古祖雪：《现代国际法的多样化、碎片化和有序化》，载《法学研究》2007 年第 1 期。
25. 李步云、杨松才：《论人权的普遍性和特殊性》，载《环球法律评论》2007 年第 6 期。
26. 邱桂荣：《联合国人权领域改革及其影响》，载《现代国际关系》2007 年第 7 期。
27. 张立伟：《人权的普遍性与特殊性析论》，载《西部法学评论》2008 年第 3 期。
28. 江国青：《普遍定期审议：联合国人权监督机制的新发展》，载《人权》2008 年第 4 期。
29. 张爱宁：《国际人权法的晚近发展及未来趋势》，载《当代法学》2008 年第 6 期。
30. 张爱宁：《国际人权保护实施监督机制的新动向》，载《法学》2010 年第 1 期。
31. 吴晓晖：《论联合国人权条约监督机制改革的若干理论和实践问题》，载《武大国际法评论》第 14 卷第 1 期，武汉大学出版社 2011 年版。
32. 尹生：《核心国际人权条约缔约国报告制度：困境与出路》，载《中国法学》2015 年第 3 期。
33. Ramcharan, B. G., "the Emerging Jurisprudence of the Human Rights Committee", *Dalhousie Law Journal*, 6 (1980).
34. Othon A. Prouni, "the Human Rights Committee: Toward Resolving the Paradox of Human Rights Law", *Columbia Human Rights Law Review*, 17 (1985).
35. Jack Donnelly, "International Human Rights: a Regime Analysis", *International Organization*, Summer (1986).
36. Shelton, Dinah L., "Supervising Implementation of the Covenants: the First Ten Years of the Human Rights Committee", *American Society of International Law Proceedings*, 80 (1986).
37. Flaherty, Michael, "the Reporting Obligation under Article 40 of the International Covenant on Civil and Political Rights: Lessons to be Learned from Consideration by the Human Rights Committee of Ireland's First Report", *Human Rights Quarterly*, 16 (1994).

38. Sisk, Jennifer, and Arnold Pronto, "the International Human Rights Norms in South Africa: The Jurisprudence of the Human Rights Committee", *South African Journal on Human Rights*, 11 (1995).

39. Buergenthal, Thomas, "the Normative and Institutional Evolution of International Human Rights", *Human Rights Quarterly*, 19 (1997).

40. Burns, P. & Okafor, "How It Is Still Better to Light a Candle than to Curse the Darkness", *Otago Law Review*, 2 (1998).

41. Linda Camp Keith, "the United Nations International Covenant on Civil and Political Rights: Does it Make a Difference in Human Rights Behavior?", *Journal of Peace Research*, 36 (1999).

42. Harland, Christopher, "the Status of the International Covenant on Civil and Political Rights in the Domestic Law of State Parties: An Initial Global Survey through UN Human Rights Committee Documents", *Human Rights Quarterly*, 22 (2000).

43. Anne Gallagher, " Making Human Rights Treaty Obligations a Reality: Working with New Actors and Partners", in Alston, Philip, and James Crawford ed. , *The Future of UN Human Rights Treaty Monitoring*, Cambridge: Cambridge University Press, 2000.

44. Yuji Iwasawa, "the Domestic Impact of International Human Rights Standards: The Japanese Experience", in Alston, Philip, and James Crawford ed. , *The Future of UN Human Rights Treaty Monitoring*, Cambridge: Cambridge University Press, 2000.

45. Carpenter, Kristen D. A. , "the International Covenant on Civil and Political Rights: A Toothless Tiger? ", *North Carolina Journal of International Law and Commercial Regulation*, 26 (2000).

46. Douglassa Cassel, "International Human Rights Law in Practice: Does International Human Rights Law Make a Difference?", *Chinese Journal of International Law*, 121 (2001).

47. Heyns & Viljoen, "the Impact of the United Nations Human Rights Treaties on the Domestic Level", *Human Rights Quarterly* , 23 (2001).

48. Jeffrey T. Checkel, "Why Comply? Social Learning and European Identity Change", *International Organization*, 3 (2001).

49. Dona A. Hathaway, "Do Human Rights Treaties Make a Difference?", *Yale Law Journal*, 111 (2002).

50. David Weissbrodt, "Do Human Rights Treaties Make Things Worse?", *Yale Law Journal*, 8 (2002).

51. Rachel Murray, "A Comparison between the African and European Courts of Human

Rights", *African Human Rights Law Journal*, 2 (2002).

52. Christof Heyns, "Wolfgang Strasser and David Padilla, a Schematic Comparison of Regional Human Rights System", *African Human Rights Law Journal*, 1 (2003).
53. Michael Kirby, "Indicators for the Implementation of Human Rights", in Janusz Symonides ed., *Human Rights: International Protection, Monitoring, Enforcement*, Ashagate: UNESCO Publishing, 2003.
54. Mcbeth, Adam, "Privatising Human Rights: What Happens to the State's Human Rights Duties When Services are Privatised", *Melbourne Journal of International Law*, 5 (2004).
55. Christof Heyns, David Padilla and Leo Zwaak, " A Schematic Comparison of Regional Human Rights Systems: an Update", *African Human Rights Law Journal*, 2 (2005).
56. Martin Scheinin, "the Proposal Optional Protocol to the Covenant on Economic, Social and Cultural Rights: a Blueprint for UN Human Rights Treaty Body Reform – without Amending the Existing Treaties", *Human Rights Law Review*, 6 (2006).
57. Buergenthal, Thomas, "the Evolving International Human Rights System", *American Journal of International Law*, 100 (2006).
58. John C. Mubangizi, "Some Reflections on Recent and Current Trends in the Promotion and Protection of Human Rights in Africa: the Pains and Gains", *African Human Rights Law Journal*, 1 (2006).
59. Waters, Melissa A., "Creeping Monism: the Judicial Trend toward Interpretive Incorporation of Human Rights Treaties", *Columbia Law Review*, 107 (2007).
60. Francoise J. Hampson, "An Overview of the Reform of the UN Human Rights Machinery", *Human Rights Law Review*, 7 (2007).
61. Michael O'Flaherty & Claire O'Brien, "Reform of the UN Human Rights Treaty Monitoring Bodies: A Critique of the Concept Paper on the High Commissioner's Proposal for a Unified Standing Treaty Body", *Human Rights Law Review*, 7 (2007).
62. Rachael Lorna Johnstone, "Cynical Savings or Reasonable Reform? Reflections on a Single Unified UN Human Rights Treaty Body", *Human Rights Law Review*, 7 (2007).
63. Michael Bowman, "Towards a Unified Treaty Body for Monitoring Compliance with UN Human Rights Conventions? Legal Mechanisms for Treaty Reform", *Human Rights Law Review*, 7 (2007).
64. Manfred Nowak, "the Need for a World Court of Human Rights", *Human Rights Law Review*, 7 (2007).

65. Annemarie Devereux, " Catherine Anderson, Reporting Under International Human Rights Treaties: Perspectives from Timor Leste's Experience of the Reformed Process", *Human Rights Law Review*, 8 (2008).

66. Bates, Ed, " Avoiding Legal Obligations Created by Human Rights Treaties", *International and Comparative Law Quarterly*, 57 (2008).

67. Doherty, Teresa A., "the Application of Human Rights Treaties in the Development of Domestic and International Law: A Personal Perspective", *Leiden Journal of International Law*, 22 (2009).

68. Addo, Michael K., "Practice of United Nations Human Rights Treaty Bodies in the Reconciliation of Cultural Diversity with Universal Respect for Human Rights", *Human Rights Quarterly*, 32 (2010).